黄宽重

国际知名宋史学者，现任长庚大学讲座教授，深耕于南宋史学研究，著有《宋代的家族与社会》《政策·对策：宋代政治史探索》《艺文中的政治》《南宋地方武力：地方军与民间自卫武力的探讨》等专书十本以上，并于《历史研究》《中国史研究》《汉学研究》等历史学一级学术期刊发表逾百篇论文。此外，黄教授对于学术贡献卓著。他多次主持国际学术研讨会，执行中大型跨领域研究计划，促进国际学术交流，对现今国际宋代史学的发展具有积极的影响力。

孙应时的学宦生涯

道学追随者对南宋中期政局变动的因应

中国友谊出版公司

黄宽重 著

图书在版编目（ＣＩＰ）数据

孙应时的学宦生涯：道学追随者对南宋中期政局变动的因应/黄宽重著 . -- 北京：中国友谊出版公司，2021.9

ISBN 978-7-5057-5281-8

Ⅰ.①孙… Ⅱ.①黄… Ⅲ.①孙应时—人物研究 Ⅳ.①K825.5

中国版本图书馆 CIP 数据核字 (2021) 第 153584 号

著作权合同登记号：图字 01-2021-3076

本书简体中文版由台湾大学出版中心授权出版。
本书简体中文版由银杏树下（北京）图书有限责任公司出版。

书名	孙应时的学宦生涯：道学追随者对南宋中期政局变动的因应
作者	黄宽重
出版	中国友谊出版公司
发行	中国友谊出版公司
经销	新华书店
印刷	嘉业印刷（天津）有限公司
规格	889×1194 毫米　32 开
	13.25 印张　270 千字
版次	2021 年 11 月第 1 版
印次	2021 年 11 月第 1 次印刷
书号	ISBN 978-7-5057-5281-8
定价	72.00 元
地址	北京市朝阳区西坝河南里 17 号楼
邮编	100028
电话	（010）64678009

目 录

导 言 | 第一章

为什么谈宋代士人？

　　宋代的历史意义，在其奠定传统中国尔后近千年以士人为主流群体的社会风貌。宋朝采行文治，通过相对公开的科举制度，以乡试、省试与殿试三级考试，拔擢士人进入官僚体系。通过殿试这道由皇帝亲自主持的最后关卡，士人便可获得任命为基层亲民、幕职或学职官员，摇身为国家统治阶层，享有赋役优惠，吸引无数庶民投入举业，祈求一朝翻转个人与家族命运。受惠于宋代社会经济繁荣、教育普及与印刷技术发展，庶民阶层获取知识的渠道更为便捷。读书识字、从师业儒者急速膨胀，进士数量持续增加，士人群体逐渐扩大，明显取代门第贵胄；学术也由家学转成师承，强化师承渊源，形成门派。在宋代文治政策下，以举业仕进为目标的一般士人，和为数众多以荫补入仕的高官子弟，形成新兴士人阶层。这些以知识谋生的士人，共同促成了宋代以降的政治与社会变革，并引导了学术文化趋向，成为传统中国政治、社会、文化的主流群体。

　　然而，宋代的文治政策也构成了士人之间不同的群体划分。当业举人数增加，考试竞争渐趋激烈，绝大多数举子被摒于官场之外，必须靠知识在各行各业谋职，以获取生活之资。少数有幸者考中进士，释褐为官，却并不意味着从此平步青云。宋代职官体系主要将官员区分为选人与京官二类，士人取得进士出身后，多半先获选人身份，只能担任低阶官职；选人必须通过种种考验，才有机会改换任官资格，跻身京官之列。宋朝设计循资序、考课与荐举等制度，通过细密繁复的程序与标准，拔擢符合资格、具备潜力的选人升任京官。选人晋升京官，除了才能，更仰赖奠基于仕宦人际网络的荐举制度。按规定，晋升京官须有五封长官举荐信，而举荐者又有官阶与推荐额度的限制。更重要的是，推荐者必须承担受荐者宦历表现的连坐责任，能否信任受荐者是影响举荐意愿的重要因素。荐举制度攸关士人宦途发展，无法取得有力举荐就只能在庞大的官僚系统中缓慢循资攀爬，使得士人官僚在仕宦的过程中，须着力于经营并累积人脉。选人改官升迁所面临的挑战丝毫不逊于科举考试，而取得举荐与否更在科举出身之外，进一步凸显出士人之间的群体差异。

从读书业举到中举任官前的养成过程中，士人受到个人才学能力、家族资源与社会关系等多方影响。释褐为官后，在分层负责、循序升阶的官职设计下，庞大的官僚群体出现金字塔式的官序差异，低阶员多，高官位少，职官制度搭配举荐制度，使官职升迁竞争更为激烈。众多进士中，只有少数能获得京官乃至朝官职位；能爬升到金字塔顶端成为决策者，则为数更少。绝大多数的进士终其一生沉浮于选人阶层，只能出任低阶州县层级官职。因此，宋代文治政策首先在士人群体中，区隔出中举者与落第者；而通过科举取得官职之后，士人官员又逐渐形成三大级别：州县基层亲民或幕职的选人、中高阶的京官与朝官，以及极少数居金字塔顶端的宰执高官。①

士人群体是学界长期以来研究中国近世社会文化发展的重要课题。不过，学界对宋代士人的关注多集中于高官与大儒，主要议题有三：一是重视高层士人官僚与著名学者的角色、君臣关系，以及其对历史发展的影响；二是强调不同士人官僚之间的集体性与彼此竞合，以呈现朋党、学派等群体的对立性与差异性；三是说明科举考试对士人乃至政治文化发展的重要性，通过成功个案，论述其在行政与学术方面的杰出表现。这三项研究成果彰显了少数精英士人在宋代乃至近世中国政治文化发展的影响力，也形成探讨中国政治与学术思想史的焦点。然而，学界对中低阶层士人官僚和无出身士人，则所知甚少。此现象来自既有政治史研究格局和史料囿限的双重影响，以致宋代史研究议题长期以来始终聚焦于士人精英，讨论内容环绕主要事件、领袖生平，以及各种制度发展，难有突破。②以道学研究而论，美国学者田浩（Hoyt C. Tillman）教授关注宋代重要道学家，研究成就斐然。当回顾学界既有成果时，他尤呼吁研

---

① 关于荐举制度对士人官僚的影响，王瑞来有三篇论文讨论，收入氏著《近世中国：从唐宋变革到宋元变革》（太原：山西教育出版社，2015）一书中。

② 魏希德著，傅阳译：《重塑中国政治史》，《汉学研究通讯》34. 2（2015），页1—9；邓小南：《宋代历史再认识》，《河北学刊》2006年第5期，页98—100；邓小南：《走向"活"的制度史：以宋代官僚政治制度史研究为例的点滴思考》，《浙江学刊》2003年第3期，页99—105。邓小南的两篇文章，后收入氏著《朗润学史丛稿》（北京：中华书局，2010），页497—505。

究道学应将探讨触角持续扩及参与道学的一般士人，而非限于几位领袖人物；同时，学界对道学以外的南宋儒学者所知更少，也必须加以关注。[①] 这项呼吁正说明目前学界对宋代士人的研究尚有极大发展空间；除了声誉卓著杰出的学者、政治家与高级官僚，为数众多的中低阶层官僚，乃至活动于基层社会各层面士人的生命世界，都值得进一步开拓。

本书目标之一，便在回应学界关注中低阶层士人生命世界的呼吁。对宋代士人及其家族而言，科举与荐举两项制度的重要性等量齐观——科举提供了士人个人的身份转换，乃至其家族连带转为统治阶层的起家机会；荐举则直接左右了士人日后的仕途发展，政务能力与人际网络的经营攸关仕途荣衰。政治大环境变动是影响士人生涯的外在条件，相较于高官大儒，中低阶层士人缺乏改变大环境的能力，则其如何应对外在环境变化，更值得审慎观察思考。这些复杂且多样的问题，是了解宋代士人阶层乃至政治文化不能回避的课题。学界虽已认识到相关议题的重要性，但由于史料零散，汇整梳理不易，一时难有明显而突出的成果。

鉴此，本书选择以孝宗、宁宗朝官员孙应时的宦历与人生境遇，探索在南宋政治变动最激越的时代里中低阶层士人的生命世界。关注议题既聚焦于孙应时及其学友致力兼顾学、宦的努力与生命历程的转折；也着意人际网络在宋代中低阶层士人的仕途中所扮演的角

---

① 田浩：《朱熹的思维世界（增订版）》（台北：允晨文化公司，2008），页 460。

色，以及政治权势与人际情谊如何在政局变动中交互影响。一如孙应时及其道学学友，中低阶层士人官员多力图兼顾仕途与学术，却少有成功者，这些士人如何在为学与从政之间权衡取舍？本书希望借讨论孙应时等道学追随者，探索南宋中低层士人官员的生命故事，抛砖引玉，既为日后讨论铺设基础，也能引发同道对此类议题的兴趣，吸引更多有志者投入相关研究。

需要说明的是"道学"一词的含义。长期以来，国内外宋代研究者，特别是思想、哲学界，对如何表述以程朱等人为代表的儒学者，看法相当分歧：宋学、理学、道学、新儒学（Neo Confucianism）等不一而足，彼此论辩甚烈。笔者虽也略能区别宋代主要人物在哲学方面的根本分歧，但本书主要关怀是孙应时及其学友在学术与政治纠葛中的角色与关系，因此不拟对这个群体的学术思想性格提出严格界定。为使讨论单纯化，本书主要采用田浩教授以李心传的《道命录》的论述作为考察的观点，以"道学"一词概括指涉这时期的师徒关系、学派竞合等课题。这批士人强调道德修养、师友渊源，因彼此间的认同与凝聚力量，形成具有共同理念的关系网络，而且不同流派之间交流互动相对开放，并未专尊一师，故而本书称之为"道学群体"或"道学追随者"，而非组织性鲜明的"道学集团"；"道学官僚"则用以指称任官的道学者。① 此外，书中所称的

---

① 田浩：《朱熹的思维世界（增订版）》，《绪论》，页29—35。参见郑丞良：《百年中论定：试论黄榦〈朱子行状〉的书写对朱熹历史形象的形塑》，《汉学研究》30.2（2012年6月），页131—164。

"中低阶层官员"则泛指担任事务性或任职地方的官员，而非参与决策的宰执、侍从等显官重臣。

谁是孙应时？

本书讨论环绕着孙应时的一生。他是南宋中期一位中下阶层官员，毕生所任最高官职也仅仅是富县常熟的知县。孙应时受教养成于南宋内外关系相对平稳的时代，他躬逢学术蓬勃发展而成为道学领袖追随者，日后也因为道学领袖卷入朝廷政治斗争而受其连累。他的生命故事恰能体现南宋中期道学追随者，在激越的政治变动中，如何利用自身的宦历政务经验与人际网络资本，因应变局；较之于以往学界对名宦大儒的关注，借由追索孙应时对其所处时局、人事的因应与理解，希望能提供学界理解南宋政治、学术与社会文化一个新的视角。

南宋孝宗、宁宗二朝，是宋代道学与政治纠葛变化最剧烈的时期。乾道、淳熙年间是道学蓬勃发展阶段，各派学说并兴，彼此藩篱不甚明显。逮及道学各派自立门户，诸儒虽偶为门派所限，在学问上固持己说、彼此批评，但在政治上仍能精诚合作、相互扶持，在朝廷共抗近幸官僚，致力于道学得君行道的目标；在地方致力于兴学校、兴祠堂，实践道学教化育民的理想，共谋道学发展。宁宗继位后，赵汝愚、韩侂胄因定策之功的行赏问题而交恶，进而引发激烈政治斗争。韩侂胄一时占得上风，为避免立场对立的政治领袖集结临安，因而发动庆元党禁，以逆党之名驱迫道学大儒及其追随者。身居党禁之列者面临政治迫害，多遭外放或被罢黜、贬谪，道学书刊也被禁止流传。

韩侂胄等执政者对待异议分子的手段虽不严酷，但一系列打击异己的政治行动，却使道学中人遭逢前所未有的逆境。特别是党禁后期，在朝野和战争议交杂下，人事更迭频繁、政策变动急遽，身处官僚体系之中的道学追随者，尤其是尚在仕途起步阶段的中下阶层官员、士人，遭遇冲击更为严峻。南宋中期道学与政治的纠葛与变化是掌握南宋政治、文化发展的重要脉络，学界前辈与同道的研究成果非常丰硕，不过绝大多数是从直接涉入其事的皇帝、名宦大儒的角度进行观察。本书则以孙应时的学宦生涯为例，阐述身历其境的中低阶官员及道学追随者的切身处境，探讨士人面对政治情势复杂多变的应对进退之道。这些如孙应时般身处官僚体系中下阶层的道学追随者，在不同政策、人际关系等内外条件下，发展出不同的因应对策，各自在政坛上迭有起落、仕途荣枯有别；其变化之复杂，非道学大儒所能比拟，亦不应视为集团而加以笼统涵摄。

南宋中期，在仕途与学问两端艰苦耕耘的中低阶层官员、士人为数甚众，但他们的学术、事功均难以与名宦大儒相比，相关的事迹与传记皆十分简略，文章著作尤为零散、缺乏。这正是学界过去虽然意识到这些道学追随者不可忽视，但在研究上却难有进展突破的根源。幸运的是，与孙应时相关的资料相对丰富，不仅其著作《烛湖集》收录了许多与师友互动关系密切的书札，朱熹、陆九渊等人的著作中也保存不少与孙应时的往复记录。这些资料非但有助于了解孙应时及其家族的起家与乡里关系，更为呈现孙应时的学宦人际网络提供了一道窗口，让我们观察道学追随者被卷入学派竞合乃至政治竞逐中的遭遇与因应。孙应时的生命故事显示出，在政局变化下，除了身居风暴中心的名宦大儒，为数甚夥的中下阶层官僚也遭卷入其中。不论是少数的道学意见领袖或众多的道学追随者，面对南宋中期的政治风暴，都得共同承担；但由于各人条件有别，际遇与结果也有所不同，每一个人都有自己的故事。

本书以事迹较多的孙应时为主轴，结合与其成长背景相近的学友，作为探讨南宋士人发展的案例。将研究视角聚焦于追求仕进与道学的中低阶层士人官僚，爬梳其仕宦历程与学术发展轨迹，分析在道学与政治纠葛的复杂环境中，这些中低阶层官员或士人所扮演的角色、开展的人际网络，以及他们的遭遇与应对，以更清楚重建这段历史的样貌。全书大致上分为两个主轴：一是以孙应时本人为主，以其经历侧写南宋中下阶层官僚的生命历程；二是孙应时与其学友在道学与政治的经历与变化，希望能在道学与政治的纠结中，对他们有更深入的认识。

第一主轴包括《奠基乡里》《学宦难兼》《党禁池鱼》与《青史播芳》四章，主要在介绍孙应时个人的成长与仕历。余姚孙氏家族通过乡里教育奠基起家，由农转儒，不仅开启仕进之途，也借以凝聚乡里情谊，作为人际网络的基础。乡里关系对孙应时迈向仕途固有所助益，但由于家境贫穷且乡里资源不足，在尔后游宦过程中，孙应时必须通过自身努力，加倍经营新的人脉。在太学期间，他与好友师从大儒陆九渊。任官时，他展现才学，结交朱熹、楼钥等名宦。任教东湖期间，他获得史浩肯定，与史家建立亲近情谊，并得以广交硕儒，精进学术。在遂安令任上，则持守道学价值，实践道学理念。其后为争取晋升京官的机会，受丘崈邀请，赴蜀任其幕僚，协助丘崈解除吴家在四川独大的影响力，因功升京官并改任知常熟县。此时正值庆元党禁，又逢长官罢、死，孙应时处境艰难，虽再寻求新执政核心协助，仍被劾罢。等到韩侂胄转谋北伐，党禁舒缓，他获平反再任官，但中寿而逝，孤儿年幼、母亲老病、家道中落。韩侂胄被杀后，宋廷检讨吴曦之叛，肯定孙应时助丘崈压抑吴氏势力之功，得以惠及幼子。史弥远当政时，其生平事迹被编入《宝庆会稽续志》中，并出版《烛湖集》，使其事迹与著作得以留传。《烛湖集》除了见证孙应时致力学宦的艰辛外，更是认识在道学与政治纠葛中，下层士人官僚遭遇的难得资源。

　　第二主轴包括《师承转益》与《应变世变》二章。以《烛湖集》为窗口，将焦点从孙应时延伸到不同时期结交的学友，阐述在道学竞合、政治纠葛的年代，道学追随者在学术发展与仕途荣枯之间所承受的压力与相应抉择。文中论及的孙应时学友，在陆门弟子中，除沈焕与胡拱兄弟外，包括刘尧夫、陈刚、石斗文、石宗昭、诸葛诚之兄弟、高宗商、项安世、潘友文、王迈等人皆是转益多师的例子。在《应变世变》文中，除了孙应时，则论及吕祖俭、项安世、石宗昭、周南与王柟。这些人是孙应时就读太学、讲学东湖和仕宦时所识且相知甚深的朋友，彼此成长与学习过程相近，理念一致，但家境背景乃至个性均有所别。除了吕祖俭、王柟外，共同点是他们都是道学追随者及中低阶层官员，多出身于太学且为象山的门徒，有转益多师的经验。他们从政于政局变动激烈之际，特别是党禁时期，为趋吉避凶，或出于自愿，或因人际关系的际遇，有向现实妥协而调整转向的现象；然而此举却使他们招致批判，陷入难以辩解的苦境。不过，从孙应时对他们劝勉的书信，以及他们转向后的仕途荣枯及历史评价的变化，都透析出政局骤变中士人官僚为学从政的考量多元而复杂。通过这群中下阶层士人官僚的生命故事，让我们更全面地认识南宋中期政治文化的样貌。

如何利用宋代文集的书信材料？

一般而言，研究中国历代政治发展，大多可凭借正史、会要或长编等重要编年史籍，或参酌显官大儒奏章、传记，因此议题长期聚焦于朝政鼎革、重大事件或制度变化，以及少数人物言行事迹；较少将一般士人官僚乃至庶民活动纳入讨论。然而，南宋时期缺乏如前代各朝较为完整可靠的编年性史籍，迫使研究者必须积极开发史料应用的多样性，以弥补研究资料缺陷。幸而，宋代社会经济发达，加上雕版印刷术发展，降低了出版技术与成本限制，从而提升了一般士人著作流传的可能性。当具有书写能力的知识群体扩大，通过文字得以保留的历史信息，无论在性质与涉及层面上，都较过往的正史或显宦名儒的著作更为丰富多样。特别是宋代地方志的大规模编纂与笔记小说的大量出版，让众多过去无从进入正史列传的中低阶层士人官僚传记事迹与基层社会资料，有机会收录于文集、方志或笔记之中。

在这些丰富的素材中，宋人文集因其内容与文类多样，尤为研究个人与时代提供了重要资源。文集内容虽视作者仕履、才华、兴趣而有所不同，但多半收录大量行状、圹志、墓志铭、神道碑等各类人物传记资料，是目前学界最为重视、利用最为成熟的历史研究材料。20世纪上半叶，在洪业主持下，哈佛燕京学社引得编纂处出版了一系列古籍引得，对国际汉学研究贡献宏大；其中人物传记引得，尤开启以人物资料为研究基础的风气。此后，昌彼得、王德毅等人的《宋人传记资料索引》，扩大搜集范围，内容更为丰富多样。近年来，由哈佛大学、北京大学与"中研院"史语所，合作整理的"中国历代人物传记数据库"（Chinese Biographical Database），更进一步让人物资料成为研究宋代各领域最主要而便利的资源。该数据库结合《宋会要》及地理信息系统，形成大数据库，便于学者利用社会科学理论，宏观分析人际关系与社会脉络。这种以数字工具与方法，应用大量人物资料的研究取径，有助学者提出传统精读无法掌握的结构性问题，可望为历史研究带来新的观察视野。

不过，以人物传记来研究人际关系或政治环境变动，仍有其局限性。首先，传记资料受限于篇幅，所载内容是传主经浓缩而成的人生经历，只能凸显一生若干重要片段或特点。再者，传记属公开性资料，撰述者考量作传时的整体政治环境、社会观感、家属处境等诸多复杂因素，内容不免有隐晦、避忌、夸大、曲解或过度颂扬，且内容多以彰显仕宦伟迹、成就功业为主，除少数例外，极难有真确、深入的过程与感性描述。由于只凭借传记资料，很难完整呈现传主的活动面貌及与政治社会的互动关系，进而客观评价其地位，因此不论研究人物或事件，都需要在人物传记之外，广泛检视其他资料。尤其有文集留存者，更要有效结合集内收录如奏议、史传、碑铭、序记、题跋、制诰、表状、奏札、策论、诗词，乃至书启等各类记录。这些记录多是撰者亲身经历的事务与见闻，不仅保留撰者的个人生命史，也见证了个人与群体、家族与社会、中央与地方，乃至学术与文化的互动关系，涉及政治、社会、经济、学术文化等诸多领域；其记述之丰富与深入程度，多为正史或一般史籍所不及，有利于学者拓展研究对象与议题。

文集所收录具有书信性质的资料，更是丰富宋代研究的重要资源。在宋代，士人所处社会环境复杂多变，彼此间时常借不同形式的书信，记录、表达他们对内政、外交、军事、国防乃至一般事务的看法。在宋人文集中，具有书信性质的文体，包含书、简、启、表、申状、奏状、札子等，目的在交换意见、沟通思想与纾解情感等。上述文体虽可粗略归类为公文礼仪与随意私密二类，但彼此间未必有截然区分。通过书信观察时代环境、理解人际关系，往往能得到比正史、传记性资料更为细腻的讯息，是掌握政治变迁与社会脉动、学术思想及人际关系的珍贵素材。据李伟国先生统计，《全宋文》与《全宋文补编》约有两万份书信；单就朱熹一人，即多达二千四百份，显示书信在宋代士人书写内容中占有极大分量。[①]

然而，个人传记或正史典籍鲜少提及书信内容，以致学界长期低估其重要性，直至晚近学界才逐渐正视、利用书信资料。最显著的是余英时教授，借由朱熹与道学成员往来书札，刻画出孝宗、光宗两朝道学集团与官僚政争的真相与发展变化。欧阳修有九十六篇未见于《欧阳文忠公集》的散文书简的出版，也增强今人认识欧阳修对时政与人事的看法。[②] 此外，从宝祐五年（1257）到景定元年（1260）三月，宋与蒙古战事最为紧张，当时李曾伯身为南宋广西防务最高长官，向宋理宗奏报一百四十二份奏札，沟通宋廷与抗蒙前线，是掌握宋蒙战争、讯息传递及交通路线最主要的史料。[③] 又如，平田茂树教授近年来以理宗朝显官与思想家魏了翁留存于《鹤山先生大全文集》超过三百封书与启，探讨其自宝庆元年（1225）起长

① 李伟国的统计数字转引自平田茂树：《宋代における手紙の政治的効用：魏了翁〈鹤山先生大全文集〉を手がかりとして》，收入宋代史研究会编：《宋代史研究会研究报告（10）：中国伝统社会への視角》（东京：汲古书院，2015），页329。

② 东英寿著，陈翀译：《新见九十六篇欧阳修散佚书简辑存稿》，《中华文史论丛》2012年第1期，页1—28。

③ 李曾伯的奏札，见"文渊阁四库全书"本《可斋续稿后》第5—9卷。相关研究，参见黄宽重：《庶无稽迟：宋蒙广西战后的军情搜集与传递》，收入氏著《政策·对策：宋代政治史探索》（台北："中央研究院"、联经出版公司，2012），页195—239；陈智超：《一二五八年前后宋、蒙、陈三朝间的关系》，收入邓广铭、程应镠主编：《宋史研究论文集》（上海：上海古籍出版社，1982），页410—452。

达五年贬居靖州的生活状况。文中通过考察魏了翁在书信中与在蜀邻近地方官员，以及受湖州之变波及的友人对政治与学术问题所展开的讨论，呈现出人际交流与社会网络的具体情貌；[①] 而通过考察魏了翁与其学生兼姻亲吴泳相交二十余年间，借书信获得四川之外的政治讯息与学术交流的实况，我们也能充分了解到魏了翁及其友人闲居生活、政治文化交流及强烈的乡土意识等。[②] 这些研究均利用了未见于传记的书信资料，凸显出其重要的文献价值。

书信对了解无甚伟业的中下阶层官员士人言行事迹，尤为关键。仕历平凡的士人官僚，除少数因忠义、赈济、技艺或特殊事迹，得以被收入正史或地方志外，一般士人至多保有行状、圹记、墓志铭等传记类史料；但限于篇幅或书写体裁，人物传记除流水账似的官履外，仅简要记述部分具特色的事迹，既不全面也缺乏足以显现个人风格的内容。相较之下，书信不但能丰富传主行谊，其中部分内容甚至足以揭示正史或史籍难以收录的内容，更具学术意义。

如南宋中期以推动大规模赈饥著称的士人刘宰，虽因健康之故，只短暂担任低阶官员便致仕家居，却长期以乡绅身份，借由书信与中央、地方官员、士绅广泛互动，拥有全国性知名度，因而得

---

① 平田茂树：《南宋士大夫のネットワークとコミュニケーション：魏了翁の"靖州居住"時代を手がかりとして》，《東北大学東洋史論集》12（2016），页215—249。

② 平田茂树：《南宋边缘社会士大夫的交流与"知"的建构：以魏了翁和吴泳的事例为线索》，"十至十三世纪中国史国际学术研讨会"暨"中国宋史研究会第十七届年会"会议论文，2016 年 8 月 20 日至 21 日。

以在荒年结合各方资源，在乡里从事三次大规模的赈济。由于声名卓著，刘宰不仅多次被延揽任官，行谊也列入《宋史》列传中。然而，刘宰官履不显，鲜少政见奏章，因此他的墓志铭或宋史传记内容都十分简要，想完整了解其行谊与事功，只有仰赖他的著作《漫塘文集》。该集有三十六卷，具书信性质内容共有十五卷，包括奏状与书信，几乎占文集之半；这类资料有助于我们了解像刘宰这样无显赫仕历的士人生平事迹及人际关系等重要生命历程。刘宰交游对象非常广泛，书信内容十分丰富，是了解宝庆元年济王案之后敏感性政治问题的第一手资料。除奏状外，刘宰通书的重要对象包括宰相史弥远与中书舍人王暨；在致史弥远的书信中，刘宰期许史弥远效法其父史浩，在此争议之时急流勇退，以留全誉；他也向好友王暨表达对朝廷处理济王案的不满，希望王暨设法影响史弥远，调整政策。这些书信透露出一个远离京城的乡居官员，对政局变动的深度观察与忧心，并且耿直建言，是当时官方史料或直接涉及济王案的官员传记所无法呈现的，其史料价值十分珍贵。①

同样的，如孙应时这样的士人——寒门出身、终身沉浮基层、挣扎于学宦之间，甚至最终受挫郁郁而逝——单靠墓志铭或正史传记资料，也不足以建构其一生。孙应时好友杨简在圹志中，对其

---

① 参见刘子健：《刘宰与赈饥》，收入氏著《两宋史研究汇编》（台北：联经出版公司，1987），页307—359；黄宽重著，山口智哉译：《劉宰の人間関係と社会への関心》，收入《宋代史研究会研究报告（10）：中国传统社会への视角》，页151—189。

家世从学、助丘崈稳定蜀政、知常熟遭贬秩罢官与平复的过程，有较全面的记载。在杨简圹志的基础上，《宝庆会稽续志》的《孙应时传》补述他在黄岩县尉任上与朱熹定交，协助丘崈于吴挺死后别选将帅取代吴氏势力等故实，并增补沈诜等人向宋廷奏请表扬为国弭患的省札，以及嘉定七年（1214）叶适"世友堂"所赋的诗与跋语。传记全文超过六百七十字，旨在表彰符合《会稽续志》所标榜的"行义"典范的特殊事迹与家风。这二份传记资料描绘孙应时一生的仕历遭遇，各有侧重，虽然充实了孙应时生平事迹，但仍不够全面深入。①《烛湖集》则可以与传记性资料相辅相成，呈现孙应时辛勤追求学官的历程与难兼的挫折过程。

《烛湖集》留下孙应时家世、从师、交友、仕官等求学从政相当完整历程的记载，并且从中低阶层士人视角看到政局的变动、师友的遭遇与心境的变化。《烛湖集》除附篇二卷辑录其父兄诗文与父子传记外，本集共二十卷，内容包括表、状、启、简、书、策问、记、序、笺、跋、说、行状、墓志铭、圹记、祭文，各式四言、五言、七言诗及绝句，书体相当多样。与书信有关的条目，包括启、简、书三类，合计七卷，共二百二十条。除十一条属婚丧之外，真正属于书信性质的凡二百零九条，是他与上司、同僚、学友间沟

---

① 《会稽续志·孙应时传》，收入《烛湖集·附编》（"文渊阁四库全书"本），卷上，页12下—14下；同书，卷下，《祖开补官省札》，页14下—16下；张淏纂修：《宝庆会稽续志》（北京：中华书局，1990，《宋元方志丛刊》据宝庆元年〔1225〕修、嘉庆十三年〔1808〕刻本影印），卷5，页1上。

通交流、抒发感情、发表意见的重要内容，见证他随时而变的心路历程，由早期从师学道、维护道学、实践道学理念，到晚期蒙受冤屈及寻求新的助力等，是记录他一生最珍贵的资料，却不见于上述二份传记中。

除了记载个人事迹外，从书信更可以看到他在不同时期与师友、同僚的互动与关怀。孙应时结识的师友超过二百人，包括史浩、朱熹、陆九渊、丘崈、张孝伯、赵彦逾、楼钥等硕学名宦，及众多一起学习成长的学友，包括陆九渊的弟子石斗文、石宗昭、刘尧夫、陈刚、高宗商、项安世、潘友文、王遇、沈焕等，以及吕祖俭、周南、王柟等人。通过书信可以了解他们之间的关系与关心的议题，是掌握人际关系乃至政治环境变迁的珍贵资料。特别是借朱熹、陆九渊与孙应时之间的双向书信往来与意见沟通，尤可描绘出朱、陆学术竞合与社会网络的实际面貌。

孙应时与其他学友虽没有明显往来的记载，但从信中仍可捕捉彼此的关系。这些学友中，除周南、项安世、沈焕、吕祖俭等，或有文集或有传记资料传世，部分甚至在《宋史》有传，但内容都相当简略。从孙应时给他们的书信里，可以看到不同时期彼此分享喜乐、困难与相互关怀、鼓励、劝诫，乃至寻求谅解的心情；见证同一世代士人的共处患难、相互支持的力量。书信数量固然因人有多寡之分，但更重要的是其中人与人之间具有温度的关怀之情，这是人物传记所难以呈现的，也是本书利用书信结合相关史料，来刻画孙应时和他的学友共同长成的重要因素。

　　如孙应时这样无甚显赫事功者，不论梳理生平事迹与书信内容，都会有时序不清或对象不明的问题，是研究上的一大困难。本书撰写时，为突破此一困境，通过多种途径加以考订厘清，并汇整成《孙应时书文编年与整理》作为附录。此外，文集对于南宋中晚期研究固然有其重要性，但在加以运用之先，必须掌握这种史料性质。文集的多样性与内容的丰富性是作为研究基础的优势，但选用版本优劣则影响了研究质量，学界前辈不时提醒重视这种问题，目前也有新的点校成果可资运用。以《烛湖集》而言，除"文渊阁四库全书"本与《全宋文》所收现有诸本，尚存有嘉庆八年（1803）静远轩本；该版本虽然较少受学界注意，却相当重要，值得参考利用。本人经比较整理文渊阁本与静远轩藏本后，撰成《宋史研究与版本问题：以孙应时的〈烛湖集〉为例》一文，或具参考价值，亦改写收入附录中。① 然鉴于文渊阁本《烛湖集》的流通最广，多数内容亦与静远轩本雷同，因此除特别注明外，本书所征引材料仍采"文渊阁四库全书"本。

---

① 原刊《文献》2015 年第 5 期，页 3—13。

奠基乡里

孙氏家族及其余姚人际网络

孙应时是绍兴府余姚县孙氏家族释褐入仕的第一人，但孙氏由农转儒却是家族三代努力的成果。宋廷通过科举考试，以相对开放的制度，在社会中广泛拔擢才俊。经济发展、印刷发达，使教育资源更易于取得。为扭转命运，一般家庭在家境改善之后，往往积极培养子弟受教、从事举业，读书识字者因而激增。然而，教育是长期投资，无法短期获致成功，因此，庶民之家往往要通过几代努力，才能有成员中举，使家族转为官户。余姚孙氏就经历二、三代艰辛的奋斗，才盼到孙应时高中进士，达成家族成员任官的心愿。

教育是业举仕进的基础，除了家族外，乡党邻里更是读书启蒙、获取教育资源的重要场域。乡里青年共同学习，彼此砥砺，不仅有助于增进学业，更在受教的过程中，建立笃实深厚的情谊，培养未来宦途相互扶持的力量。教育也有利于创造乡里共荣的一体感，进而推动各项地方互助活动与建设。因此，乡里教育对一般家族与个人而言，既是争取功名、迈向仕途的第一块敲门砖，更是开拓人际关系的重要起点。

从余姚孙氏由农转儒，以及孙应时受教成长的过程，可以见证教育是改变个人与家族命运的重要凭借，而乡里教育与人际网络对士人追求功名、仕进发展与急难互助，同样发挥积极的作用。

一、缘起于教育的孙、胡、莫三氏世交

关于余姚烛溪湖孙氏的家族发展，孙应时父亲孙介（1114—1188）提供了最早的资料。他在七十岁自述生平，曾提到："族绪寒微，难援谱系，但闻五代祖自睦州徙居此，力田自业。"①若以三十年为一代推估，则孙氏先祖迁居余姚的时间约在唐末五代。②迁至余姚的孙氏原以务农为生，没有余力读书业儒，直到孙介大伯父孙子升一代，家族发展才开始改变。孙子升曾出家为僧，但"兼通儒书"，喜听士人言论，在家族中最有识见。后来他茔葬父母墓坟，返乡守丧，萌生"慨然蕲变其家为儒"的想法，遂聚集家中子侄，教授儒学经典。③教育既是孙家由农转儒的契机，也是孙家逐步在余姚搭建起乡里人际网络的起点。

在余姚乡里人际网络中，乡先生胡宗伋（1071—1140）及其妻族的关系最为紧密、深厚。孙、胡、莫三氏由师生情谊至日后缔结姻亲，关系绵延百年之久。胡宗伋也是余姚烛溪湖人，为人慷慨有

① 楼钥（1137—1213）为孙介所撰写的墓志铭引用了这段自述。见楼钥：《承议郎孙君并太孺人张氏墓志铭》，收入《烛湖集·附编》，卷下，页7上；亦见楼钥原著，顾大朋点校：《楼钥集》（杭州：浙江古籍出版社，2010），卷114，《承议郎孙君并太孺人张氏墓志铭》，页1974。
② 光绪二十五年（1899）的《余姚孙境宗谱》（燕翼堂木活字本），追溯孙氏起源至五代后唐三司使孙岳，言其由睦州徙居余姚之梅州。两说时间点虽相近，但孙介所载先人是曾祖孙亮，不是孙岳。再者，《余姚孙境宗谱》所载世系不明。《慈溪家谱》作者童银舫认为，《余姚孙境宗谱》之说不足信，宜以孙介之说为是，见童银舫：《慈溪家谱》（北京：中国文史出版社，2013），页39。
③ 沈焕：《承奉郎孙君行状》，收入《烛湖集·附编》，卷下，页1下。

节气，致力儒业而声闻乡里，娶余姚富室莫氏为妻。根据孙应时记载，莫家"世世积善好施"，在当时"其近族有为天子从臣或魁天下宦学者"。[1] 在莫氏支持下，胡宗伋专心举业，但省试屡败；直到绍兴二年（1132），才获得特奏名进士出身，此后数度任职基层。在中举前，胡宗伋教书乡里，甚至在余姚建立义学，孙子升与胡宗伋即因此结交。[2] 胡宗伋曾孙也是孙应时的女婿胡衍（1183—?），在嘉定十六年（1223）跋其曾祖母莫氏《胡氏贤训编类》时，记载了两人结交的故事：

> 定翁先生（案：即胡宗伋）以儒业为乡里师，雅恶浮屠氏。一日出行，闻诵书声，即之，则有僧庐墓，教授童子以《语》《孟》也。问焉，曰："吾虽释，而甚慕儒，此吾犹子，贫无以教，姑发蒙耳。"定翁先生忻然纳诸家塾。[3]

孙家人丁单薄，业儒者寡，对此孙应时曾提到，"吾之族亲固少，其业儒者尤少，业儒而可共学者又加少"，[4] 因此孙家至孙子升一代甫向儒业，能与胡家这样的乡里儒门建立关系，实为家业转型的重

---

[1] 孙应时：《烛湖集》，卷 12，《莫府君圹记》，页 21 下—22 下。

[2] 胡宗伋的生平，详见胡临川：《余姚柏山胡氏宗谱》（惇裕堂木活字本，1914），卷下，《定翁公事实要》，页 2 上。

[3] 胡衍：《胡氏莫夫人贤训编类跋》，收入胡洪军校注：《胡氏家训》（慈溪：上林书社，2013），页 20。

[4] 孙应时：《烛湖集》，卷 13，《祭表侄莫幼明秀才文》，页 14。

要契机。孙家也因胡宗伋妻莫氏之故，与其妻族余姚莫家建立起绵延数代的师生、世交与姻亲关系。

继孙子升之后，孙氏子侄辈中，至少有孙畴（1099—1132）、孙介二人从学于胡宗伋，为孙氏业儒奠定根基。孙应时曾对友人沈焕（1139—1191）总括家族兴起的转机，提到"吾伯祖（孙子升）开吾家儒学之端，吾伯父（孙畴）植立为儒之事业"，认为年纪长于孙介十五岁的孙畴是家族业儒的关键。[①]孙畴，字寿朋，一字不伦，是孙子升弟子充的长子。据说自幼聪颖有大志，甚得伯父孙子升之意。[②]孙介，字不朋，号雪斋先生，是孙子充幼子，过继于子充弟子全。孙介四岁追随孙畴出外读书，早年求学经历几乎与孙畴同步，且多受其引导。约在宣和二年（1120），孙子升命孙畴率诸弟受学于胡宗伋，同行的孙介年甫七岁。在同列中，孙畴、孙介兄弟颇获宗伋夫妇注意，二人尤其赞赏、倚重孙畴。

宣和五年，胡宗伋为求自身与长子举业顺遂，变卖家产，携妻子同往开封，准备应试。[③]行前，莫氏请时年二十五岁的孙畴到莫家执掌教席，教育留在余姚的本家弟侄，孙介也因此随兄长到莫氏乡馆。胡宗伋夫妇旅京期间，十分关切孙畴兄弟与莫氏子弟学习情形。胡宗伋曾致信督责孙畴"立志刚远，慕先圣，暑毋昼寝，群居起敬，忌苟同俗"，并叮咛"汝前报吾苟且学作文字，君子无一忘

----

① 沈焕：《承奉郎孙君行状》，收入《烛湖集·附编》，卷下，页5上。
② 孙仰唐：《余姚孙境宗谱》，卷3，页4上。
③ 叶汝士：《宋故太宜人莫氏行状》，收入胡洪军校注：《胡氏家训》，页24。

敬，苟且何等语，后不得复尔"，辞义周恳。孙畴接受胡宗伋教诲，勇于改进，乡里长者遂有"万金可有，孙寿朋不易得"的赞誉。[①]

孙畴在莫家执教期间，莫、孙两家子弟均受其惠。胡宗伋一家旅京期间，胡妻莫氏相当关心孙畴与孙介。在给弟弟彦昭与安夫的书信中，莫氏除了关切诸子侄学习情况，更称赞孙畴和孙介，"八二侄已是年纪长大，今更得孙十八哥（案：即孙畴）琢磨教诲，想自知理趣，勉力修进，不待姑姑之言也……二侄既得十八哥善诱，且须早夕精勤，无至怠惰，以期自进……八四侄更得廿七郎（孙介乳名）相辅，亦有济事也"。又如"若如八二侄、八四侄正好读书，更须常委十八哥痛责，及吾弟偷闲更与检点，庶几不敢怠慢"，以及"八二侄年纪是不小……兹孙十八哥最好处，只为自家勤笃，其次又能鞭迫诸弟，所以各有成就之"。[②]可见孙畴在莫宅除了协助莫氏教导其子弟，兼能自修，并经常带年幼的孙介随读"寓乡馆侧听讲说"。不过，孙介晚年追忆，这段大约两年左右的儿时经历，虽然让他粗通文义，却觉"退侣燕朋，弛怠不进"。[③]

宣和七年（1125），金人攻陷开封，胡宗伋夫妻携子返乡，孙

---

① 沈焕：《承奉郎孙君行状》，收入《烛湖集·附编》，卷下，页1下—2上。

② 莫氏：《再寄弟侄书》，收入胡临川编：《余姚柏山胡氏宗谱》，卷首上，页1上—2下。

③ 参见孙介：《胡氏贤训编序》，收入胡洪军校注：《胡氏家训》，页17下；楼钥：《承议郎孙君并太孺人张氏墓志铭》，收入《烛湖集·附编》，卷下，页7上；叶汝士：《宋故太宜人莫氏行状》，收入胡洪军校注：《胡氏家训》，页24。

家兄弟再度受惠于胡、莫二家的教育事业。① 胡宗伋因慕前辈开义学之风，在妻子莫氏支持下，建义学于自宅，名为"滕轩"。凡是宗族、乡里子弟有意于学者，他们不问亲疏，均提供饮食等生活资源，教诲课业，因而从游者众。不久，高宗南渡，中原纷乱，北方士人避地四明、绍兴者多以胡宗伋为依归；他极力照顾，使避乱士人不致颠沛无所。孙畴、孙介二度入馆受教，因而结识群儒。其间，孙介开始喜于诵诗，在孙畴引导下研读《杜工部文集》，并且在十八九岁时学举子赋，准备应举。

　　孙氏家族由农业儒后面对的挑战，是家族经济需求和举业屡受挫折。在此阶段，孙、胡、莫三家的互动网络仍是孙家的重要支持。绍兴二年（1132）秋，孙畴以三十四岁之年遽逝，孙介"哀痛之情如失乳哺，如割肺肠，伥伥无相，几不自立"。② 失去兄长在学业上与经济上的支持，对孙介职涯与为学影响甚巨。虽然日后孙介与畏友厉德辅肄业于紫溪书院，学业已有所成，但因困于家计，加上乡试屡败，也深感时文非其所擅长，遂选择放弃举业，自读经史注疏，"务为实学"，躬行古道。孙畴过世后，孙介继承兄业教学乡里，曾担任莫家子弟教师，与乡里儒门胡、莫二家颇有互动。根据孙应时记述，莫氏晚辈如莫及（字子晋，1123—1199）自小就追随孙介。

---

① 参叶汝士：《宋故太宜人莫氏行状》，收入胡洪军校注：《胡氏家训》，页24；《胡氏贤训编序》，收入胡洪军校注：《胡氏家训》，页17。

② 楼钥：《承议郎孙君并太孺人张氏墓志铭》，收入《烛湖集·附编》，卷下，页7下。

莫及自振家业，延师教授族内子弟，"塾舍常有名师，日延宾客为文字饮，取有益于子弟；里中义事，踊跃先之，忘其力之不足"。[①]就此看来，孙介可说肇开其端。及至孙、莫二家族下一代，莫及之子莫幼明兄弟亦尊孙介之子孙应求兄弟为师，以二人教诲是依，[②] 两家后来甚至缔结为姻亲。

孙、胡、莫三家渊源甚深，复以孙介见胡宗伋夫妇劝谕督促子弟亲旧，以志学为念，他深感胡氏夫妇，故终身力行其信念。因此，高宗晚期，胡、莫二家子弟有意汇集出版莫氏致子弟的信札与家训一百二十条，即交由孙介编辑。最后，在绍兴三十年（1160）四月，出版为《贤训编类》，将之比于曹氏女戒，作为"私服深情并将规范后裔"。[③]这册家训先后得朱熹（1130—1200）、蔡沈（1167—1230）撰作题跋，分别收入光绪本《孙境宗谱》，以及胡金城辑订、梅州胡氏敦裕堂刊刻的《梅州胡氏宗谱》中；今有单行本，名为《胡氏家训》。[④]

孙介放弃举业后，尽力栽培家中子弟，尤其是三子应求、应符与应时。早年孙介为了支撑家计，赴外担任乡先生；后来深感外出寄食，收入微薄，且漂泊在外，不利三子成长，于四十岁时毅然"舍

---

① 孙应时：《烛湖集》，卷 12，《莫府君圹记》，页 21 下—22 下。
② 孙应时：《烛湖集》，卷 13，《祭表侄莫幼明秀才文》，页 14 下。
③ 孙介：《胡氏贤训编序》，收入胡洪军校注：《胡氏家训》，页 17。另见沈焕：《承奉郎孙君行状》，收入《烛湖集·附编》，卷下，页 2 下。
④ 胡洪军校注：《胡氏家训》。

馆归训"。由于收入短少、家境窘困，孙介为了继续教养诸子，于乾道五年（1169）卖五亩田以维持家计。同时，孙家穷困无余力购书，孙介遂亲自抄录诸经正义、诸子书、《战国策》、两汉至隋唐五代史、白氏文集、异闻、杂说等典籍，以备教学及自娱。

面对物质困顿的环境，孙介身体力行忠诚守信、直道而行、非义不求与安贫乐道等儒家信念，并持以教训诸子。当他卖田以维持家计时，曾有诗训诸子："颜回犹自给糜飦，苏子初无二顷田。知慕圣师瞠若后，岂令恭嫂偃如前。笔耕得利宁分地（原注：俗人佃业则分地利），学禄中居总藉天。卜相既云隳祖业，请令同力奋双拳。"[1]三个儿子也都有诗相和，以致力儒业互勉。[2]传世《烛湖集·附编》所见孙介父子的唱和诗作，其诗题与内容充分反映孙氏父子过着清贫和乐的穷士生活。

与此相应，纵使家境穷困，孙介训诲诸子不得攀富依贵，"不事请谒，不营锥刀，忍穷如铁石"，他的妻子与媳妇也都出身普通家庭。孙介妻子张氏，父曰休，余姚人，陪嫁奁资是十亩地，说明张氏虽不贫困，亦非富豪之家。孙应时妻子也是同县张氏，张氏耕读传家，一如孙应时所说，是"子妇孝敬，门庭诗书，田园固薄，

---

[1] 孙介：《乾道乙酉鬻田训子有作》，收入《烛湖集·附编》，卷上，页4下—5上。

[2] 孙应时：《烛湖集》，卷18，《恭和家大人鬻田训子诗韵》，页1上；孙应求：《恭和家大人鬻田训子诗韵》，收入《烛湖集·附编》，卷上，页9下；孙应符：《恭次家大人鬻田训子诗韵》，收入《烛湖集·附编》，卷上，页12。

甘旨自如"的小康之家。① 日后孙应时曾在张家短暂任教席。② 张氏兄张伯高是一位未第士人，孙应时有诗相赠，③ 总之，对于婚姻嫁娶，孙介认为"吾方以礼训吾家，使妇挟富，则闺门何观？不如两穷之相安也"。④

孙介效仿程珦，在七十岁时写下自述式墓志，并在志文中勉励孙氏诸人"凡吾子孙，勿坠家学，推本源流，念之敬之"。⑤ 虽然孙介在五年后即与世长辞，但辞世前已能看到毕生辛劳的果实：孙介诸子都获得良好教育，幼子应时于乾道八年（1172）入太学，淳熙二年（1175）中进士，是孙氏成员入仕之始；长子应求也在淳熙四年中乡选。孙介与妻张氏晚年随幼子孙应时赴任各地，受其奉养，最终在淳熙十五年死于应时任职的海陵县官舍，享年七十五岁。

孙介所述生平经历，以及与诸子唱和的传世诗作，反映基层士人与其家族数代以来努力摆脱贫穷、由农致儒的历程与艰辛：孙家从孙子升开始，栽培子弟读书业儒，但家境艰困，孙畴、孙介一辈无法在举业上争胜一圆功名之愿，只好把希望寄托于下一代。即便

---

① 孙应时：《烛湖集》，卷 13，《祭外姑文》，页 16 下—17 上。
② 同上。
③ 孙应时：《烛湖集》，卷 19，《妻兄张伯高来访横河，感旧与拜先君墓下有作次韵》，页 16。这首诗虽无法确定时间，但大约在孙应时被罢居家时的心情写照，可见二人关系。
④ 沈焕：《承奉郎孙君行状》，收入《烛湖集·后编》，卷下，页 4 上。
⑤ 楼钥：《承议郎孙君并太孺人张氏墓志铭》，收入《烛湖集·附编》，卷下，页 9 下；王孙荣：《孙应时》，收入余姚市历史文化名城研究会编：《姚江名人（古代编）》（杭州：浙江古籍出版社，2008），页 202—207。

生活艰苦，孙介仍亲自教育子弟，竭力维系教育资源，余姚孙家终得孕育家族中首位中第、出仕的孙应时。然而，孙家的家世、家境与家训仍让孙应时的仕途满布荆棘。孙介晚年随孙应时外出仕宦，尤其感到为官不易，曾作诗感怀：

> 三年随汝作初官，父子同知涉事难。饕禄粗欣便老懒，还家仍虑厄饥寒。生来赋分皆前定，天下何时得举安。慈孝暌离怀问膳，试凭双鲤祝加餐。[1]

这首诗可谓家无恒产者入仕后的最佳写照，后续探索孙应时宦历各地的资质与经历，可以更加理解如孙应时这样的中低阶层士人，因缺乏烜赫家世与物质资源，除个人努力外，尚有赖各类型的人际网络提供支持、援助，方得以在宦海中力争上游，而乡里建构的人际网络是其中重要的起点与基础。

在转型之初，孙家有幸能开始积累乡里人际网络资本。在余姚结交儒门胡家与莫家，得到二家扶植与帮助，可说是孙家转型的重要关键。从孙子升与二家结交，到第二代孙畴、孙介得胡宗伋与莫氏之助；至孙应时一辈仍延续了与胡氏、莫氏家族的世交关系，持续在求学、仕宦上受其嘉惠。孙应时《烛湖集》保存了孙、莫二家

---

[1] 孙介：《壬寅正月幼子黄岩尉任将满予与家众先归幼子独留官舍三月作诗八句寄之》，收入《烛湖集·附编》，卷上，页6上。

间的交谊景况。他在《挽莫子晋丈》中提到，"吾父古君子，公家贤主人。一门常旅拜，三世极情亲"，①描述孙介担任莫家教席时的二姓情谊。孙应时有感于余姚莫家厚待其家，出仕以后曾为莫及作圹记（时约庆元四年〔1198〕），也为莫及从兄弟莫友的妻子叶氏撰墓志铭（时约嘉泰元年〔1201〕）。②

这样的乡里人际关系可能通过家族网络，向其他方面扩散。与此同时，孙应时与山阴莫家的莫叔光（1163 年进士）、莫子纯（1159—1215）叔侄亦有所往来，在仕途上相互帮助。③山阴莫家是余姚莫家的近族，目前虽然无从掌握孙家与山阴莫家之间是否存在类似孙家与余姚莫家之跨世代联系，但是，孙应时与山阴莫家的往来极有可能与余姚莫家有关。约在绍熙三年（1192）后，孙应时曾致书感谢莫叔光推荐，称其为"尊兄"，自称"乡曲昆弟"。④大约在次年，孙应时致信给时任都运提刑华文检详的同学石宗昭，也

---

① 孙应时：《烛湖集》，卷 12，《莫府君圹记》，页 21 下—22 下；同书，卷 17，《挽莫子晋丈》，页 3 下—4 上。

② 孙应时：《烛湖集》，卷 12，《莫府君叶夫人墓志铭》，页 15 下—20 上。

③ 莫子纯，字粹中，因叔父叔光恩授官，庆元二年试礼部第一，任签书平江军节度使判官厅公事。见张淏纂修：《宝庆会稽续志》，卷 5，页 7146。关于莫叔光、子纯叔侄的籍贯，一般多作山阴人；光绪二十五年（1899）版《余姚县志》则提到《乾隆绍兴府志》"以今学宫为莫当所舍地"，《弘治绍兴府志》则记其为余姚人，因此视为"姚产"，将他们的事迹列入余姚方志。见周炳麟修，邵友濂、孙德祖纂：《光绪余姚县志》（上海：上海书店，1993，《中国地方志集成·浙江府县志辑》据光绪二十五年刻本影印），卷 23，页 9 下—10 下。

④ 孙应时：《烛湖集》，卷 8，《与莫侍郎叔光书》，页 8 下—9 下。

提到莫子纯和其表兄山阴人虞贯卿；① 庆元五年（1199）三月，孙应
时老友周南（1159—1213）由池州教授罢归平江，孙应时致信提到
莫子纯在平江任签判，并且介绍了在衢廨任事的虞贯卿。② 从这些
书信看来，虽然生于绍兴二十九年（1159）的莫子纯小孙应时五岁，
但二人关系似颇为亲近。

二、乡里网络互惠：孙应时对胡氏后人的扶持

　　孙、胡世交到了孙氏第三代，以孙应时与胡宗伋后人交谊更为
深刻，特别是孙应时长成、任官而胡氏家族中落之际，予以反馈。
孙、胡两家数代虽以师生情谊为基础，但孙应时不仅与胡宗伋孙辈
的胡拱（1140—1182）、胡撙（1147—1195）同为陆门学友，更接
受胡撙临终托付，肩负起教育胡撙之子胡卫（1179—1229）、胡拱
嗣子胡衍的责任，最后更将女儿嫁予胡衍。也就是说，到了孙应时
一辈，孙、胡二家在师生、世交之外，另外衍生出道学学友与姻亲
的双重关系。就济弱扶倾而论，孙家对于胡家兴复的重要性，相对
于早期胡家之于孙家转型业儒，更可说有过之而无不及。由孙应时
与胡宗伋曾孙辈的往来，可以借此观察孙应时如何以长者之姿，竭
尽心力扶助乡里世交后人，同时也可以注意到，他如何让晚辈嵌入
自己的乡里人脉，交结贤达。换言之，这也是进一步了解绍兴府余

---

① 孙应时：《烛湖集》，卷 5，《与石检详书（二）》，页 19。
② 孙应时：《烛湖集》，卷 7，《寄周正字书》，页 25。

姚县孙家与孙应时本人的乡里网络的窗口。

在孙应时中第仕宦之前，胡宗伋长子胡沂（1107—1174）的仕宦成就已使余姚胡氏攀登至家族发展高峰，俨然成为浙东名门望族。胡沂，字周伯，生于徽宗大观元年（1107）；自幼聪颖，胡宗伋对他期望很高，格外认真引导。宣和五年（1123），胡宗伋夫妻携年十七岁的胡沂到开封，补入太学，追求科举功名。胡沂勤奋为学，即使宣和七年金人攻入汴京，仍闭户读书，后来与父母仓促返乡。绍兴五年（1135），胡沂中汪应辰（1118—1176）榜进士；先在州县职务浮沉二十年，直到绍兴二十五年十二月始被召为秘书省正字，入朝为官，[①]三十年任吏部员外郎，转右司员外郎兼国史院编修官，[②]同年五月遭母丧离朝。

孝宗时期，胡沂陆续担任国子司业、邓王府直讲、殿中侍御史，因批评龙大渊、曾觌干政，十年间三度被劾引去。叶适（1150—1223）称赞他"去必刚勇果决，其来，未尝不迟懦退缩也"。[③]乾道八年（1172），胡沂以待制除太子詹事，先后拜给事中、礼部尚

---

① 李心传编撰，胡坤点校：《建炎以来系年要录》（北京：中华书局，2013）第 7 册，卷 170，页 3246。
② 李心传：《建炎以来系年要录》第 8 册，卷 184，页 3563。
③ 叶适原著，刘公纯、王孝鱼、李哲夫点校：《叶适集·水心文集》（北京：中华书局，1961），卷 12，《胡尚书奏议序》，页 223—224。又胡沂在乾道七年知处州时，曾奉朝廷之命订定义役的规约，推行于全国。见李心传原著，徐规点校：《建炎以来朝野杂记·甲集》（北京：中华书局，2000），卷 7，《处州义役》，页 154；另见王德毅：《南宋义役考》，收入氏著《宋史研究论集》（台北：台湾商务印书馆，1993），页 241。

书兼领詹事、改侍读；后因反对虞允文（1110—1174）恢复中原政策，以龙图阁学士提举兴国宫。淳熙元年（1174）十二月卒，享年六十八岁。[1] 孝宗派遣签书枢密院事李彦颖（1119—1199）致祭，盛赞胡沂行谊，称许他的忠心与进谏："卿祇事先帝暨朕四十年，秉心忠盖，莅政廉勤，嘉谟谠论，甚欢朕心，伟才卓识，深惬舆情，怯除无爽，举用得宜。"[2] 同时，胡沂也留下奏议近百篇，在嘉定年间由其孙胡衍、胡卫经手编辑，叶适撰序。[3]

在胡沂一辈，胡、孙两家关系较其父祖，稍显疏离。这与胡沂先期沉浮州县吏事，后来又多居朝廷有关。尽管在高、孝二朝，胡沂的政治表现提高了家族名望，不过他历宦各地，难与长期居乡致力教育的孙家有所联系。同时，在胡沂职位最高时，孙应时尚在追求科举功名的准备阶段；等到孙应时进入太学，胡沂已奉祠居乡；胡沂逝世一年后，孙应时才考中进士，因此《烛湖集》并没有孙应时与胡沂互动的记录。文集中与胡沂关系最贴近的资料，是胡沂亡故后孙应时代其子胡搏拟文，向宋廷请谥号。胡沂死时的身份尚无法获谥号，光宗继位后，因胡沂曾任太子詹事，侍光宗最久，胡搏遂请孙应时代拟状文请谥。孙应时在状中称胡沂在太学时"险阻艰难，义不忘君"，于秦桧（1091—1155）专政时则"恬处选调

---

① 脱脱总纂：《宋史》（北京：中华书局，1977），卷388，《胡沂传》，页11911。

② 胡临川：《余姚柏山胡氏宗谱》，卷首，《献肃公事实节要》，页8。

③ 叶适：《叶适集·水心文集》，卷12，《胡尚书奏议序》，页223—224。

逾二十年"，在孝宗朝"居言路，排抑贵幸，发于忠爱"，"每有忠实不阿附之褒"。[1] 宋廷经太常寺复议后，决定赐胡沂猷简谥号，后改献肃。[2] 胡沂妻郑氏是太府卿郑作肃之女，两人有五子：振、拱、挺、搏、括，与一女。现存资料所见，多是孙应时与胡沂次子胡拱[3]、四子胡搏[4] 的互动。

---

[1] 孙应时：《烛湖集》，卷1，《代请龙图阁学士左通议大夫致仕胡沂谥状》，页10上。

[2] 王明清：《挥麈录·后录》（北京：中华书局，1961），卷5，《文臣谥》，页137—139；王太岳：《钦定四库全书考证》（"文渊阁四库全书"本），卷83，页14上。

[3] 胡拱是胡沂次子，字达材，号柏山，生于高宗绍兴十年八月，少颖敏。绍兴三十二年，以经义科荐乡贡第二继入太学，接受义理之学，得到名公巨儒推赏，与孙应时同游象山之门。淳熙元年，补授浙东安抚司准备差遣，即丁忧去职，至四年八月监回易库。淳熙八年，史浩向孝宗举荐十五位"怀才抱识，沉伏下僚而未能自达"的臣僚，指胡拱"沉厚似沂，而拱行尤峻，安恬守道，不愿人知"；同知枢密院事葛邲也曾论荐。然而，胡拱未及获任用，即于九年八月过世，享年四十三岁。无子，以四弟搏之子衍为嗣，后以子恩赠中散大夫。胡拱生平，详见胡临川：《余姚柏山胡氏宗谱》，卷首，《柏山公事实节要》，页13上；史浩：《鄮峰真隐漫录》（"文渊阁四库全书"本），卷9，《陛辞荐薛叔似等札子》，页1下—2上；孙应时：《烛湖集》，卷1，《代请龙图阁学十左通议大夫致仕胡沂谥状》，页10上；同书，卷12，《胡提干圹记》，页20下。《胡氏宗谱》作淳熙十年癸卯死，误。

[4] 胡搏为胡沂四子，字崇礼，绍兴十七年生。先于乾道九年恩补承务郎，后调兼临安府楼店务。及胡拱死，乞监西京中岳庙。淳熙十五年，任两浙转运司干办公事。绍熙三年，充浙西提举茶盐干办公事。宁宗继位，转奉议郎。绍熙五年，浙西水旱，胡搏运米赈灾，劳苦过度；次年（庆元元年）五月，以疾卒于苏州官舍，享年四十九岁。有二子，长子卫，次子衍过继为胡拱子。胡搏生平，详见叶适：《叶适集·水心文集》，卷17，《胡崇礼墓志铭》，页338；孙应时：《烛湖集》，卷12，《胡提干圹记》，页20上—21下。

　　胡沂逝世后，胡氏家道中落。[①] 胡氏一门在胡沂生前达到鼎盛，他留下可观资产，嘉惠胡拱、胡搏兄弟。但胡拱、胡搏二人未中第，只以荫补官入仕，官职不显。到绍熙间（1190—1194），胡家已显衰象，在孙应时代胡搏撰请谥号文中，称道："某资材甚下，门户早衰，亦惟升斗之所驱，固甘瓦砾之在后"。[②] 淳熙八年（1181），胡拱虽先后受史浩（1106—1194）、同知枢密院事葛邲（1163 年进士）举荐，然而未及获得任用，即于九年八月过世，享年四十三岁；[③] 胡拱身后无子，以四弟胡搏次子衍为嗣。[④] 不仅胡拱早逝且无子嗣，胡搏也以四十九岁盛年，因疾猝然逝世于苏州官舍。一个月内，胡搏妻周氏、三女及婢女，都相继客死苏州，留下尚在学的长子胡卫，[⑤] 与已继嗣胡拱的次子胡衍，[⑥] 二人此时分别才十七岁和

---

① 叶适：《叶适集·水心文集》，卷 17，《胡崇礼墓志铭》，页 337。

② 孙应时：《烛湖集》，卷 3，《代胡崇礼通交代徐提干启》，页 5 下。

③ 孙应时：《烛湖集》，卷 1，《代请龙图阁学士左通议大夫致仕胡沂谥状》，页 10 上；同书，卷 12，《胡提干圹记》，页 20 下。

④ 胡临川：《余姚柏山胡氏宗谱》，卷首，《柏山公事实节要》，页 13 上。

⑤ 胡卫字卫道，胡搏长子，生于淳熙六年（1179），绍定二年（1229）逝世，享年五十一岁，其生平参见张淏纂修：《宝庆会稽续志》，卷 6，页 13 上；潜说友纂修：《咸淳临安志》（北京：中华书局，1990，《宋元方志丛刊》据道光十年〔1830〕钱塘汪氏振绮堂刊本影印），卷 56，页 11 下；同书，卷 74，页 10 下；徐松辑：《宋会要辑稿》（北京：中华书局，1957，据民国二十五年〔1936〕前北平图书馆影印本复制重印），《职官》73 之 49、52、58，75 之 24；不著撰人：《南宋馆阁续录》（"文渊阁四库全书"本），卷 9，页 13 下、19 下—20 上、26 上；胡临川：《余姚柏山胡氏宗谱》，卷 1，《柏山世系》，页 4。

⑥ 胡衍字晋远，一字衍道，号松山，生于淳熙十年（1183），卒年不详。著有《春秋发微》8 卷、《经济备对》4 卷、《公余日录》5 卷、《松山别集》(见下文)

十三岁。面对胡搏遽逝与其家变故的惨况，孙应时在祭文中深沉痛惜，"矧伉俪之淑惠，穆人神其无悔。并一网之不贷，呼彼苍矣何罪。奁筓女之及时，今孰期而结悦。两儿秀而不凡，忍莫为之怙恃，赖手足之奔救，躬综理于终事"。[①]至此，胡家不仅家道衰败，更是人丁单薄；胡搏过世时，虽有孙应时撰写圹记，但墓志铭却直到十九年后的嘉定六年（1213）才由胡卫到永嘉请乡居的叶适追记。[②]

胡拱、胡搏与孙应时同为陆九渊（1139—1193）的门生。陆九龄（1132—1180）曾记载，乾道八年（1172）陆九渊中举后入浙，多位学生从游，其中即有胡拱。出自两家长年情谊，复以同为陆学门人，孙应时与胡氏兄弟交情甚笃。由于胡拱早逝，现存孙应时与胡搏的往来资料较多。光宗即位后，孙应时曾为胡搏撰写请谥胡沂状文。两人亦曾接受石宗昭（1172年进士）邀请，与赵师渊（1172年进士）共游雷峰塔。[③]孙应时赴遂安任县令前，也在胡搏家与诸多陆门弟子相聚。[④]绍熙三年（1192），孙应时替胡搏致书续任浙西提举茶盐干办公事的徐姓官员。[⑤]及胡搏过世，其圹记即由孙应时

（接上文）6 卷。详见胡临川：《余姚柏山胡氏宗谱》，卷首下，《松山公事实节要》，页 15。

① 孙应时：《烛湖集》，卷 13，《祭胡崇礼提干文》，页 10 上—12 上。

② 叶适说："先世故书，缇囊珍篋重封之，屏几遗字，笼玩往复或移日。"见《叶适集·水心文集》，卷 17，《胡崇礼墓志铭》，页 338。

③ 孙应时：《烛湖集》，卷 14，《石应之校书招同胡崇礼赵几道饮白莲社晚酒》，页 16 下—17 上。

④ 孙应时：《烛湖集》，卷 6，《上象山陆先生书（一）》，页 10 上。

⑤ 孙应时：《烛湖集》，卷 3，《代胡崇礼通交代徐提干启》，页 5。

执笔。① 胡氏兄弟陆续亡故后，孙应时撰写祭文与吊亡诗，伤至交之丧，"嗟我论交重，相知照胆明，十年离合地，今日死生情"；②后在吊祭学友诸葛千能时，再次感叹胡拱之逝，痛惜云"达材之厚，天既夺之"。③

基于胡、孙两家长期情谊，孙应时接受胡搏托付，负起教导周护胡卫、胡衍的责任。④ 就胡卫兄弟日后成就观之，胡家再度兴复，孙应时可说扮演了重要角色。胡卫的师承、婚姻，甚至日后仕宦，或多或少都得力于孙应时的人际网络。在师承上，胡卫的学习网络多是孙应时余姚同乡，或陆门弟子。胡卫幼年受教于孙应时同乡高公亮，⑤他是余姚士人高国佐（一作国任）长子，幼时师事诸葛千能；后则颇受陆门四先生之一沈焕的赏识。诸葛千能既是孙应时陆门学友，也是余姚同乡。⑥ 婚姻上，胡卫妻子则为同县赵师龙（1143—1193）之三女。赵师龙为宗室，余姚人，曾任职婺州，绍熙四年（1193）去世，项安世（1153—1208）有诗吊挽。⑦ 其妻闻人氏在嘉

---

① 孙应时：《烛湖集》，卷12，《胡提干圹记》，页20上—21下。

② 孙应时：《烛湖集》，卷16，《哭亡友胡达材》，页10下—11上。

③ 孙应时：《烛湖集》，卷13，《祭诸葛诚之文》，页8下。

④ 在胡搏祭文里，孙应时提到"委余以其子"。孙应时：《烛湖集》，卷13，《祭胡崇礼提干文》，页10上—12上。

⑤ 孙应时：《烛湖集》，卷12，《戴夫人圹记》，页25下—26上。

⑥ 高公亮后得到陆门四先生沈焕赏识，由沈焕岳父丰谊做主，将外甥女戴氏嫁与高公亮为妻。开禧元年（1205）戴氏死，次年由孙应时代替胡卫撰写墓铭与圹记。详见孙应时：《烛湖集》，卷12，《戴夫人墓志铭》，页16下—18下；同书同卷，《戴夫人圹记》，页25下—26上。

⑦ 项安世：《平庵悔稿·后编》（北京：线装书局，2004，《宋集珍本丛 (见下文)

泰元年（1201）逝世，由孙应时撰写圹记，由此观之，赵师龙与孙
应时应是友人。[1] 胡卫成婚时，年甫过弱冠，娶赵氏之女可能亦由
孙应时安排。仕宦方面，由胡卫岳父赵师龙的墓志铭所示，赵师龙
父赵伯述与孝宗朝宰相史浩友好，师龙本人则与宁宗后期的宰相史
弥远（1164—1233）为同学。[2] 这样多层的人脉网络，对胡卫日后
仕宦当有所助益。

胡搏死时，胡衍不过十三岁，孙应时教养责任尤其深重。《烛
湖集》收录一封孙应时给胡衍书信，当在胡衍十五六岁间。在信中，
孙应时对胡衍颇有期待，询问他"近来专看何书？所作何事业？观
圣贤之学，考帝王之治体以及历代兴替隆污之变，而达乎今日之世
故，精思而默识"，要求胡衍"一一见告，并录所作时文数篇来，
欲观进修之益"，且勉励他"切不可同他人，阴有自足、自用之意，
骄不如己者"，并说："仆所期待于吾子最甚，吾子宜自默喻，故
因及此。作字且宜留意小楷，未宜草书，不唯年龄当然，书家法度
正如此。"[3] 日后孙应时与友人赵景孟同游四明山，即携胡衍随同。[4]
赵景孟岳家与余姚富室王永富为姻亲，王永富则曾协助乡里推动义

（接上文）刊》据清钞赵魏重编本影印），卷 3，《赵婺州挽诗》，页 15 上。

[1] 孙应时为胡卫岳母闻人氏撰写圹记时，胡卫妻赵氏已身故。孙应时：《烛湖
集》，卷 12，《宜人闻人氏圹记》，页 22 下—23 下。

[2] 楼钥：《楼钥集》，卷 109，《知婺州赵公墓志铭》，页 1880—1884。

[3] 孙应时：《烛湖集》，卷 6，《与胡晋远书》，页 12。

[4] 孙应时：《烛湖集》，卷 18，《二月二十五日同赵景孟胡晋远游四明山诗》
《和景孟宿山中》《和景孟山行》，页 1 上—2 下。

役等事，^①这事或许显示孙应时有意助胡衍结交乡里贤达。重要的是，孙应时日后更将亲女嫁予胡衍为妻。孙应时在婚书中表示，两家长久维系交谊不坠，如今则亲上加亲："四世百年相为师友，两家今日遂托舅甥，岂惟祖祢之宠嘉，是谓天人之素定。"^②孙、胡两家在师生、世交之外，更添了姻亲关系。

胡卫、胡衍两兄弟在举业、仕宦上，均颇成功。庆元四年（1198），胡卫中浙东路贡举，次年中进士。嘉泰年间（1201—1204），知临安府於潜县。嘉定七年（1214），由太常寺主簿改右正言兼侍讲，次年改殿中侍御史，十四年为中书舍人兼修国史，十五年任礼部侍郎兼修国史。胡衍则先以荫授承务郎转承事郎，庆元四年以书荐中铨。嘉泰元年（1201），以《春秋》义为浙东漕举榜首，初任浙西路秀州监酒，开禧二年（1206）则改义乌丞，^③孙应时有诗送其赴任。^④嘉定四年（1211），胡衍以《春秋》经应锁厅试，赐同进士出身，先后出知黄岩县、永嘉县等。在永嘉任上，胡衍结识奉祠居乡的叶适。叶适曾为胡衍撰写重修社稷记文，颇多赞誉，并在胡衍离任时撰诗相送。^⑤嘉定十六年，任抚州通判、

---

① 孙应时：《烛湖集》，卷12，《王迪功墓志铭》，页6上—8上。

② 孙应时：《烛湖集》，卷8，《次女答胡氏书》，页26上。

③ 宋濂原著，罗月霞主编：《宋濂全集·宋学士文集·芝园后集》（杭州：浙江古籍出版社，1999），卷4，《义乌重浚绣川湖碑》，页1394—1396。

④ 孙应时：《烛湖集》，卷16，《送胡婿晋远赴义乌丞》，页13下；同书，同卷，《送胡婿晋远赴嘉兴酒官》，页17上。

⑤ 叶适：《叶适集·水心文集》，卷11，《永嘉县社稷记》，页190—（见下文）

知荆湖北路汉阳军事兼节制兵马，封余姚县开国男，食邑三百户。[①]
为凝聚族人向心力，胡搏曾定期聚族人相会，汇集宗谱，于抚州
通判任上捐俸刻印《定翁公贤训编类暨莫淑人家训》，附在宗谱
之后，并刻崇仁布衣欧阳澈（1091—1127）上宋高宗三书，来激
励忠义之气。

下一章讨论孙应时的仕宦经历，将提到胡搏过世时，孙应时正
赴任常熟知县，而该地素以难治著称，政务繁剧。从孙应时所撰写
的胡搏祭文，以及此后多年他对胡卫、胡衍兄弟的关照，显示孙应
时并未辜负胡搏托付。可惜，从庆元晚期到嘉泰年间，孙应时处境
不断恶化，数年后即撒手人寰，《烛湖集》也几乎不见他与胡卫兄
弟往来的资料。然而无论如何，胡氏兄弟之所以能在科举与官场获
致成功，进而兴复祖业，除了他们自身努力与家世背景外，孙应时
周护胡氏兄弟的种种用心，功不唐捐。

三、孙氏二代授业乡里的师友关系

余姚孙家除了因孙畸兄弟受教胡宗伋，而与胡、莫二家成为世
交，也因教育乡里子弟，拓展出以师友关系为主轴的人际网络。虽
然孙畸兄弟自身无缘中第出仕，但他们因教学乡里所建立的人际关
系，仍对孙应时生涯与仕途初步开展有所助益；而孙应时本人在入

（接上文）191；同书，卷7，《送胡衍道》，页80。
① 胡临川：《余姚柏山胡氏宗谱》，卷首下，《松山公事实节要》，页15上。

仕前，与仕宦历程的乡居时期，同样也曾授业乡里，他的授业经历相当程度也是余姚孙家有机会青史留名的因素之一。

　　孙家两代在余姚任教。在孙畴、孙介一辈，因孙畴早逝，而以孙介的授业经历对孙家影响较大。孙畴曾主掌余姚富室莫家教席约两年，其后多在家乡任教；孙介则在孙畴死后继为乡里童子师。孙介在七十自述中，宣称自己务为实学，不好科举时文。对此，孙应时也曾语人："余先君子雪斋先生终老为童子师，其法度必准于古，不以一毫自愧。"① 虽有乡里之人认为孙介为学、教学原则不甯迂阔，② 但这并未妨碍孙介的教育事业，仍多有富室延聘担任教席。除余姚莫家，同县富室李扬也曾延聘孙介至家塾教育诸子弟。孙介也曾至乡里富室茅氏私塾，教授其子茅宗明（1143—1203）举业，与茅氏建立情谊。③

　　孙介的教学事业是孙应时开展举业与乡里关系之嚆矢。孙介任教乡里，多到各家族坐馆授徒，过着寄食生活，而孙应时的学习成长与此密不可分。孙应时童年除接受同乡魏子明启蒙外，④ 多随父亲到执教的李家、茅家与莫家听讲受教，除亲炙父教，也与三家子弟建立了良好关系。孙介担任李扬诸子教师，深获肯定，李扬视孙介为知己，其子李友仁（1156—1204）颇善孙介之学，孙应时也与小

① 孙应时：《烛湖集》，卷10，《跋汪立义教童子诀》，页18下。时为庆元四年。
② 孙应时：《烛湖集》，卷12，《李叔文墓志铭》，页8。
③ 孙应时：《烛湖集》，卷12，《茅从义墓志铭》，页12下—14下。
④ 孙应时：《烛湖集》，卷13，《祭魏子明先生文》，页7上。

他两岁的李友仁为兄弟交。① 后因缘际会，孙应时又与李友仁从兄李友直（1134—1199）成为太学同学、进士同年。李友直是致仕宰相史浩的女婿，日后孙应时受聘史家东湖书院教书，或与李友直推荐有关。约十二岁左右，孙应时再随父亲至茅家任教，此时很可能因协助教学，而与长他十一岁的茅宗明结下良好关系，② 进而与另一位茅氏族人茅唐佐（1136—1203），即余姚名臣陈橐（1090—1155）外甥有所互动。日后孙应时乡居期间，茅家更成为他参与乡里事务的一大助力。庆元二年（1196），知余姚县施宿（1193 年进士）上任后，③孙应时建议推动义役，获茅唐佐（宗愈）与孙宗广等人协助，终能完成余姚的义役体制。④

继孙畴、孙介兄弟之后，孙介三子也继续在乡里授业。孙应求、孙应符两兄弟终生任乡先生，关于二人学生资料极少，仅知余姚富人孙洋曾请孙应求担任家塾教席，两家或约为宗亲。⑤ 虽然孙应时因业举、出仕，在外地时间较长，但也曾教学乡里。淳熙二年（1175）至五年冬，孙应时待阙居乡；淳熙十六年至绍熙元年（1190）则守丧在家，这两段期间孙应时都曾在乡授业。

从《烛湖集》可以看到，孙应时任教资料相对丰富，显示其与

① 孙应时：《烛湖集》，卷 12，《李叔文墓志铭》，页 8。
② 孙应时：《烛湖集》，卷 12，《茅从义墓志铭》，页 12 下—14 下。
③ 孙应时：《烛湖集》，卷 12，《茅唐佐府君墓志铭》，页 10 下—12 上。
④ 孙应时：《烛湖集》，卷 8，《与施监丞宿书（一）》，页 15 下　16 下；同书，卷 9，《余姚县义役记》，页 23 上—25 下。
⑤ 孙应时：《烛湖集》，卷 12，《孙承事墓志铭》，页 4 下—6 上。

受教子弟关系甚笃。待阙期间，孙应时在种山绍兴府学教书，未及学龄的李知仁即与孙应时亲善。淳熙五年（1178），他离乡赴任黄岩县尉时，有《别越中诸生》的七言绝句，说自己在绍兴教书是"三年一榻占清闲"，期望学生"洗心深读圣贤书"。①淳熙十年，孙应时由黄岩县尉之职卸任返回家乡，李知仁又不远百里徒步追随受业，"于是束衣赢粮，相与读书于蓬藋荒莽之中。余上下城邑，生辄随之不舍，观其学，虽未能大进于旧，其望予之归之勤，亲余之笃如此，亦可谓有志者矣"。②淳熙十二年十月，孙应时离开四明史家，准备到泰州接任海陵县丞。路经家乡会稽（绍兴府）时，昔日学生聚在鲁墟桥以酒送别，他曾作诗感慨前程。③孙应时对后学颇有提携之心，曾致书绍兴府学陈教授，推荐几位在府学表现优秀的乡里青年士人，包括杜镇、虞枢、诸葛兴以及孙康祖、冯幼安、诸葛肖卿等学职人员。其中，杜镇、虞枢二人先后受教于他与叶适，孙康祖则是孙应时的学生。④由此观之，孙应时和乡里学生关系相当融洽。

　　与孙应时师生情谊最为深厚者，属山阴司马氏父子。司马俨字季若，是司马光（1019—1086）家族后人，曾知海陵县。淳熙十三

---

① 孙应时：《烛湖集》，卷 20，《别越中诸生》，页 3 下；王孙荣：《孙应时》，收入余姚市历史文化名城研究会编：《姚江名人（古代编）》，页 210。

② 孙应时：《烛湖集》，卷 10，《李生名字说》，页 23 上。

③ 孙应时：《烛湖集》，卷 16，《冬十月赴官海陵过会稽诸生饮饯鲁墟桥酒罢就舟倦甚眷然有作》，页 6 上。

④ 孙应时：《烛湖集》，卷 6，《与陈教授书》，页 13 下—15 上。

年，孙应时到海陵县任县丞，曾致书知县司马倪，信中提到"托交虽旧，为隶则新"，[①] 显示二人相交甚早。光宗即位，司马倪缮写其从曾祖司马光四件奏札，孙应时代撰文进献给光宗作为登极贺礼。[②]司马倪在海陵所建草堂，也委请孙应时定名为"不欺堂"，后又为司马倪七个儿子命字作说。[③]当司马倪过世时，孙应时挽诗中即有"越绝枌榆社，吴陵松竹间。相亲逾骨肉，每见豁心颜。契阔今生死，萧条旧往还。春风数行泪，吹度镜湖山"，[④] 说明二人关系甚密。

司马倪三子司马述即是孙应时的学生。宝庆三年（1227），《烛湖集》汇集出版，时任浙东提举的司马述出力襄赞，在序文中自称"门人"。他简述了从学孙应时经过："述获在执经之列，丙午岁（案：淳熙十三年〔1186〕）先人宰海陵，先生适丞是邑，尤得朝夕侍左右。"所谓"获在执经之列"，时在淳熙十一年，司马述或在东湖书院，与史家兄弟共同受教于孙应时。[⑤]司马述任平江司户参军

① 孙应时：《烛湖集》，卷3，《通海陵司马知县倪启》，页8下—9下。

② 孙应时：《烛湖集》，卷1，《贺光宗皇帝登极代司马通判倪进文正公奏札表》，页5上—6上。

③ 孙应时：《烛湖集》，卷10，《司马氏七子字说》《海陵县斋不欺堂说》，页24下—26上。

④ 孙应时：《烛湖集》，卷16，《挽司马季若知郡》，页23。

⑤ 司马述：《〈烛湖集〉原序》，收入《烛湖集》，卷首，页1。司马述是否在四明受教，与史浩家的关系如何，未见有直接资料，但北宋末开封名族姜氏居四明，姜浩的长女是司马倪的妻子、司马述的母亲，三女则是史弥远的妻子，则司马家与史家有连襟关系，见楼钥：《楼钥集》，卷114，《赠金紫光禄人夫姜公墓志铭》，页1978。不过楼钥说淳熙十三年司马倪是知泰州，则当为知泰州海陵县之误。

时，应时有诗相送。[①]嘉泰二年（1202）九月，司马述也将家藏薛
绍彭临宝章帖，送请孙应时鉴定。[②]孙介在淳熙十四年（1187）作
《丁未仲夏赏月》之诗，序云："今寓海陵，已七十四，适邑长官司
马父子合席谐饮。"[③]司马述则记："述在海陵时，尝升堂拜雪斋老先
生，见手编家庭唱酬集……是岁雪斋有赏月诗，先人与述两兄，亦
相与赓韵。"[④]两家兼具师生与同僚的深厚情谊，于此斑斑可见。

四、小结

　　教育既是家族或个人迈向举业的重要基础，也是与乡里权势之
家缔结人际关系的第一张网络。对余姚孙氏的发展而言，教育尤具
意义，从孙子升到孙应时三代致力儒业的过程，可以得到见证。孙
家出身寒门，家无恒产，经历二代由农而儒辛苦转型，到孙应时中
进士，才达成起家的愿望。不论是由农、释转儒，或致力举业过程
中，孙家都视教育为翻转命运的关键。教育为孙家子弟开创了乡里
人际资源，既有助他们业举求功名，也在其准备科举或居乡待阙时，
裨其支撑家庭生计；经由师生及共同学习所结成的人际与情谊，更
有利于塑造乡里互助的一体感。

　　孙氏成功由农、释转儒，除了三代人的努力之外，尤受惠于乡

---

① 孙应时：《烛湖集》，卷16，《送司马尊古赴平江户掾》，页9上。
② 孙应时：《烛湖集》，卷10，《跋司马家藏薛绍彭临宝章帖》，页15下—16上。
③ 孙介：《丁未仲夏赏月》，收入《烛湖集·附编》，卷上，页3下—4上。
④ 司马述：《〈烛湖集〉原序》，收入《烛湖集》，卷首，页1下。

里贤达胡宗伋及其妻莫氏家族的帮助，才奠下举业基础。后又因孙介兄弟教授乡里，孙应时得以与胡、莫二家子弟一齐成长；日后孙应时更与胡拱、胡搏兄弟师从陆九渊，成为陆门同道。余姚胡氏家族累积三代富盛，骤因胡氏兄弟早逝，只留下寡妇稚幼，家道明显中衰。此时，孙应时感怀胡氏自胡宗伋以来成就孙氏家族之恩，遵从胡搏嘱托，扶持其子胡卫、胡衍力学，并将次女配予胡衍为妻，以期重振胡氏家声。孙、胡两家经历四世百年的相互扶持，由师生转为同道，乃至缔结婚姻；甚至在史弥远执政时，胡衍、胡卫仕途顺遂，亦可能受惠于孙应时与史弥远的师徒情谊。孙、胡、莫三氏的关系与发展凸显教育在乡里社会凝结人际的重要，胡、孙两家长期相互照应更具体显现乡里人际互惠之利。

立基于同乡共学的情谊，尤利于士人之间凝聚照应。科举既是士人入仕的主要途径，各家族若有余裕，无不致力举业、创造仕途机遇。然而，只有极少数具有竞争优势的家族可以独力业举，多数仍是聚集乡里优异青年，共同受教、彼此砥砺，而在共学环境中所培养的深厚信任与乡里一体感，更有助于士人入仕后彼此支持。自宋初，即有如新昌石氏，聚书、创义学，培养自家子弟，兼嘉惠四方来学者，当地儒学之盛称于东南。[①] 北宋晚期，江西德兴张潜致富之后，购置图书，设立学舍，聘名师授课，也聚集乡里优异子弟

---

① 陶晋生：《北宋士族：家族、婚姻、生活》（台北："中央研究院"历史语言研究所，2001），页 293—312。

如彭汝砺、熊本、刘正夫、程节等人与自家子弟一起学习，由此建立了长期而深厚的情谊，甚至结为儿女亲家。后来，熊、刘、程诸人相继入仕，遂在地方乃至朝堂相互援引。南宋四明著名士族如史氏、汪氏、楼氏，也在同乡共学的基础上一齐成长，入仕后合作推展朝政，致有"满朝朱紫贵，尽是四明人"之说。[①] 余姚孙氏与胡、莫家族虽然在仕途上的成就无法与德兴、四明家族相比，但彼此扶持的情况十分雷同，显示教育有助于凝聚乡里的人际关系。

除致力朝政外，同乡共学的士人更在乡里建设上，展现互助之力。孙家无恒产，家族成员在致力举业的同时，尚需要以教育乡人维持家计。孙介兄弟是启蒙教育的童子师，赴学习者家就馆，过着漂泊不定的寄食生活；孙介曾分别执教于同乡的李氏、茅氏与莫氏。孙应时随父亲到执教处所听读，与这些富家子弟建立了良好的关系；如孙应时后来就在茅氏兄弟协助下，支持知县施宿，推动义役，是孙应时父子通过乡里教育，建立人际关系，并凝聚乡里互助之例。较之楼钥、汪大猷（1120—1200）、史浩、沈焕等人在四明设置乡曲义庄，鼓励廉洁、造福同乡士人，绍兴余姚乡里互助的规模和成效虽有差距，但其关怀在地的行动仍是归功于乡里共学所缔造的基础。

这种教育与共同学习的机缘，也让孙应时的仕途发展获益。孙、胡两家关系虽密，胡沂也曾任高官，但在孙应时中举前已经去

---

① 黄宽重：《宋代的家族与社会》（台北：东大图书公司，2006）。

世，对其仕途开展助益不大。反而是孙应时因李友仁结识其从兄李友直，又因李友直推荐而受聘于东湖书院，成为史弥远、史弥坚（1166—1232）兄弟及司马述的老师。此一机缘，不仅为毫无外援的孙应时打开仕途发展的希望之门；甚至在孙应时死后，仍惠及孤子，也使孙应时的诗文能得到整理搜集，出版为《烛湖集》，并列名于《宝庆会稽续志》中，得以流芳乡里。这样的人际资源串联与开展，都得力于孙应时父子授业乡里所发展出来的人际关系。孙氏家族因乡里人际关系而受惠的情况，与罗大经（1196—1242）因其父与地方官员缔交及乡谊之助，得以突破种种待阙之限而获得官职，虽程度稍有差别但效益类似，[①] 说明乡里教育所缔结的人际关系，对个人仕途初期开展或推动乡里互助都有相当助益。

总之，乡里教育为孙应时铺设了开展仕途与人际资源的第一里路。对余姚孙氏而言，教育开启家业转型的举业之途，经过三代努力，到孙应时一辈终能如愿。家族转型诚然艰辛，但教育也裨益孙氏家族与乡里豪门建立深厚情谊，不仅坚实乡里认同，共同关怀在地事务，也为彼此未来仕途建立起人脉链接。不过，受限于家族条件与乡里资源，孙应时在中举后要开拓仕途的荣景，仍得在既有人脉之外，靠自身才学、智慧与机缘，持续拓殖新的人际关系，以争取仕进之途。

---

① 王瑞来：《小官僚大投射：罗大经的故事——宋元变革论实地研究举隅之三》，收入氏著《近世中国：从唐宋变革到宋元变革》，页 260—276。

学宦难兼

为学仕进的左支右绌与人际的拓展

历经家族三代努力与父亲的苦心栽培，孙应时刻苦勤学，终在乾道八年（1172）顺利进入太学，进而于淳熙二年（1175）高中进士，开启仕宦功名之途。

迈入仕途后，宦历迁转各环节都有赖长官欣赏、支持与提拔，才有晋升的机会；因此，除了个人的才智与机缘外，人际关系尤为重要。对孙应时而言，受限于家世、社会与经济资源不足，祖、父二代在乡里所建立的人脉，固然对科举与乡里建设有所助益，但在竞争激烈的官场中，这样的人际资源很难发挥更积极的效果；出身寒门的孙应时必须要靠个人努力，在为学和仕进场域中，重新积累开创裨益宦途的人际资源。

孙应时进入太学之后，结交志同道合的同学，共同致力举业，实践道学追求；彼此建立深厚的友谊，相互扶持。任官以后，孙应时除了勤奋任职、展现个人才学外，更把握机会广结善缘，积极拓展人际关系，以创造家族无法提供的仕进竞争力，进而厚植宦途发展的有利条件。

一、选人宦海，强复求禄

（一）黄岩县尉

乾道八年，孙应时入太学，不仅离功名更进一步，也结识甫获进士，且因诠释道学而名满天下的陆九渊，并与理念相同的学友一齐从学陆九渊。淳熙二年（1175）三月，孙应时中詹骙榜进士；孙应时原以为可以从此释褐仕宦，然而阙少员多，中举后只能乡居待阙，在绍兴府学执教，贴补家计。淳熙五年冬，孙应时经历多年等待，终于获任台州黄岩县县尉。

县尉在宋代亲民官员中职位最低，却与基层社会最为接近，能充分体察民情民生。孙应时在《黄岩县尉题名记》中说道："州县之官，莫如尉最卑，然而亦最近民。有志之士如欲深知民生之艰，与为吏之不易，以推及乎世之迁变，观古今风俗政事本末，求切于实用而精思其所不及，则虽奔走劳悴于尘埃棰楚之地，疑非所当厌也。"[1]县尉领弓手擒捕盗贼及奸犯之人，负地方治安的重责，任务甚巨，孙应时自述任内必须"间关巡徼，鞅掌簿书，羁危几类于五穷，龃龉殆盈于百谪"。[2]

在黄岩县尉任上，孙应时结识了许多影响其日后宦历甚巨的师长。从《烛湖集》收录书启看来，首先是官职所隶在地官长，包括以搜藏与研究《兰亭序帖》著称的知台州沈揆、[3]为朱熹所劾的知台

---

[1] 孙应时：《黄岩县尉题名记》，收入曾枣庄、刘琳主编：《全宋文》（上海：上海辞书出版社，2006）第 290 册，卷 6591，页 101—102。本文未收入《烛湖集》。

[2] 孙应时：《烛湖集》，卷 1，《谢浙东张提刑诏关升状》，页 16 下—17 下。

[3] 孙应时：《烛湖集》，卷 14，《送台州沈虞卿使君入朝》，页 18 上—19 上。殆为淳熙八年沈改任吏部员外郎。

州唐仲友（1136—1188），^①以及台州通判，嘉定年间位至二府的楼钥。据楼钥追称，"见其（孙应时）学行吏事、词采翰墨动辄过人，与之定交"。^②然而，最重要的则属朱熹；根据《宝庆会稽续志》孙应时小传记载，二人因水利工程而结识，孙应时工作表现颇获肯定，朱熹"一见即与定交"。^③

时在淳熙八年（1181）九月，浙东大旱。朱熹受命提举浙东路常平茶盐事，专事救灾；^④朱熹除了勘灾赈济，尤其注意修水利以兴农。次年七月，朱熹抵达台州，认为黄岩是谷粮重要产地，必须加强堰闸修筑，以确保免于水旱之患。朱熹为避免影响邻近州县，特拨款责寄居官兴工修建，但知县范直兴却难以任事，因此上奏朝廷，建言"别选清强官权摄县事，庶几兴役救荒"。^⑤朱熹随后致书孙应时，表示"此事非小，若得黄岩无水旱，则邻邑俱无饥馑之忧，度本路水利未有大于此者"，^⑥特别委由孙应时以县尉兼摄县丞，主持当地水利工程；此当是二人缔交之始。孙应时执行水利工程的表现获得朱熹褒赞，后朱熹致书身在四川的刘光祖（1142—1222），

---

① 孙应时：《烛湖集》，卷3，《上台守唐大著启》，页12上—13下；同书，卷14，《江有梁》，页1上—2上。

② 楼钥：《承议郎孙君并太孺人张氏墓志铭》，收入《烛湖集·附编》，卷下，页6上；另见《楼钥集》，卷114，《承议郎孙君墓志铭》，页1973。

③ 张淏纂修：《宝庆会稽续志》，卷5，页16下。

④ 王懋竑：《朱熹年谱》（北京：中华书局，1998），页121。

⑤ 朱熹原著，陈俊民校编：《朱子文集·正集》（台北：德富文教基金会出版，允晨文化公司总经销，2000），卷18，《奏巡历至台州奉行事件状》，页607。

⑥ 朱熹：《朱子文集·别集》，卷3，《孙季和（一）》，页5152。

即指孙应时"顷在浙东时所举吏也，后生好学，志趣不凡"；[①] 给刘爚信也提到，浙东学者"修洁可嘉者多"，因而向浙东提点刑狱公事张诏推荐孙应时等人。[②] 不过，日后杨简（1141—1226）所撰孙应时圹记对这段黄岩经历及孙应时与朱熹关系略而不谈。

孙应时在黄岩县尉任内初试啼声，表现甚获长官与百姓肯定，相继得到浙东安抚使王希吕与浙东提点刑狱公事张诏举荐，晋级资历；[③] 尤有甚者，淳熙九年（1182）任满时，地方士民深表惋惜，筹划共同购置田宅以挽留孙应时。尽管如此，黄岩县尉任满后，孙应时仍未能获得晋升之途，只好归乡教书，再度待阙。

（二）讲学东湖

淳熙十一年，孙应时因友人引荐，获邀至孝宗朝致仕宰相史浩所建东湖书院，担任史家子弟家庭教师，开启他与史浩及其二子的不解之缘；二子中，其一即为未来在理宗朝独掌国政十年的史弥远。

史浩字直翁，明州鄞县人，孝宗仍为皇子时，曾任王府教授。

---

① 朱熹：《朱子文集·别集》，卷5，《刘德修（一）》，页5203；束景南：《朱熹年谱长编》（上海：华东师范大学出版社，2001），页740—762。

② 除了孙应时，尚有杨简、项安世。朱熹：《朱子文集·续集》，卷4上，《答刘晦伯》，页4971。事实上，在这个时候，朱熹与孙应时等陆九渊门人多有接触。见束景南：《朱子大传：多维文化视野中的朱熹》（福州：福建教育出版社，1992），第十二章《浙东提举：道学人物的风采》，页497—518。

③ 孙应时：《烛湖集》，卷1，《谢浙东张提刑诏关升状》《谢越帅王尚书希吕关升状》，页16下—19上。

史浩在孝宗朝曾二度任相，时间虽都不长，但与孝宗情谊甚深。淳熙八年（1181），史浩致仕辞归，十年八月封魏国公。^①史浩归乡后，以元老重臣身份，在明州推动如乡曲义田等地方公益活动，^②并积极营建园林，招徕一时名士。在鄞县西湖，史浩以孝宗所赐一曲并白金万两，建真隐园，邀集"四海名下士，方外知识，时款吾居，与之共谭名理"；^③与西湖真隐园相对，史浩在东湖另建东湖书院，延请孙应时等人任教。根据史浩之子史弥坚墓志铭，史家弟子所接触"父客"并不限于陆门中人，尚包括著名文士陆游（1125—1210）、苏玭（1129—1192）等人。^④然而，当时史家真隐园、东湖书院，甚至整个四明，陆学色彩十分浓厚。史浩延请陆门子弟沈焕、沈炳兄弟讲学，加上杨简讲学于碧沚，袁燮（1144—1224）讲学于城南楼氏精舍，与时任明州监米仓的吕祖俭（？—1198），四明顿时成为南宋学术重镇，尤以陆学为著。^⑤

---

① 徐松辑：《宋会要辑稿》，《职官》1之6；脱脱总纂：《宋史》，卷396，《史浩传》，页12065—12069；蒋义斌：《史浩研究：兼论南宋孝宗朝政局及学术》（台北：花木兰文化事业有限公司，2009），页134—135。

② 梁庚尧：《家族合作、社会声望与地方公益：宋元四明乡曲义田的源起与演变》，收入柳立言等编：《中国近世家族与社会学术研讨会论文集》（台北："中央研究院"历史语言研究所，1998），页213—237。

③ 史浩：《鄮峰真隐漫录》（北京：线装书局，2004，《宋集珍本丛刊》据乾隆年间刻本影印），卷42，《建新第奉安四明山王并谢遗尘先生神像文》，页7上—8上。

④ 见《钱堰史氏宗谱》，卷1；转引自小林晃：《史弥坚墓誌銘と史弥遠神道碑：南宋四明史氏の伝記史料二種》，《史朋》43（2010年12月），页1—17。

⑤ 蒋义斌：《史浩研究：兼论南宋孝宗朝政局及学术》，页101—104；（见下文）

引荐孙应时任教东湖书院的友人，现有资料无法确考。不过，孙应时稍早结识的楼钥与史家渊源甚深，曾自云"出入太师（案：即史浩）之门"，[①] 或有推波助澜之功。如再追溯孙应时此前的人际网络，则沈焕与李友直最有可能居中推荐。

沈焕较孙应时年长十五岁，曾与史浩共同致力组织四明诗社、棋社及乡曲义庄等；[②] 其弟沈炳亦曾在东湖书院教书，兄弟二人都是陆门中坚。全祖望（1705—1755）曾描述沈焕兄弟与史浩的密切关系："史忠定王归老，御赐竹洲一曲，寿皇为书四明洞天之阙以题之，[③] 即所称真隐观者也。忠定最与端宪（案：即沈焕）厚，故割宅以居之，而征君（案：即沈炳）亦授徒于忠定观中，于是端宪兄弟并居湖上。"[④] 大约在乾道五、六年（1169、1170）间，孙应时还只是

（接上文）黄宽重：《发明本心：袁氏家族与陆学衣钵》，收入氏著《宋代的家族与社会》，页84。另外，史浩兼与方外学僧宝昙、德修、寿禅师居仁、处真法师、可寿上人等深有契交，四明又因此成为儒学与佛学交流的要地。参见蒋义斌：《史浩研究：兼论南宋孝宗朝政局及学术》，页89—103；黄启江：《南宋六文学僧纪年录》（台北：台湾学生书局，2014），页179。

① 楼钥：《楼钥集》，卷111，《朝奉大夫李公墓志铭》，页1927。

② 蒋义斌：《史浩研究：兼论南宋孝宗朝政局及学术》，页103；梁庚尧：《家族合作、社会声望与地方公益：宋元四明乡曲义田的起源与演变》，页213—237。

③ 据史浩所述，书"四明洞天"者是皇太子（即光宗）而非孝宗。见《鄮峰真隐漫录》（"文渊阁四库全书"本），卷40，《真隐园铭》，页1下—2上。

④ 全祖望：《鲒埼亭集·外编》（上海：上海书店，1989，《四部丛刊·初编》据上海涵芬楼景印姚江借树山房刊本重印），卷16，《竹洲三先生书院记》，页5下—7上。

绍兴郡学士子，因缘结识时任上虞尉的沈焕；[①]孙应时后来在太学从学于陆九渊，或许也就是受沈焕影响。孙应时身为陆门中人，正与史浩真隐园、东湖书院，和人际网络的陆学色彩相得益彰，殆为获聘的重要因素。

李友直为史浩女婿，与孙应时则是乡里故旧，同时也是孙应时太学同学、进士同年。其从弟李友仁是孙介的学生，与孙应时为"兄弟交"，[②] 这层乡里关系对孙应时进入东湖书院必有帮助。事实上，绍兴十五年（1145）史浩中进士后的第一任官职，[③] 即是余姚县尉。[④]据说史浩在县尉任内致力于教化，功绩卓著。[⑤]根据楼钥记载，

① 张寿镛考证，关于沈焕首度出任的官职，传世史料有余姚尉与上虞尉二说。在他所胪列的史料中，《宋史》《宝庆四明志》云余姚尉，沈焕的行状、墓志与所作孙介行状则明言上虞尉。由于后者资料较早或是沈焕自述，张寿镛采上虞尉之说，当是。参见张寿镛辑，吴洪泽校点：《定川言行汇考》，收入吴洪泽、尹波主编：《宋人年谱丛刊》（成都：四川大学出版社，2003）第 10 册，页6467—6468。

② 孙应时：《烛湖集》，卷 12，《李叔文墓志铭》，页 8 上；同书、同卷，《宜人史氏墓志铭》，页 14 下—16 下。

③《宋史·史浩传》误载为绍兴十四年。参见龚延明、祖慧编著：《宋代登科总录》（桂林：广西师范大学出版社，2014）第 6 册，页 2759。

④ 方志资料多载史浩任职的时间为绍兴十五年。见胡榘修，方万里、罗濬纂：《宝庆四明志》（北京：中华书局，1990，《宋元方志丛刊》据咸丰四年〔1854〕《宋元四明六志》本影印），卷 9，页 3 上；周炳麟修，邵友濂、孙德祖纂：《光绪余姚县志》，卷 18，页 6 下。唯史浩后裔史在矿所编《史浩年谱》中则说"二十年三月（45 岁）赴任余姚尉"。

⑤ 见天津图书馆编：《史氏谱录合编》（天津：天津古籍出版社，2011，据康熙间八行堂藏版影印），页 5 下。

史浩也正是在此时结识李友直之父，并且缔结姻亲之好。^①虽然没有任何资料说明余姚孙家因此与史浩早有往来，但是史浩极可能出于与余姚的多重渊源，而格外关照后辈孙应时。

孙应时讲学东湖尽管前后未逾两年，却是他一生中问学请益、成就著述的重要阶段，毕生经史著述完全集中此时。孙应时侄孙祖祐跋《烛湖集》有云"淳熙乙巳岁，（孙应时）在东湖书院，手著《问思录》稿五十条、《通鉴摘义》稿三十条，为《经史说》稿一卷"，^②凡此殆为教导史氏兄弟及与诸儒讲论之作。此外，孙应时也协助史浩修订《尚书讲义》，此即淳熙十六年（1189）史浩进呈孝宗的"经幄讲章"。四库馆臣曾经指出，后世颇责史浩"沮恢复之谋"，然而《尚书讲义》部分注疏却足以为史浩平反，朱熹对《尚书讲义》也甚为看重。^③《烛湖集》现存十封孙应时致史浩书信中，有二封即为孙应时回应史浩提供修订意见之请。根据第一封信，孙应时首先获得该书"全帙"，对于史浩"劳谦下问""不以幼贱惷愚为间"感到极为佩服与荣幸："若某者，岂诚能妄措一辞？以承尊命，尚容伏读，他日侍见得以禀请，乞赐钧裁。"^④孙应时阅毕后，盛赞史浩《尚书讲义》"多所发明帝王君臣精微正大之蕴，剖决古

---

① 楼钥：《楼钥集》，卷 111，《朝奉大夫李公墓志铭》，页 1924。

② 见孙应时：《烛湖集》，卷 20，页 18。

③ 纪昀总纂：《四库全书总目提要》（石家庄：河北人民出版社，2000），卷11，页 329。

④ 孙应时：《烛湖集》，卷 6，《上史越王书（一）》，页 1。

今异说偏见，开悟后学心目，使人沛然饱满者，无虑数十百条，获睹全帙，不胜平生厚幸"；然既蒙史浩要求提供意见，"则不敢不一一疏诸刊本下方，少见归诚无隐之义"，因此扶病写下，供史浩采择。[1]这些意见或被史浩纳入书中，[2]《四库全书总目提要》的《尚书讲义》条目称"浩此书实与应时商榷之"，当得其实。[3]

孙应时与史家渊源大为裨益其仕进契机。即使离开东湖教席后，孙应时仍与史浩鱼雁往返不坠，仕途颇获其助；而孙应时在东湖书院所教授的史家子弟中，更包括日后权倾一时的史弥远兄弟。宝庆三年（1227），孙应时门人司马述为《烛湖集》作序，文中即云："淳熙甲辰，史忠定王延致先生讲学东湖，今丞相鲁国公（案：即史弥远）昆弟，实从之游。"[4]同时，出入史家的各方名儒显宦极多，孙应时执教东湖书院期间，因地利之便得以广结人脉。

然而，尽管讲学东湖让孙应时精进学问、扩展人际关系，又得以束修安家，却仍不足以支撑孙家生计。在家境贫困、父母又逾古稀的压力下，孙应时最终仍必须离开史家，尽可能争取任官机会。只是南宋官职员多阙少，孙应时无甚选择余地，只能离乡千里，到位于宋金边境的泰州海陵县担任县丞。

---

[1] 孙应时：《烛湖集》，卷6，《上史越王书（二）》，页1下—2上。
[2] 蒋义斌则不认为孙应时实际参与修订。见《史浩研究：兼论南宋孝宗朝政局及学术》，页113—114。
[3] 纪昀总纂：《四库全书总目提要》，卷11，页329。
[4] 司马述：《〈烛湖集〉原序》，收入《烛湖集》，卷首，页1下。此外，孙应时与史弥远的关系，更对其人其家影响深远，详见本书第七章。

（三）远赴海陵

淳熙十二年（1185）十月，孙应时决定赴任海陵县丞。门生、故旧纷纷饯别，但孙应时的身心状态与等待他的路程却都十分艰困。当孙应时回乡准备赴任，路过会稽，时任绍兴教授的项安世有诗相送，称赞孙应时在黄岩尉任内表现"万人知"，能力已获肯定，以"资考渐将京秩近"鼓励孙应时，期望他不以出任边疆县丞为卑，并说"今日吾侪随利禄，高风千里断跻攀"。[1] 昔日学生则相聚鲁墟桥以酒送别，孙应时作诗表达对前程的感慨，并有"体倦知茵薄，寒侵觉岁高"之叹。[2]

孙应时偕年近古稀的父母同行，启程后一家人沿途劳顿，走了四十天才抵达海陵官舍。孙应时笔下的海陵堪称不毛之地，其所在泰州是宋金战守要地，虽已历六十年且无战事，仍显荒凉。"城池涂巷、学社官府，凡州县之制度与夫疆理图籍、生聚教训之政，圮废苟简，十居七八"，"平皋沃壤荐灌莽榛，率数十里无居人。其居者苇屋土床，虽名为富人大贾，亦不事墙屋林园，为乐生宁处之计。吏偷民疑，形气寒凉"。[3] 岁暮的海陵更是"地气长江北，云容古戍边。层冰明薄日，积雪了穷年"，"猎骑呼鹰地，胡笳落雁边。梅花非故里，草色近新年"，"城郭依荒草，风云带极边。犹多故

---

① 项安世：《平庵悔稿》，卷 8，《送海陵孙县丞三首》，页 13。

② 孙应时：《烛湖集》，卷 16，《冬十月赴官海陵过会稽诸生饮饯鲁墟桥酒罢就舟倦甚眷然有作》，页 6 上。

③ 孙应时：《烛湖集》，卷 9，《泰州石庄明儓禅院记》，页 20。

时老，共说太平年"，与江南景致差异甚大。①

　　孙应时为求仕进、俸禄，不得已而到荒凉边境任官，让他十分无奈，加倍怀念江南故土，特别是讲学东湖的时光；但是，海陵人烟稀少，政务无多，孙应时也因此得以清闲读书。孙应时致信史弥远时，便提到："某远官萧条，踪迹不能缕缕自道，二老人安宁，得斗粟粗可为养，此外荣枯福祸有命，不敢有一毫计较侥幸心。惟是吏途逐逐，使人梦想东湖碧水春风，虚堂永日中意味，恨不可复得耳。"② 在回赠旧友项安世的送别诗中，孙应时自述随遇而安的心境："官舍荒凉乏松竹，边城清晏少文移。有时怀古登临久，自省无才职分卑。白日闭门还独笑，读书吾亦太营私。"③ 在没有松竹绿意的边地，公文政务不多，孙应时犹能读书排遣时光。

　　令孙应时惊喜的，是在海陵巧遇故旧，其门人司马述一家也宦游海陵。司马述是孙应时讲学东湖时的学生，其父司马俨（字季若，司马光从曾孙）与孙应时亦有深交。孙应时到任海陵的第二年，司马俨即新任海陵县令，两家因此得缘共事，互动密切。孙介曾作诗，喜庆两家再度相逢且三乐俱备："诗成二十年，今夜月重圆。两姓包三乐，同寮庆十全。笑谈谐素愿，宾主谢高天。莫逆无劳约，俱祈得永延。"④

①　孙应时：《烛湖集》，卷16，《海陵岁暮》，页6下。
②　孙应时：《烛湖集》，卷8，《与史同叔书（一）》，页4上。
③　孙应时：《烛湖集》，卷18，《和项平父送别》，页20。
④　孙介：《丁未仲夏赏月》，收入《烛湖集·附编》，卷上，页3下—4上。

虽有司马一家和乐共伴，年迈的孙介不久即撒手人寰。据沈焕所述，当时孙介即使看来"神气莹澈，肤泽不黫，乐饮剧谈，庞眉皓然，人谓难老"，他自己却"自言吾日月近矣"，而且"为诗往往多诀别语"。[①]江北环境可能对年迈的孙介冲击甚巨，毕竟随孙应时到海陵时他已近七十三岁高龄。从淳熙十四年（1187）十一月开始，孙介便卧病在床；次年正月即逝于海陵官舍。[②]孙应时扶棺返乡，归葬孙介于家乡烛溪湖之滨。

（四）乡居怀国

丁忧守丧，使孙应时顿时陷入经济困境；无论求职或为学，孙应时都只能退而求其次，以支撑家庭为首要考量。母亲老迈、兄长罹疾，孙应时必须再拾教鞭，肩负家计，压力沉重。其间，他曾函请朱熹，为父亲孙介撰写墓志铭，获朱熹允诺"追嘉其平生而惠许以不朽之托"。淳熙十六年，孙应时回信向朱熹致谢，表示"举家感动，知幸知惧"，希望能速获碣铭，同时也提及自己守丧期间家庭经济欠佳，需要靠教书来减轻负担，"不免于湖滨萧寺聚集二十余生，近墓且便家，往来其间"。[③]绍熙元年（1190）四月服除后，孙应时即亲赴临安，积极谋求任职机会。迫于"家穷亲益老，某身任内外之责，出入皆难"，[④]孙应时没有"侦择近阙"的余地，只能

---

① 沈焕：《承奉郎孙君行状》，收入《烛湖集·附编》，卷下，页3上。
② 同上。
③ 孙应时：《烛湖集》，卷5，《上晦翁朱先生书（二）》，页2上—3上。
④ 孙应时：《烛湖集》，卷6，《上史越王书（三）》，页2下—3上。

接受尚须待次三年的严州遂安县令，还因暑热不适而滞留临安两个月，等候省札。①

绍熙元年（1190）六月，即服除后两个月，孙应时致朱熹信中，说自己"忧苦病瘁，偶不即死"；②在日后致陆九渊信中，也回忆此时"曩忧患中久病濒死，得粗活，目昏发白，遂成早衰"，③也许就是当时忧劳的结果。对孙应时来说，获得官职虽可暂纾家计，却难免有宦学难兼的遗憾。确知获得官职后，孙应时向朱熹解释，自己由于教书维持家计，已经"不得闭门尽力读书，以从素志"；本来打算服除后，待秋凉即前往武夷山从学于朱熹，如今既有官职在身，而家庭环境与身体状况欠佳，加上绍熙元年二月朱熹转往漳州任职，④"道远加倍"，只能选择放弃。⑤

在谋职过程中，孙应时曾寻求史浩之助。绍熙元年，史浩再招孙应时至东湖任教，孙应时原已许诺，但考量二位兄长外出教书，若自己再应聘至东湖，则恐老母无人照料，只好亲至鄞县向史浩表明急切谋官职的心意。⑥对于逢至亲之亡而急求官职，孙应时于义未安，自云迫于"母养所驱，强复求禄"。待次期间，孙应时持续

---

① 孙应时：《烛湖集》，卷6，《上史越王书（三）》，页2下。

② 孙应时：《烛湖集》，卷5，《上晦翁朱先生书（三）》，页3。

③ 孙应时：《烛湖集》，卷6，《上象山陆先生书（一）》，页9下。

④ 朱熹在绍熙元年四月二十四日抵达漳州。见束景南：《朱熹年谱长编》，页981。

⑤ 孙应时：《烛湖集》，卷5，《上晦翁朱先生书（三）》，页4上。

⑥ 孙应时：《烛湖集》，卷6，《上史越王书（三）》，页2下。

与史浩保持联系。现存孙应时《烛湖集》所收致史浩书信，最密集时期即在此时。时在绍熙元年（1190）秋天至二年春天之间，关注焦点围绕史浩受召入朝事；观察此时孙应时书信，尤其可见孙应时虽是身处官僚体系边缘的基层官员，仍时时留心朝政动向，也无时不心系道学处境。

淳熙十六年（1189）二月，孝宗内禅，退处重华宫；三月，宋廷授史浩太师，并征求说论，史浩上封事切中时务。[①]绍熙元年四月，宋廷以太上皇孝宗想见旧学之臣为名，敦催史浩入京觐见。史浩以久病数度推辞，光宗遂于六月下诏敦促史浩妥善调养，"当俟小愈，可即造朝"。次年二月，光宗又下诏优礼史浩进宫面圣仪节，要求"疾速赴阙"，[②]且遣内臣杨舜卿致药并邀行。史浩在孙子史定之陪同下入京，自三月起至四月，凡四次朝见光宗与孝宗。[③]史浩此番入觐，向光宗奏献"立天下之大本，平天下之隐难，收天下之人望，伸天下之直气"，都是军国要务。[④]史浩进京之后并未任官，而于四月返乡，宋廷加封食邑至一万九千五百户，实封八千五百户；[⑤]时人多赞扬史浩恬退，后更被视为不恋慕权势的典范。宝庆元年（1225），济王案后，刘宰（1166—1239，

① 脱脱总纂：《宋史》，卷36，页695。

② 徐松辑：《宋会要辑稿》，《礼》59之9—10。

③ 史在矿：《史浩年谱》，收入《史氏谱录合编》。

④ 徐自明原著，王瑞来校补：《宋宰辅编年录校补》（北京：中华书局，1986），卷17，页1267—1268。

⑤ 史在矿：《史浩年谱》，绍熙二年辛亥条。

字平国）致书丞相史弥远，请辞朝廷新赐官职，书札中便曾吁
请史弥远效法乃父勇退风范。[1]可惜史浩恬退事不见于《宋史》
与各种南宋编年史籍，仅有《宋会要》保有相关记录，故少获
注意。

　　史浩入京期间，孙应时致信四封，是了解史浩当时行止最详细
的资料，从这些信件也可以看到一般士人官僚对于重大政治事件的
关注与评析。从孙应时致史浩的最初二封书信，可知早在绍熙元
年（1190）下半年，孝宗与光宗之召已经在朝野传开，且朝廷礼仪
甚周，要求沿途地方官员不可怠慢。该年秋后，孙应时向史浩报告
"夏中"获得待次三年的遂安县令，信中提及："戴惟两宫渴见元
老，金书踵道，诏札丁宁，不知安车何日西上？天气正佳，想不容
徐行也。"[2]后约在绍熙二年初，孙应时从史家返回余姚，感谢史浩
"赐赆周厚，临饯荣宠"之前，再度提及朝廷传召史浩，"中使骤至，

---

[1] 刘宰在理宗宝庆元年，上史弥远请辞籍田令及改秩通判的书札中，吁请史弥
远在济王案之后，请辞相位，即以光宗邀史浩入官，史浩急流勇退为例："钦
惟大丞相于先越王，秉国钧轴，其位遇同，辅道先帝，翼赞嗣皇，其眷倚同，
先越王再处台司，不俟温席。晚岁驾安车，策灵寿杖，为孝皇一出，天下颙颙，
谓且留相天子。曾未几时，即荣衮绣之归，是以福禄寿考，极于人臣，德业勋劳，
传于子嗣……大丞相果能从赤松之游，寻绿野之胜，从容天台、四明之间，以
访先越王经行之旧"，则刘宰愿"幅巾短褐，拜谒道左，以自附于宾客之下陈，
不胜爱助之至"。详见刘宰：《漫塘文集》（北京：线装书局，2004，《宋集珍
本丛刊》据万历三十二年〔1604〕刻本影印），卷7，《上史丞相（一）》，页2
下—页4上。
[2] 孙应时：《烛湖集》，卷6，《上史越王书（三）》，页2下。

御札丁宁，申命守臣，致礼趣觐"；[①] 此事可能是孙应时在史家亲历，或者从四明返回余姚途中见闻。

宋廷诏书催促史浩入朝甚急，隆仪厚礼，一时颇有史浩将再获重用的传闻。孙应时推测："仰惟慈皇渴念旧学，嗣圣倚咨大老，而师相寿康未艾，精神有余，君臣俱荣，国家盛事。将不惟特讲临雍乞言之拜，或复有平章重事之留。矢谟戒德，尚惟留意。"[②]不久，孙应时再度致信史浩，言"道路皆言且有平章军国之拜"，也表达了自己的期待："敬惟师相以道进退，端自有处，若夫慈皇眷礼之重，圣上咨询之笃，天下想望之深，燕见从容，吁谟嘉猷，言无不尽，宗社蒙福，善类增气。"[③]同年三月间，朱熹致信孙应时，也提及"史公入觐，不知复何所处；礼毕亟归，亦佳事也"，可见远在漳州的朱熹也相当关注史浩受召一事，但期望不如孙应时深切。[④]

绍熙二年（1191）春天，孙应时再次致信，吁请史浩借此良机，澄清部分朝臣对道学的恶意批评，希望他居中化解朝廷对于受二程、张载学问启发士人的疑虑。此事主要缘于淳熙十五年（1188）六月，兵部侍郎林栗针对朱熹与当时所谓的"道学"群体提出弹

---

① 孙应时：《烛湖集》，卷6，《上史越王书（四）》，页3。

② 同上。

③ 孙应时：《烛湖集》，卷6，《上史越王书（六）》，页5。

④ 朱熹：《朱子文集·别集》，卷3，《孙季和（八）》，页5157；陈来：《朱子书信编年考证（增订本）》（北京：生活·读书·新知三联书店，2007），页352。

劾。当时，太常博士叶适随即辩驳，除了为朱熹澄清，也指出"道学"一词实是有心人刻意制作的标签。[①] 这场论争交锋持续延烧，绍熙元年（1190）二月，言官刘光祖又上书力争"道学"并非"二程私言"。[②] 朝堂数年来的持续争论，无疑就是孙应时致信史浩的背景，他在信中从各方面为道学辩护，直言：

> 惟是道学二字，年来上下公共疾之，无能为明主别白言者。汉唐以来，常以朋党罪君子，犹是加以不美之号。若此二字，不知文义何所讳？恶道学不足用，则无道不学者乃足用乎？原其始，特越中轻薄子立此名，自乙未岁，流入太学，已而向布中外，方十五六年耳。其所指数君子，果谁以此自标榜？今天下场屋议论，通共窃用程、张诸儒之说，有司不非之。至于平居，稍稍见诸言行，辄曰诡世盗名，此甚不可晓，恐后世之史，书朝廷讳恶道学，实创起于今日，永以为笑。欲望师相特救此事，遂消此名，用贤奖善，付诸公论，天下幸甚。[③]

---

① 见李心传原著，程荣秀增补，杨世文校点：《道命录》（成都：四川大学出版社，2008，收入《儒藏·史部》第46册），卷6，页841—845。关于《道命录》的版本问题，参见蔡涵墨（Charles Hartman）：《〈道命录〉复原与李心传的道学观》，收入氏著《历史的严妆：解读道学阴影下的南宋史学》（北京：中华书局，2016），页344—448。

② 见李心传：《道命录》，卷6，页845—849。

③ 孙应时：《烛湖集》，卷6，《上史越王书（五）》，页4上—5上。

孙应时描绘有心者对道学的批评，是了解当时道学发展与遭遇相当重要的史料。

在绍熙元年（1190）秋天至二年春天之间，孙应时虽然内外交迫，却仍频繁致书史浩，关注朝政。自入太学起，孙应时与同道学友追随道学名儒，致力问学，也怀抱淑世精神，期能学宦兼顾。孝宗以来，皇位继承衍生巨大人事异动，引爆道学与官僚集团间激烈政争，参与其事的名儒大臣乃至众多士人官僚，人人感于朝政迭有遽变。如孙应时这样的道学追随者，即使待阙或任职基层，与中央朝廷距离遥远，却更容易感受政争牵连而影响仕进，因此更敏感于重大朝政变革与政治现实；从书信中，即能感知孙应时对当时朝政的观察、期望与担忧。

（五）任令遂安

虽然师友对孙应时能否胜任遂安县令抱有疑虑，[①]但在生活压力下，孙应时仍毅然接受任命。新职遂安县令原本仍需待次三年，很可能是在史浩与户部侍郎丘崈（1135—1208）的推荐下，孙应时得以提前在绍熙二年获真除上任。[②]该年一、二月上旬，史浩从四明启程入京前，遂安已派吏员前往余姚迎接孙应时；[③]三月，孙应时携母启程，十八日到任。[④]

---

① 孙应时：《烛湖集》，卷5，《上晦翁朱先生书（三）》，页3下。
② 孙应时提前赴任事，详见下节孙应时与丘崈。
③ 孙应时：《烛湖集》，卷6，《上史越王书（四）》，页4上。
④ 孙应时：《烛湖集》，卷6，《上史越王书（七）》，页6上。

为勉励初试邑政的孙应时，史浩曾在四月一日赠序，期许他以道化为执政先务。史浩以子游在武城为例，殷殷提点孙应时："吾知季和有志于道也。夫道化岂终不享其利乎？傥百里之内，君子爱人，小人易使，利斯在焉。第当优柔涵养以须其成尔。季和蕴蓄操履，著闻于时，岩廊有圣天子，当路皆良有司，不患名之不显，仕之不达，当以道化为先，则后世卓鲁不得窥其涯矣。"①叮嘱孙应时切勿汲汲于簿书期会，征利以趋目前之急，沦为俗吏。对初任地方长官的孙应时而言，史浩赠序既是来自师相的鼓励与致治引导，也在日后为孙应时推动政务带来了意外的积极功效。

孙应时到任后，即向史浩致信报告赴任旅程，并详述遂安县政在人事、行政、财政、教化方面的问题。据孙应时描述，遂安"此邑僻小，无将迎，讼牒亦不过百余纸，官赋无甚逋滞。但十年来八易令，摄事者又六七人，一以苟简趣办为事，簿书不治，里正偏受其害，诉于诸司及省部者相踵。而郡拘月发，期会甚威"。此外，"学校二十年不养士，县廨倾敝，有覆压之虞"，同样令人忧虑。孙应时初掌县政，善加运用自己与史浩的关系，"敬诵师相序引劝解之意"，该文甚至"播传一邑"，因而在当地发挥了"镇压"之效。②

---

① 史浩：《鄮峰真隐漫录》（"文渊阁四库全书"本），卷 32，《送孙季和赴遂安序》，页 11 下。
② 孙应时：《烛湖集》，卷 6，《上史越王书（七）》，页 6 上。此信约作于绍熙二年六月。

在致师友信函中，孙应时一再提及遂安是个地处偏远又长期赋重民贫的县份，尤以"赋输"最为困难。他对学生王定说："（遂安）邑小地偏，在严之西稍北，与徽衢接境。自昔监司所不至，过客亦极罕。土薄民贫少商贾，而月发之额良重，拘催细碎，费强半日力，虽复分并限节，视旧为简"；[①] 给友人杜燁的信中，则指遂安："严州在临安西南三百余里，遂安又其西南二百四十里，陆行甚艰，水道溯溪亦回远，穷山僻陋，绝无将迎，事似颇简，然赋输故重，未易支吾也。"[②] 致朱熹书信中，也提到相同情况，"地瘠民贫，月赋烦重"。[③]

面对遂安县政沉疴，孙应时甫上任便积极寻求长官协助。他专致书函给上司两浙转运使沈诜，首先自陈低微出身与仕途艰辛："某人……预礼部进士十有七年，稍知义命，不敢萌一毫攀援争进之心。亲老家贫，低回禄仕，过不自计。"从而说明遂安县情，并寻求沈诜协助。孙应时说道："辄试小邑，土敝民瘠，赋繁役重，簿书漫漶，百废不修，乍到未知着手之处。古人有言，在下位不获乎上，民不可得而治矣。"[④] 在恭贺常熟人冷世光（1122—1201）接任知严州新职书启中，孙应时当时说道，严州"赋重而民贫""水烦而土敝"，期待治郡以异政褒的冷世光能"疏剔细苛，布宣宽大，

---

① 孙应时：《烛湖集》，卷6，《与王君保书》，页22下—23上。
② 孙应时：《烛湖集》，卷7，《答杜良仲书》，页26下。
③ 孙应时：《烛湖集》，卷5，《上晦翁朱先生书（五）》，页6下。
④ 孙应时：《烛湖集》，卷4，《上沈运使简（五）》，页5下—6上。

尽消愁恨叹息之旧，一收安静和平之功"。孙应时自贬才能有限，但县政难为，"聊自试于民社，非折腰之敢惮，顾掣肘之难为"；[①]他自度无力扭转积习，却愿随力尽心以安民为主，"去其太甚，所先者，使民各得言其情故，饥渴易饮食之人，颇益相安"。[②]

县令所需关照事务繁多，对首次试邑的孙应时而言，是一项严苛的考验。任令首年，尽管耗费绝大多数时间、精力处理政务，孙应时仍然不甚满意自己的成绩，同时也不断向师友诉说学宦难兼的遗憾。给友人杜子真的信中，孙应时自我检讨："某作邑一年，所经历益多，其间做不行处及意外相加，可为不平者，皆是自家力不足、德不盛致然，举无可尤人之理，每切切自检，常恐俗心鄙念作于中、形于声色也。"[③]给当地名士詹炎的信，则直言担任县令须"俯仰时俗，牵迫时势，悖古义而违初心多矣"，而且"矧惟终日朱墨埃尘之间，离去师友，疏远方册，谓能志气完固而义理益明，敢自欺乎"。[④]孙应时因专于任事，疏于为学与师友往来，心情显得沉重。绍熙二年（1191）冬天，他致信感谢史浩赠鳆鱼、松花时，吐露因县政繁琐难以兼顾学问的惶恐心情："某窃粟为养之外，素无他侥幸心，独恨投身尘埃，弃置书册，学业荒落，是则可惧。"[⑤]对朱熹也表明，接任以来"应接不暇，无省事读书之功，要非浅学

---

① 孙应时：《烛湖集》，卷 2，《迎知严州冷殿院启》，页 12 上。
② 孙应时：《烛湖集》，卷 5，《上晦翁朱先生书（五）》，页 6 下。
③ 孙应时：《烛湖集》，卷 6，《答杜子真书》，页 19 下。
④ 孙应时：《烛湖集》，卷 6，《与詹提干炎书》，页 20 下。
⑤ 孙应时：《烛湖集》，卷 6，《上史越王书（八）》，页 7 上。

所宜。且平生意念自著丘壑，黾勉世事，常非所乐，若求知干进之累，则自省颇无夹带也"。① 给陆九渊的信中则说"年齿益长，常恐忽自陷溺汩没，以负祈望"。②

相较于对师友自我检讨，孙应时与学生王定往来书信则呈现他对一年县令政绩不同的自我评价。孙应时自认整理县政成绩差强人意，对于征收、转输赋税，则"分并限节，视旧为简"，尽管未必井井有条，但遂安县在这方面本多有"凿空无义礼之事"，他至少做到"责以古法"，进行改革。在司法狱政上，孙应时自云"听讼不敢不尽心，一年间偶幸未有重囚"。③

孙应时尤其乐于分享任上的教化措施，这是他在遂安最具信心的政绩之一。虽然孙应时致信史浩，只简单言及"学校粗修，人士知劝"，至于每读史浩赠序即"惭怍深矣"；④ 对朱熹亦仅云"稍微整顿"，其实是积极着力之处。他致王定信中有较全面的叙述：由于"学校久废"，他"始至即延一士，授徒其中"，时常亲临讲学与课试。孙应时在遂安建立了周程之祠，并且以"尝为邦侯、郡博士"为由，另立张栻（1133—1180）、吕祖谦（1137—1181）之祠。除此，孙应时也与地方士人共祭社稷、行乡饮酒之礼。⑤ 孙应时兴

---

① 孙应时：《烛湖集》，卷5，《上晦翁朱先生书（五）》，页6下—7上。
② 孙应时：《烛湖集》，卷6，《上象山陆先生书（一）》，页10上。
③ 孙应时：《烛湖集》，卷6，《与王君保书》，页22下—24上。
④ 孙应时：《烛湖集》，卷6，《上史越王书（八）》，页7上。
⑤ 孙应时：《烛湖集》，卷6，《与王君保书》，页23。

县学、亲讲学，实已彰显其道学之志。他改善教育方法，"招师受徒，其中虽未免令习时文，然法语所及，亦稍有相向者"，[1]意即希望士子在学习科举时文的同时，也能汲取道学信念。朱熹回信颇为肯定孙应时的做法，鼓励培育道学后继人才："县事想日有伦理，学校固不免为举子文，然亦须告以圣学门庭，令士子略知修己治人之实，庶几于中或有兴起，作将来种子。"[2]

建立周敦颐、二程与张栻、吕祖谦祠堂，显示孙应时着重道学的传承。他在撰写记文中说："学者学孔氏者也，然自曾子、子思、孟轲没，孔氏之书仅存而学不传千五百年。……惟濂溪、河南师友渊源之懿，相承益光，扶皇极、正人心，于是王道明而刑名功利之说熄，圣途辟而百家异端之辨穷。……故惟三先生为得斯道之传，岂可诬哉！若三先生之学中间犹郁而弗章，三十年来乃大显于天下，则广汉、东莱之力为多。《语》曰：'人能弘道，非道弘人。'盖孔子之学亦由七十子尊而守之，非私为党也。"[3]并观前述孙应时敦请史浩趁面圣之便，协助消除朝廷上下多年来对道学的恶意批判，与赴

---

① 孙应时：《烛湖集》，卷5，《上晦翁朱先生书（五）》，页6下。

② 朱熹：《朱子文集·正集》，卷54，《答孙季和（二）》，页2545；陈来：《朱子书信编年考证（增订本）》，页438。束景南将之列于绍熙元年六月，应误。见《朱熹年谱长编》，页985—987。

③ 孙应时：《烛湖集》，卷9，《遂安县学两祠记》，页11下—12上。关于道学师友渊源的论述，参见陈雯怡：《"承道"论述与"求道"传记：宋代"师友渊源"概念的发展与表现》，收入柳立言主编：《第四届国际汉学会议论文集：近世中国之变与不变》（台北："中央研究院"历史语言研究所，2013），页221—286。

任遂安时史浩勉励他以道化为先务的序文，更能显示孙应时设立诸
位道学先贤的祠堂与亲撰记文之举，实有捍卫道学的积极意义。

行乡饮酒礼对于遂安则甚具历史意义。绍熙三年（1192）元旦，
孙应时于县学讲学，接着行乡饮酒礼，重现四十三年前的盛况。孙
应时与友人詹本仁及诸多官员、士人赋诗相和，[①]孙应时诗文不仅自
述教育理念，更凸显"兴学"而有所成就的欢欣：

> 诗书礼乐在庠序，乡射弦歌列笾豆。共惟百圣贻后来，
> 岂使一科图急售。如何道术坐陆沉，独指利名纷辐辏。斯
> 文未丧天所赐，接踵诸贤出哀救。圣门榛棘得划除，俗学
> 膏（盲）〔肓〕有砭灸。晚出颛蒙格调卑，平生师友追从
> 旧。敢言割鸡慕牛刀，直恐狐裘杂羔袖。是邦山水故潇洒，
> 满眼衣冠多整秀。向来张吕相逢地，遗韵余风洗凡陋。眷
> 然乡校肯来游，勉矣英材起相副……[②]

孙应时后来对友人池从周表示，担任县令虽然困于俗务，但在教化
方面小有成果："学校成次第，亦颇有佳士。"[③]孙应时振兴教化的努

---

① 见孙应时：《烛湖集》，卷 18，《壬子元日遂安县学讲书齿饮，前此四十三
年钱建为令，尝有此集，题名在壁，是日詹本仁有诗，余和其韵》，页 12 上。
关于宋代乡饮酒礼，参见山口智哉：《宋代郷飲酒礼考：儀礼空間としてみた人
的結合の"場"》，《史学研究》241（2003），页 66—96。

② 孙应时：《烛湖集》，卷 15，《遂安县兴学和詹本仁见赠诗》，页 11。

③ 孙应时：《烛湖集》，卷 6，《与池子文书》，页 19 上。

力与所收获的成果，可说强化了他对宰邑临民的信心。

担任遂安县令年余后，孙应时对史浩与陆九渊报告任上作为，逐渐转趋自信，甚至稍露志得之情。他在信中对史浩表示，莅任以来，他每每诵读史浩的"道化之训"，"随力尽心"，经过十五个月努力，遂安已现新局，"岁熟民安，自始至及今，偶无一重囚入狱，颇为异事。其他去烦除弊，稍益见涯涘，要皆职分所当为者"。① 致陆九渊信中，孙应时则描述遂安县令任上"稍行所闻，粗就条理，亦既及期，自可安迹"。② 孙应时自陈在遂安推动教化、振兴学校的努力，收到一定成效，也显示他既有信心推动县政，也能勇于面对接下来职涯的转折，不免有为职涯变动说服师长之意。

二、毅然任幕，改谋京官

（一）宦途贵人：丘崈

孙应时赴任遂安县令之初，原拟任满三年，以治绩再谋仕进，因此恪尽职责，推动县政。不意孙应时在遂安推动县政粗具成效时，职涯却急遽转折。绍熙三年（1192）端午时，孙应时突然接获新任四川安抚制置使丘崈招聘，希望他赴蜀任其幕僚。孙应时出身贫穷，出仕原是为了支撑家庭经济，同时也有机会落实道学理想，而他之所以到长官鲜至的纯朴偏县遂安担任县令，就是考虑诸多内外条件

① 孙应时：《烛湖集》，卷6，《上史越王书（九）》，页8上。
② 孙应时：《烛湖集》，卷6，《上象山陆先生书（二）》，页11上。

后的妥协选择。在偏远小县做官虽不免辛苦，却可以凭一己之力经营出足以告慰师友的成果。此时，孙应时遂安县令任期未半，尚有可为；而从东南远赴四川不仅千里之遥，他过去也从未经历幕职，何以毅然决定转换跑道，担任四川安抚使幕僚？考其原因，除了孙应时希望不负丘崈信任，助其在四川开创新猷，他也在期待摆脱困守基层的选人身份、进而追求晋升京官的机会。

在宋代，士人取得进士出身后，朝廷首先授予选人资格，只能任州县低阶官。根据迁转铨叙之法，选人必须经过一定的考课、审核，并需要提出五份荐举信，方有改官机会；其中三份更须由选人直属长官撰写。诚如《朝野类要》所述："承直郎以下选人，在任须俟得本路帅抚、监司、郡守举主保奏堪与改官状五纸，即趋赴春班。改官谢恩，则换承务郎以上官序，谓之京官，方有显达。其举主各有格法限员，故求改官奏状，最为难得。如得，则称门生。"[①] 可见以循资为基础，五份荐举信是选人脱离海选、升为京官的关键。

选人改官当然需要实务考绩，但更需要努力经营人脉，才有可能实现。这种操之在人的条件，对不善主动营求且尚属选人的孙应时而言，实在难以企求。相对于困守州县之职，路级宣抚使或制置使幕僚一职，由路级宣抚司或制置司长官依法自行选择僚属，具名

---

① 赵升原著，王瑞来点校：《朝野类要》（北京：中华书局，2007），卷3，《改官》，页70。参见王瑞来：《内举不避亲：以杨万里为个案的宋元变革论实证研究》，《北京大学学报（哲学社会科学版）》49.2（2012年3月），页117—129。

奏辟其职任所需的人员。出任类似职务，不但得以直接达成改官愿望，且能参与高层事务，增加历练、拓展人际关系，开展未来仕进之途。对缺乏人事奥援的一般选人而言，是求取晋升的难得捷径。[①]因此，丘崈的招聘，无疑是孙应时追求宦途更上一层的绝佳机会。四川之行对孙应时的后半人生与身后名声影响甚巨。

为孙应时提供仕途契机的贵人丘崈，字崇卿，江阴人。父丘经为江阴富室，豪迈散财；然而丘经早逝，因此丘崈由寡母臧氏教育。[②]隆兴元年（1163），丘崈中进士，获虞允文赏识，奏除国子博士，接着历任各地：乾道七年（1171）知秀州华亭县，创筑捍海堰；淳熙七年（1180）知鄂州；淳熙九年任江西运判兼提刑；淳熙十年七月，任两浙东路提刑，次年十二月改知平江府；[③]淳熙十三年知绍兴府兼两浙东路安抚使，十四年除两浙转运副使，[④]不久以母忧去。光宗即位，丘崈起为太常少卿兼权工部侍郎，寻进户部侍郎。[⑤]绍熙三年（1192）四月，他受擢为焕章阁直学士、四川安抚制置使兼知成都府；该职是宋廷在四川所设最高官职，也是西

---

① 邓小南：《宋代文官选任制度诸层面》（石家庄：河北教育出版社，1993），页121—167；刘冬青、胡坤：《宋代应辟者的价值取向》，《河北学刊》28.4（2008年7月），页100—103。

② 叶适：《叶适集·水心文集》，卷13，《故太硕人臧氏墓志铭》，页240—241。

③ 张淏纂修：《宝庆会稽续志》，卷2，页20上；徐松辑：《宋会要辑稿》，《职官》61之29；同书，《兵》13之34。

④ 沈作宾修，施宿纂：《嘉泰会稽志》（北京：中华书局，1990，《宋元方志丛刊》据嘉庆十三年〔1808〕刻本影印），卷2，页48下。

⑤ 脱脱总纂：《宋史》，卷398，《丘崈传》，页12109—12113。

疆民政与防务的决策者。

丘崈出任蜀阃时，以吴挺（1138—1193）为首的吴氏地方武力在四川极具影响力。自高宗以来，四川因地理形势，是赵宋疆域内的特殊地区，且由吴玠（1093—1139）、吴璘（1102—1167）兄弟与其家族一直掌控军政。光宗时，吴氏家族由吴璘第五子吴挺继掌。比起伯、父，吴挺虽然只是兴州都统制，但兴州地处宋与金对峙的前沿地带，战略地位重要；他同时兼知兴州、利州两路安抚使，等于掌握军民大权。最重要的是，吴挺所统帅军队战斗力最强，加上他具才略且屡建军功，礼贤下士，声名甚著，甚得人心，是吴氏家族第二代中在四川最具主宰性的人物。[①] 孝宗晚期，吴挺兴起，留正（1129—1206）与赵汝愚相继担任蜀帅，双双建议朝廷加以节制。留正指出，"西边三将，惟吴氏世袭兵柄，号为吴家军，不知有朝廷"；[②] 赵汝愚也说，"吴氏四世专蜀兵，非国家之利，请及今以渐抑之"。[③]

鉴于吴氏在西陲的威胁，如何压制吴氏势力，遂成为宋廷赋予四川制置使的主要任务，俟丘崈出任该职时亦不例外；尤其当时吴挺与宋廷关系敏感，四川更加形势微妙。绍熙三年（1192）七月，

---

① 王智勇：《南宋吴氏家族的兴亡：宋代武将家族个案研究》（成都：巴蜀书社，1995），页174—193；另见何玉红：《武将知州与"以文驭武"：以南宋吴氏武将知兴州为中心》，《中国史研究》2011年第4期，页101—119。
② 脱脱总纂：《宋史》，卷391，《留正传》，页11974。
③ 脱脱总纂：《宋史》，卷392，《赵汝愚传》，页11982。

四川泸州发生兵变。乱起时，制置使京镗（1138—1200）即将去职。他调派潼川御前军讨伐，军未发而乱已平，京镗也很快离开四川、返回临安。然吴挺与京镗早有积怨，借故奏劾京镗专擅发兵，[①] 此事形成宋廷的一大困扰。此时吴挺罹病，朝廷遂有意借此良机，构思对策，谋削弱吴氏势力。因此，泸州兵变善后并重新部署四川人事，便成为丘崈上任四川制置使后必须优先处理的问题。

　　丘崈接任后，即着手处置泸州兵变所牵连的军政问题。他上奏指出，制置司本即负责节制西北军权，吴挺不过"狃于陵替之际"，因此要求朝廷责令西北诸军"遵守旧制"，此举令吴挺等西北将领"颇之严惮"。[②] 同时，丘崈也奏请严惩导致泸州军变的失职官员王齐舆、张恂、郭仲溥、高逴，以及录事参军史定之等人。[③] 至于吴挺所牵动的四川人事部署，丘崈在陛辞时即表明，假若吴挺死，不宜将其兵权交付其子，"臣请得便宜抚定诸军，以俟朝命"，并得二庚牌，以为缓急之用。[④] 入蜀之后，丘崈为求与朝廷的讯息传递通

---

① 不著撰人，李之亮校点·《宋史全文》（哈尔滨：黑龙江人民出版社，2005），卷 28，页 1966—1967。

② 李之亮校点：《宋史全文》，卷 28，页 1967。

③ 徐松辑：《宋会要辑稿》，《职官》73 之 9；陈傅良原著，周梦江点校：《陈傅良文集》（杭州：浙江大学出版社，1999），卷 13，《知成都府丘崈奏从政郎录事参军史定之不亲莅狱政致囚自刭死，降一官放罢》，页 182。此史定之为蜀人。

④ 脱脱总纂：《宋史》，卷 398，《丘崈传》，页 12109—12113；张端义原著，梁玉玮校点：《贵耳集》（郑州：中州古籍出版社，2005），卷下，页 67—68。另参黄俊彦：《韩侂胄与南宋中期的政局变动》（台北：台湾师范大学历史研究所硕士论文，1976），页 313。

畅、快速，创设"摆铺"，"以健步四十人为之，岁增给钱八十余缗，以初三、十八两遣平安报至行在，率一月而达"。李心传云，"始时，四川事，朝廷多不尽知"，自此"蜀中动息，靡所不闻"，[1] 此一举措对丘崈与朝廷沟通四川诸事自然十分有利。然而，欲因应当地敏感且微妙的情势，丘崈尚需可靠人选协助探查吴挺病情与川西地区的局势，以利适时向朝廷提出合宜的人事部署建议；此重责拟委由孙应时担任。

（二）赴蜀曲折

丘崈与孙应时何时相识定交，乃至绍熙以前二人往来情况，现存资料不多，推测应与四明史家及吕祖俭有关。丘崈提刑浙东时，因吕祖俭介绍，[2] 获史浩邀请至四明，因而得与四明诸儒交往相友。此一机缘也让丘崈结识史弥坚，更赏识其才能；日后丘崈担任两浙转运副使，便曾论荐史弥坚出任两浙转运使干官。[3] 此外，史弥正子史宾之也成为丘崈弟子。可见丘崈在吕祖俭引荐下，得以出入史

---

[1] 李心传原著，徐规点校：《建炎以来朝野杂记·乙集》，卷9，《金字牌》，页 650—651。

[2] 丘崈约在江西转运判官兼提刑任上结识吕祖俭，他们共同在隆兴刻其好友吕祖谦的《吕氏家塾读书记》。参见朱熹：《朱子文集·正集》，卷76，《吕氏家塾读诗记后序》，页 3806；束景南：《朱子大传：多维文化视野中的朱熹》，页 514。

[3] 按史弥坚墓志铭，弥坚任转运使干官在淳熙十二年，丘崈则于淳熙十四年四月出任转运副使，但淳熙十二年弥坚当尚在东湖书院，或许十四年较确。参见小林晃：《史弥坚墓誌銘と史弥遠神道碑：南宋四明史氏の伝記史料二種》。

家，与史家子弟关系密切，也因此结识讲学东湖的孙应时。

据《烛湖集》收录孙应时致丘崈的第一封信，他回忆与丘崈的互动，"自越中一拜星台之下，已而再谒于吴门，蒙赐坐款语"，[①] 说明二人早有联系，并曾二次会面；所谓"越中"之"星台"，或指致仕宰相史浩之家。第二次之吴门之会，当是淳熙十一年（1184）十二月至十二年年底，丘崈知平江府之时。[②] 绍熙元年（1190）六月，丘崈以枢密院检详文字接伴金国贺生辰使，[③] 该年四月至六月之间，孙应时到临安寻觅官职并等候省札，最终得到遂安县令之职。尽管如此，由于丘崈"受节出疆，车徒戒严"，而孙应时"尝伺候而不得见"。[④]

当时，孙应时所获遂安县令一职，原需待阙三年，之所以提前赴任，极有可能与丘崈推荐有关。绍熙二年年初，孙应时致信感谢时任户部侍郎的丘崈，首先提到先前三次与丘崈往来的机缘，接着自谦"文墨薄技"与"读书"皆不在行，只是为人"稍稍谨身，不忍自弃于恶行"，竟意外获丘崈肯定："乃者法从被旨，举可为职事官者，而侍郎辱以某充数。"最令孙应时感激、敬佩的是，丘崈并未向孙应时透漏举荐之事。孙应时原以为，自己获丘崈举荐只是传

---

① 孙应时：《烛湖集》，卷7，《上丘文定公书（一）》，页1。
② 范成大纂修，陆振岳校点：《吴郡志》（南京：江苏古籍出版社，1999），卷11，页152；施宿纂：《嘉泰会稽志》，卷2，页48下。
③ 脱脱总纂：《宋史》，卷398，《丘崈传》，页12110。
④ 孙应时：《烛湖集》，卷7，《上丘文定公书（一）》，页1下。

闻之谬，得知详情后，更感到受宠若惊。他认为丘崈"荐士而不使之知"，自己"受荐而久不及知且久不以谢"，遂安县令之荐、任可称"公举"；而丘崈"取诸疏远，未尝有求之中，或足以厉奔竞之士"。也因此，孙应时特别表明，鉴于丘崈不求厚植私人关系的"公举"本意，他也尊敬丘崈而不用一般"恩地门生"自称。①

绍熙三年（1192）四月，丘崈被任为四川制置使，即致信邀聘孙应时担任幕僚。当时丘崈之子丘寿隽担任严州司户参军，②正是他向乃父推荐孙应时，并居中联系、盛情邀请。诚如前述，出任安抚制置幕职将有助孙应时摆脱选人、晋升京官；另方面，对选人而言，受聘担任此职也是一项荣耀。在宋代，安抚司、制置司被称为"小朝廷"，正使可自择辟召相当资历的人选担任幕僚，而且员额不少，相当具有弹性。③四川是南宋边防重区，安抚制置使的地位至为关键，幕僚编制员额尤多于他路。幕僚资格固然有京朝官或选人之别，但曾任幕职者将来多有任侍从、执政的机会，是培养人才的场所，因此诸制置使对幕僚人选也相当谨慎，"非时望士，不见罗致"。④北宋范仲淹（989—1052）任陕西经略安抚使时，其

---

① 孙应时：《烛湖集》，卷7，《上丘文定公书（一）》，页2。
② 据叶适《故太硕人臧氏墓志铭》，丘崈之母臧氏于淳熙十四年（1187）七月逝世，次年三月葬。而该墓铭云丘崈时为直龙图阁两浙转运副使，其长子寿隽新任严州司户参军。至绍熙二年，孙应时适为遂安县令。见叶适：《叶适集·水心文集》，卷13，页240—241。
③ 林煌达：《南宋两淮宣抚使制置司文臣幕僚之探讨》（未刊稿）。
④ 吕商隐：《新建制置使司金厅记》，收入《全宋文》第259册，卷5838，页339。

辟任幕僚原则是"须可为己师者乃辟之，虽朋友亦不可辟，盖为我敬之为师，则心怀尊奉，每事取法，庶于我有益耳"。[①] 这样的原则几乎成为后世典范，经常被援引、标举，因此受辟者自有获得赏识、尊重的荣耀感。

虽然，孙应时对丘崈的招聘表示"感激愿行"，[②] 实则多有顾虑；特别是诸多师友并不赞成，故一度婉谢丘崈父子之托。在给朱熹与丘寿隽的信里，孙应时都提到师友劝诫，以为不宜应聘幕僚，[③] 其中史浩是最具分量的长辈。[④] 揆诸当时孙应时担任遂安县令不过年余，任期尚未过半；而且到任初期，他经常在致师友、学生信中，提到遂安难治，而自己力不从心；县政有待努力，或许也是孙应时所经常提到的"害义"所系。此外，年迈母亲应当随行或居乡，让孙应时深感为难，颇费考量。

然而，在丘崈麾下担任幕僚，对孙应时仕途确有实质的助益，加上丘崈亦不断动之以诚，孙应时最终仍然决定赴任。绍熙三年（1192）端午，丘崈致书孙应时，"特达知奖""旨意甘美"，让孙应时感到丘崈"礼下贱愚，中诚恳笃"，"卓然古人遇国士之意"，深感"真不见有可辞者"。这封信大概打动了孙应时，况且老母愿

---

① 周煇原著，刘永翔校注：《清波杂志》（北京：中华书局，1994），卷4，《辟置幕属》，页178。
② 孙应时：《烛湖集》，卷7，《卜丘文定公书（一）》，页3上。
③ 孙应时：《烛湖集》，卷5，《上晦翁朱先生书（六）》，页8下。
④ 孙应时：《烛湖集》，卷6，《上史越王书（十）》，页8下—9上。

意同行，因此毅然回复丘崈父子"决计承命"。① 在给丘寿儁的信中，孙应时以韩愈为例，说明西去决心："昔退之尚从董晋、张建封，今侍郎万万非董、张比，而某奚疑焉？"② 孙应时致信友人黄献之，也提到即将远行，而且义无反顾："调邑遂安，戍期三年，方办读书调度，忽复趋行。年长学荒，恐遂汩汩尘俗是惧，旦夕将母就道，余无足言。"③ 其间，丘崈不仅积极致书邀聘，也汇寄二百券旅费供孙应时置办旅途所需。孙应时遂得以一面整装，一面等候公文以办理离职，预定六月中到京口，与丘崈同期赴任。④

孙应时致书师长，表明自己即将离开遂安、前往四川。他向史浩解释决定前往四川的两个理由：其一是孙母闻知丘崈招聘后，"欣然肯行"；其二则是自己"愿览观四方以自壮"，因此"月末当自此径去"。⑤ 孙应时致书朱熹：同样表明"母氏强耐，不惮远适"与"求天下奇闻伟观以自广"。⑥ 另外，他也向两位师长承诺，此行将只有短短二年，"与邑满秩无大相远耳"。⑦ 不过，在致史浩信件开端，孙应时首先描述自己在遂安十五个月，县政已经小有所成。

---

① 孙应时：《烛湖集》，卷7，《上丘文定公书（二）》，页3上；同书，卷8，《与丘机宜书》，页19下。

② 孙应时：《烛湖集》，卷8，《与丘机宜书》，页19下。

③ 孙应时：《烛湖集》，卷6，《与黄献之书》，页22上。

④ 孙应时：《烛湖集》，卷8，《与丘机宜书》，页19下。

⑤ 孙应时：《烛湖集》，卷6，《上史越王书（九）》，页8上。

⑥ 孙应时：《烛湖集》，卷5，《上晦翁朱先生书（六）》，页8下。

⑦ 孙应时：《烛湖集》，卷5，《上晦翁朱先生书（六）》，页8下；同书，卷6，《上史越王书（九）》，页8上。

这几乎占了该信一半篇幅，可见孙应时格外希望史浩能谅解他中途离任的决定。从《烛湖集》所收录下一封孙应时致史浩书信，可知史浩仍不以为然，孙应时只得以"业已许诺，遂不可悔"为言。①

尽管孙应时下决心携母赴蜀，但由于兄长反对，计划被迫改变。此事不仅使孙应时延后启程，甚至有意抵达四川后，便尽早东返。孙应时两位兄长长年离家任教，为了不增加兄长负担，孙应时本决定偕母同行，自是出于实际的经济考虑。由于行程匆促，孙应时未能返回余姚，即携母离开严州，赶赴桐庐与丘崇会合，一齐西去。②然而，偕母西行本是家庭大事，孙应时最初未将计划告知兄长，而年迈老者万里跋涉，风险更不可轻估。二位兄长得讯，极力反对母亲同行，即刻自家乡赶来，孙母心意亦随之改变，孙应时只能延后启程。

面对这个突发状况，孙应时即致书丘崇，详细解释，期获谅解："始者决谓当侍老母西游，既已受檄且拜命离任矣，而二兄自乡里踵至，力禁此行。谓万里奉亲为非是，且不宜徇弟故，重二兄白云之思。母氏意为之回，而某遂无以夺此。在寸心本应径辞门下，然却不成举止，有孤知遇，只得单骑杖策，追道躬禀，亦不敢不随至蜀，但不能久于依附矣。初九日辞亲于渔浦，到都下为知友互留，度十六日方得行。"③他也不得不向史浩等师友再三说明，"某此行

① 孙应时：《烛湖集》，卷6，《上史越王书（十）》，页9上。
② 孙应时：《烛湖集》，卷8，《与丘机宜书》，页19下—20上。
③ 孙应时：《烛湖集》，卷7，《上丘文定公书（三）》，页3下—4上。

万里之远，计必非钧意所乐。顾洩洩湮湮之书生，狂简意有所激发，业已许诺，遂不可悔。初定为迎侍计，已而两兄力持不可，即于渔浦遣贱累奉老母东归余姚，而某单骑独西，却甚非本心，只俟到成都，便谋归，决不敢久去膝下也"。①突如其来的变化，让孙应时"始怅然自恨失计"。②

母亲不能同行，丘崈已在京口相候，加剧孙应时决定赴任幕职的不安。时陆九渊在荆门军任职，孙应时致信道："不免独身一来，即白主人以到蜀小定，觅舟径归。今此约固已坚决，然回首白云之思，顷刻不能安也，恐爱念欲知之，故此详禀。"母亲不能同行，降低孙应时赴蜀意愿，陆九渊则极力劝解进退两难的孙应时："男子生而以桑弧蓬矢射天地四方，示有四方之志，此其父母教之、望之第一义也。令尊夫人既许其行，又有二令兄在侍下，岂得便谓失计？"并宽慰孙应时，颜回家贫，人不堪其忧，他却从孔子周游天下，甚至厄于陈蔡而不悔，"此岂俚俗之人、拘曲之士所能知其义哉"！③自京口到荆州船程约二个月，孙应时本拟趁机拜见陆九渊，并稍作停留，但因西行计划骤变，孙应时只能以人事纷然、行程匆促为由，径赴成都，"姑俟来春出峡，冀偿此愿耳"。④

---

① 孙应时：《烛湖集》，卷 6，《上史越王书（十）》，页 8 下—9 上。

② 孙应时：《烛湖集》，卷 6，《上象山陆先生书（二）》，页 11。

③ 陆九渊原著，钟哲点校：《陆九渊集》（北京：中华书局，1980），卷 15，《与孙季和》，页 195。

④ 孙应时：《烛湖集》，卷 6，《上象山陆先生书（二）》，页 11 下。

大约在绍熙三年（1192）九月，孙应时终于忐忑抵达成都，却又传来长兄去世消息，心情因此更为沉重，屡向友人表达东归之意。孙应时曾致信好友吕祖俭，述说去留两难的心境煎熬："老母哭长子而重念某之在行，无以为怀，回首白云，耿耿可知。"虽然孙应时东归心切，恳请返乡主持家务，但四川安抚制置司务初展开，人情未洽，丘崈"苦相挽驻，期稍有惠于蜀，须秋潦退乃行"。由于情势所逼，加上未有接替者，孙应时不能不顾轻重，骤然离去，因此"故难决裂"，只得暂且留下，但"今亦未定为留计也"。[①] 这种闷闷不乐、亟欲返家的抑郁，在孙应时心头萦绕不去，未因蜀地军政艰难而分心转移。直到一年后的绍熙四年季秋，孙应时致信项安世，仍自述："某独身远游，老母倚门望归，而伯氏早世未葬，此心摇摇，岂乐久留？夏畏涨峡，因循及兹，姑就一考，十月即东下矣。"[②]

（三）在蜀功绩

孙应时抵达四川后，亲睹蜀地军政棘手复杂，深感丘崈的艰辛与对幕僚的倚重，不断推迟返家时间。当时除了蜀地人事、川东灾荒外，丘崈尤亟待掌握以吴挺为代表的地方势力动向。绍熙四年年初，孙应时致信赵师渊，论及四川情势：

盖此间事正亦要宾客商榷，通达内外之情。蜀士持高

① 孙应时：《烛湖集》，卷7，《答吕寺丞书（二）》，页14上。
② 孙应时：《烛湖集》，卷7，《与项大卿书（二）》，页19下—20上。

论尚气节者，或未切事理，其他又只唯唯。……丘丈虽刚毅，然深思而内恕，与善不疑，但不相谙者却未免成疏隔耳。以此恐不得不为更留，至九月乃决去。惟是日夕念亲，不能自宁，犹赖仲兄在膝下，而荆妇颇能躬井臼之劳，以谨奉养之职耳。蜀比春旱损麦，今雨后可半收。绵州饥甚，东川荒政，适刘副端受代，殊有利害。朝廷于远方监司、太守，似少精择，帅亦不敢一一有言，但可叹息。①

孙应时本来打算春夏之交即行离去，然四川当地官员不足为丘崈所用，宾客幕僚的角色因此更加吃重，孙应时只能延后归期。孙应时致信朱熹，诉说滞留四川心境："某曩受辟之后，卒然改计，辞亲独游，甚不自得。又闻伯兄之讣，便力谒归。会同官吴斗南（仁杰）先谢去，而主人初到蜀，实有内外调护之责，逶迤苟留，岁晚乃得遂。"②内容说明蜀政复杂，以及丘崈对孙应时的倚信之重，是孙应时调缓离蜀、归乡的主要原因。

孙应时不仅碍于人情不忍东归，更重要的是，他接受丘崈委托，亲自拜访吴挺，侦探虚实："已拟初夏东归，而丘丈坚委一至益昌见总卿，因到武兴，略观边头人情，辞之，则他无任此者。遂度剑阁，行栈道，泛嘉陵江而回。"③信中所提到的武兴，正是吴挺已然

① 孙应时：《烛湖集》，卷7，《与赵太丞书》，页23下。
② 孙应时：《烛湖集》，卷5，《上晦翁朱先生书（七）》，页9下。
③ 孙应时：《烛湖集》，卷7，《答吕寺丞书（三）》，页14下—15上。

驻节十六年的军事要地。为充分掌握吴挺与边陲重镇情势，丘崈指派孙应时借慰问病情之名，实地访查；孙应时是吴挺生前，代表蜀阃乃至宋廷掌握吴氏家族动态的关键人物，而拜访吴挺也是孙应时赴蜀后最重要的任务。

孙应时西行前，曾致函吴挺，表达受丘崈之命，"诚心钦重太尉相公勋名风烈，喜于依托大庇"，恐吴挺"待遇下士，礼节过于繁重，使客皇恐，局踏无所容"，以致不能表达丘崈心意。为求从容自在表达真情实语，希望吴挺"尽撤寻常迎劳委曲之仪，但容候伺燕闲，赐之坐语"，可以"从容忘分，尽吐其所愿言者，一二日即辞去"，展现"太尉相公（吴挺）不以俗子见遇，而与丘丈相亲密如一家"的风范。[1] 除至武兴外，根据孙应时日后致朱熹信件，他在四川"北度剑栈，抵武兴，西登岷峨，南过戎泸而归"，堪称"蜀中形势，略所遍览"。[2]

孙应时离开武兴不久，吴挺即逝世，享年五十六岁，时为绍熙四年（1193）五月。这无疑是蜀阃与宋廷权威伸张西疆的关键时刻，必须谨慎应对，蜀帅丘崈责无旁贷。丘崈嘱孙应时代撰祭文，表达哀思，期望能安定吴氏势力与宋廷的关系。祭文中，孙应时盛赞吴挺威名、功业与忠诚，为宋西疆之重镇，得到朝廷倚重，正所谓"上而汉公卿之庙谋，下而蜀父兄之舆论，皆视公身之安否以为西鄙之

---

① 孙应时：《烛湖集》，卷 8，《上少保吴都统书》，页 5 下—6 上。
② 孙应时：《烛湖集》，卷 5，《上晦翁朱先生书（七）》，页 9 上—10 下。

重轻"。[①] 尽管吴氏长期雄踞西隅，宋廷始终有所猜忌，但在这篇祭文，孙应时代蜀阃丘崈，以地方官长立场，肯定吴挺稳定四川军政与南宋边防的重大贡献，希望有助于疏解吴氏势力的疑虑。

吴挺既死，丘崈积极调整四川军政的人事部署；但宋廷因内部纷扰，没有实时处置兴州兵权，恤典也未定，[②] 未能实质稳定军情。此时，吴氏势力拥有五六万精卒，力图抵制朝廷压制，几至酿成军变。于是，丘崈以吴挺死后，其心腹兴州都统司计议官王公沂，"招权生事，率意更易事务，军中籍籍，几至生变"为由，予以罢黜。[③]时朝中光宗因"重华宫事件"与朝臣陷入僵局，无心处理接替吴挺阙位人选，遂由丘崈权宜措置。首先，丘崈委利西安抚使杨辅兼摄兴州州务；杨辅恐疑军心，遂改由获誉"蜀中名儒"的利西提刑杨虞仲权兴州事，[④] 而以李仁广摄帅事，暂稳军情。次年二月，在知枢密院事赵汝愚建议下，光宗任命荆鄂诸军都统制张诏，以兴州都统制兼知兴州，并以李仁广为副。[⑤] 尔后进一步将利州东西路合并，

---

① 孙应时：《烛湖集》，卷 13，《祭兴元吴侯文》，页 12。

② 陈傅良：《陈傅良文集》，卷 23，《缴奏张子仁除节度使状（二）》，页 314；另参何玉红：《南宋川陕边防行政运行体制研究》（上海：上海古籍出版社，2012），页 155。

③ 徐松辑：《宋会要辑稿》，《职官》73 之 16。

④ 脱脱总纂：《宋史》，卷 434，《杨泰之传》，页 12900。

⑤ 黄俊彦：《韩侂胄与南宋中期的政局变动》，页 313—316。《宋史全文》（卷 28，页 1972—1974）对赵汝愚支持丘崈处置吴挺死后朝廷的处置方式，有较多记载，但时间次序颇多错误，将吴挺之死至于绍熙五年（1194）夏，即为显例。至于光宗因病，致延迟处置四川军政长达半年，参见李超：《南宋宁宗朝前期政治研究》（广州：中山大学历史系博士论文，2017），页 24—25。

以张诏取代吴挺职位，逐步解除吴氏家族长期领军的问题。整体来说，丘崈以积极手段，强化宋廷在四川的实质影响力，对吴氏家族而言打击沉重。

在丘崈与宋廷处置吴氏势力的过程中，孙应时扮演着相当重要的角色。除前述探访武兴虚实与四川各地情势外，孙应时似也为丘崈与宋廷处置兴州军政要职献策。《宝庆会稽续志·孙应时传》记述此过程："兴元帅吴氏将有世袭之势，朝廷患之而未敢轻有变易也。丘公因其病，使公往视疾，以察军情。盛礼十献，辞焉。复命以事实告。会吴挺死，即白制帅定议，差统制官权领其军，檄总领杨辅兼利西安抚节制之，草奏乞别选帅材，以代吴氏，朝廷从之，以张诏为兴州都统，一方晏然。"[1] 虽然缺乏直接史料证明孙应时所搜罗情资及其价值，但丘崈能在吴挺死后快速行动，终而遂行宋廷委任，孙应时的探访、观察与建言自当发挥影响。

据《宋会要》所录文件，绍熙四年（1193）四月，丘崈奏罢两位新任的夔路提刑与珍州知州，此举在孙应时探访武兴与四川各地前后。[2] 虽然无从考知二人与吴挺的关系，不过搜诸孙应时稍早致师友书信，曾略及丘崈对四川人事力不从心；如今转而奏罢新任官员，其作风转变可能也与孙应时提供的情报有关。孙应时与吴挺逝世后丘崈重组兴州军政要职之关联，《会稽续志》虽然言之凿凿，但《宋史·杨辅传》与《张诏传》对孙应时却只字未提。从书写形

---

① 张淏纂修：《宝庆会稽续志》，卷5，页16下。
② 徐松辑：《宋会要辑稿》，《职官》73之15。

式来说,《宋史》以记载首长的作为为重,幕僚角色则罕被彰显,不难理解。然而,在孙应时死后数年,曾有官员上书,褒扬孙应时在当时提出的各种建议与落实成果,要求朝廷正视其功绩,并且授予其子官职,①可见《会稽续志》所述当有所本。综合这些资料可以确定,孙应时身为幕僚,对于稳定四川局势甚有贡献。

尽管如此,孙应时仍然决定急流勇退。绍熙五年三月左右,孙应时辞别丘崈,乘船东归;六月抵家,安葬长兄。此时孙应时当已脱离海选,晋升京官,②而丘崈也因定蜀、治蜀有功,进阶中大夫、擢为焕章阁学士,并续任蜀帅,③可说声望正隆。孙应时在东归途中,则不断对师友称颂丘崈之功,如他曾对项安世说:"边头虽失大将,人情帖然无他。仆顷尝往观其师矣!"④对吕祖俭则说:"丘丈高明绝人,赞画亦复非易。吴氏兄弟平平,部曲取能奴事者。仆尝观其军,可无虑。张君卿且可抚辑也。"⑤他更对朱熹详细说明丘崈帅蜀以来川政的变化:"去年四路幸皆中熟,丘丈虽有严

---

① 见《烛湖集·附编》,卷下,《祖开补官省札》,页 14 下—16 下。这份文件无疑是《会稽续志》孙应时小传的史源之一。

② 孙应时:《烛湖集》,卷 2,《谢执政启》,页 13 下。又《谢虞提刑升陟状》中也说:"偶然从万里之招,遂亦换七阶之选,得邑于此。"见《烛湖集》,卷 1,页 16 上。

③ 楼钥:《楼钥集》,卷 36,《焕章阁直学士中奉大夫丘崈磨勘转官》,页 679;徐松辑:《宋会要辑稿》,《职官》73 之 59;楼钥:《楼钥集》,卷 37,《四川制置使丘崈焕章阁学士再任》,页 705—706。

④ 孙应时:《烛湖集》,卷 7,《与项大卿书(二)》,页 20 上。

⑤ 孙应时:《烛湖集》,卷 7,《答吕寺丞书(四)》,页 16 上。

称，而极简静，吏惮而民德之，人或传其过甚，皆妄也。边久缺帅，亦赖是丘丈有以镇压之。然向时物议重于变置故将之家尤过。今张侯往，自慰西人之望，但襄阳便为的于其旁，良未宜耳。"[1] 从这些信件看来，孙应时对丘崈治蜀之政深具信心，称扬其功绩，并乐于向师友分享自己在蜀地的历练与事迹。只是孙应时万万没有想到，在同一时间，一场巨变正在朝中酝酿，而丘崈更将首当其冲，进而影响孙应时往后仕途。

三、小结

孙应时凭借个人努力，摆脱千万人竞争的举业枷锁，跃过科举龙门，获得进士身份，开启功名之路。不过，宦途阙少员多，孙应时要从选人跃升京官，仍有很多关卡阻碍。在孙应时学习成长过程中，父祖虽然为他奠定举业所需的教育基础，也在受教与教学过程中，开拓了乡里人际关系，为他入仕后的发展打开一扇窗，不过限于家境及乡里条件，孙家所拥有的人际资源多属乡里富豪，鲜少在官场具有实质影响力；况且其父孙介笃守安贫乐道的儒家信念，不攀附权贵，连婚姻嫁娶对象都非豪门，因此孙应时入仕后，尤须自己创造、经营人际关系，以开拓仕进机会。

本章所呈现的，正是孙应时取得进士出身后二十年（1175—1194），由选人晋升至京官的仕历与处境。其间，他因缘际会结识

---

[1] 孙应时：《烛湖集》，卷5，《上晦翁朱先生书（七）》，页9上—10下。

高官硕儒如朱熹、史浩与丘崈等，也与许多有志道学的学友相交，努力兼顾学术与仕宦。然而，孙应时受限家庭生计，被迫搁置学术追求，只能专注于仕途发展，并期在施政中实践道学理念，以致孙应时不免有学宦难兼之叹的窘境。

对孙应时而言，即使舍学术而求仕进，宦途仍旧艰辛而漫长。进士出身虽然提供了仕途晋身优势，但南宋官场员多阙少，首先要获得实缺官职，进而循年资依序升迁才算是真正在宦途竞争中起跑。单就此前提，即有两道关卡要突破。在孙应时案例中，他虽高中进士，却仍等待了三年，才获任黄岩县尉一职。在县尉任上，他虽然结识了朱熹、楼钥等人，也因协助朱熹推动水利工程，获得肯定，然而，卸任后仍得返乡待阙，等待二年仍无讯息。为了家计，遂在友人推荐下，应元老重臣史浩之聘，到四明东湖书院担任史弥远、史弥坚兄弟教席。

东湖任教两年，孙应时的经济收入可能不高，却是他一生中精进学术并开展人脉的黄金时期。此时，陆九渊的重要门人袁燮、杨简、沈焕均受史浩之邀，齐聚四明，加上吕祖谦胞弟吕祖俭，四明一时成为陆学中心。孙应时因地利之便，得以从游诸儒，厚植道学理念；复以编纂教学资料、协助史浩修订《尚书讲义》，在学术上显有精进。孙应时学术表现深获史浩肯定，在他离开东湖后，二人往来仍旧密切。从书信中，可见史浩对孙应时出任遂安令的期许，以及孙应时请求史浩向孝、光二帝申明道学价值的殷切，乃至直剖赴蜀的心情，展现二人的深厚情谊。不仅史浩在世时，孙应时深受此情谊之惠，这层情谊更及于史弥远、史弥坚一代，使孙应时死后获得平反、褒崇，见证了孙应时与史家二代相交之深。

东湖两年，也是孙应时拓殖人脉的重要时机。史浩虽致仕，但以其元老重臣身份与丰沛人脉资源，在乡里推动多项社会文化活动。各方名士、高官来往频繁，门庭开阔，孙应时侧身其间，得以与众多名儒硕彦交游，从而开展更为广阔的人际网络。如吕祖俭就是因此机缘与孙应时结为至交，也因吕祖俭引介，孙应时得以认识此后影响仕途甚巨的丘崈。

结束东湖教席之后，孙应时急于求禄养家，故而出任海陵县丞。全家辛苦跋涉抵任，但二年后其父孙介以七十五岁高龄逝于官舍。孙应时遭逢家变，只得扶棺归葬，居乡守丧并以教书支撑家计。服除之后，孙应时又迫于经济压力，亟求任职机会。他虽获严州遂安令，却须待次三年，殆经户部侍郎丘崈的协助，才得提前于绍熙二年（1191）获得真除。从淳熙二年（1175）中举，到此时出任选人最高阶的县令官职，前后总计已经历十六年。

孙应时出身寒门，自登上进士后，凭己身之力把握机会开拓仕途，但宦途晋升需经历考课、荐举、磨勘等诸多铨选制度关卡，方有竞争机会，而能否遂愿的关键，除自身努力外，尤须获得具影响力的长官欣赏与推荐。从选人改任京官是士人跃越龙门的关键，其过程之艰难，倍于循资。其中，荐举对选人改官尤为重要。像孙应时这样缺乏家族奥援的寒士，要升京官，除了自身施政须有具体实绩获得肯定外，需要通过考核磨勘与五份上级长官荐状，才有改官机会。然而，举主荐举有员额限制，根据辖县数量，一般知州每年可推荐一至六人。由于举官额少，求官者多，能否获得举状遂为选人改官成功与否的要素；多方拓殖人脉、争取官长认可与信任，更是入仕者营求关注的焦点所在。①

因此，出任丘崈幕僚对孙应时仕途发展而言，有二重意义。其一是边阃举荐名额较多，获得举荐机会较大。依嘉定四年（1211）四川举额表所列，制置使在荐举京官的额度是十一人，与其他官员相较，具有数量优势。②其二，辟举属破格选才的管道，是外任重臣倚仗的核心力量，不仅受幕主倚重，兼获朝廷特许，其铨选除注程序相对简便；③而担任四川制置使对丘崈是新而严肃的挑战，他也需要大量有能力的士人官员加入幕僚，协助他解决种种棘手难题。这二点正是为何遂安令任期不到一半，孙应时即愿千里迢迢赴四川任丘崈幕僚的重要原因。在蜀期间，孙应时为了扭转宋廷与四川关系，身负重任，多方奔走，侦查吴氏家族动向，并提出具体削减吴氏势力的建言；其结果不仅强化宋廷在四川的统治力、成就丘崈的功业，更让孙应时如愿很快取得京官资格。

孙应时改官的过程，见证人际关系在荐举中具关键地位。荐举

---

① 关于文官荐举制度的研究，邓小南有很简要而深入的探讨，参见《宋代文官选任制度诸层面》第五章，页121—167。

② 李心传原著，徐规点校：《建炎以来朝野杂记·乙集》，卷14，《四川举削倍改官之额》，页753—754。并参见王瑞来：《近世中国：从唐宋变革到宋元变革》，页229。

③ 邓小南：《宋代文官选任制度诸层面》，页143—153。

制度是宋代为解决铨选中诸多矛盾的对策；但行之久远，人际关系益见重要，也不免形成夺竞谋私之风。关于此一制度的运作、变革与利弊，邓小南曾有坚实的研究。近年来，旅日学者王瑞来先后发表三篇相关论文，集中讨论改官与人际关系；除制度论述之外，王瑞来也通过杨万里（1127—1206）及罗大经等个案——前者以高官之姿，为子侄亲朋斡旋以求荐书；后者受惠于父亲与地方官、乡贤之助，远赴广西出任基层官员——陈述在员多阙少的南宋，选人突破障碍求得实任与改官的艰辛过程，鲜明描绘入仕者欲跃越龙门而苦心经营人际的心酸。①

相较于杨、罗有父执辈为奥援，孙应时的情况另有特色。由于父亲孙介是无出身的寒士，因此孙应时入仕以后，必须完全倚靠自身努力，创造、经营人际关系，以求得荐举、擢升机会；也要经历多次待阙、远任之后，才能逐步达成改任京官的愿望。此外，从孙应时的经历与文集收录书信资料观之，即使是请托书信，孙应时文字也相当内敛委婉，与杨万里以谦卑而直接的言词，向后辈或朋友请托举荐，颇有差异。这显示孙应时对官场文化的生涩，与父教不喜攀求观念影响之深；同时也凸显如孙应时这样的寒门士人，在缺乏奥援下，社会资源不足，功名路相当艰辛；但能得丘密的赏识与拔擢，顺利晋升，也说明孤寒者仍有出头机会。

① 王瑞来的三篇论文是：《金榜题名后："破白"与"合尖"》《内举不避亲》与《小官僚大投射：罗大经的故事》，收入氏著《近世中国：从唐宋变革到宋元变革》。

党禁池鱼

政局动荡下的因应与人际网络重构

从绍熙五年（1194）到嘉泰二年（1202）前后九年，南宋中期人事递嬗频繁、政局动荡激越；此时期也是孙应时仕途的重大转折，他的人生自此由满怀希望趋于挫折保守。

南宋中期的政治危机事起于孝宗薨逝，光宗因病不能持丧，朝野哗然。在中枢瓦解、国家无主之际，身为右丞相的赵汝愚与知阁门使韩侂胄合谋促成内禅之策，由太皇太后垂帘主持，拥立嘉王为帝，是为宁宗。赵汝愚主政之初，为了扩张政治势力，援引道学意见领袖朱熹入京担任经筵讲官，并擢升道学官僚进入台谏、侍从体系，主导政局发展。彼时韩侂胄也因参与定策而崭露头角，他侧身宫禁，逐渐发挥影响力。

宁宗继位后，赵汝愚与韩侂胄二人因推定策功行赏不公而交恶，从而引发激烈政治斗争。韩侂胄不满赵汝愚人事安排，遂与推动内禅的另一要角赵彦逾结合，共同形成反对赵汝愚的政治势力。此举引发道学官僚的戒心与提防，设法反击；韩侂胄则再借御笔内批与控制台谏，加以抗衡——先以内批将道学领袖朱熹逐出国门，而赵汝愚与道学群体救解无效；韩侂胄继而唆台谏劾奏赵汝愚"倚虚声、植私党，倚定策自居，专功自恣"，将其罢黜。

赵汝愚与朱熹相继被黜后，道学群体纷纷上书营救，并极力抨击朝政，声势甚盛。此举反激起韩侂胄等人采取更激烈的手段，以遏阻道学群体，从而衍生为更具针对性与攻击性的"伪学"之禁，对支持赵汝愚与朱熹的道学官僚群体，展开政治整肃。于是，从庆元元年（1195）起至嘉泰二年（1202）长达八年的"庆元党禁"正式成为南宋中期道学与执政官僚间鲜明的对决。①

孙应时这位居官僚体系中低层的官员与道学追随者，并非政治风暴核心人物，但却因为仕宦与为学的人际网络与道学群体紧密扣连，在核心人物离朝后，反而承受了庆元党禁的后坐力冲击。当既有政治奥援不再，而宦途屡遭挫折，孙应时不再如党禁前积极实践道学理想，而更将心力放在重新搭建仕宦人际网络、寻求新的有利奥援上，以求渡过职涯难关。

一、政局骤变，杜门省事

绍熙五年（1194）四月，宋廷咨令褒奖丘崈稳定吴挺死后四川局势的功劳；同年八月五日，宋廷除朱熹为焕章阁待制侍讲，并令疾速前来供职。②对于孙应时与诸多道学士人而言，此时不啻群贤毕集，前景看好。然而，从绍熙五年年中到庆元初年，先是光宗拒不朝见居于重华宫且已退位的孝宗，引发朝臣疑惧，政局纷扰不安。绍熙五年七月，孝宗驾崩，光宗因病不能主持丧礼；宰

---

① 程志华：《学术与政治：南宋"庆元党禁"之研究》（新竹：清华大学历史研究所硕士论文，1996）；虞云国：《宋光宗·宋宁宗》（长春：吉林文史出版社，1997），页 87—163。

② 不著撰人，汝企和点校：《续编两朝纲目备要》（北京：中华书局，1995），卷 3，页 40。

相留正无能处理，遂在赵汝愚、韩侂胄与赵彦逾主导下，演变成光宗内禅、宁宗继位的重大事件。①光宗内禅与宁宗即位之初的政争风波，以及随之而来的"庆元党禁"震动朝野，孙应时师长受政争牵连，情势急转直下。孙应时由四川东归之际，正值此南宋政局动荡之时。孙应时因新晋京官，离蜀东下，途中陆续察知政局紧张氛围，不断自我调整交游与言论，对未来前景也由原本的积极、乐观，转趋谨慎保守。

孙应时从成都东下，途中致师长好友书信屡屡提及当时士大夫所关切的朝政问题。当他动身不久，尚在嘉定等候丘崈所托家书，并向丘崈报告行程动向，曾言及"方兹上心有疑，国论未判"，期望丘崈回朝主持，甚至认为"严召不远"。②行至金陵，孙应时则向朱熹表露对朝政的忧心，认为"年来中外气象如许，不胜草野惓惓之忧"。③虽然孙应时急于返归"亲侧"，经过临安并未入城，④但已对庙堂之变略有掌握。孙应时抵家后，即致信任职台州的吕祖俭，述及光宗内禅并对赵汝愚等主导者亦感疑虑："天地大变，重华厌代，薄海臣民同一哀慕。上疾废于丧纪，慈福出令逊授嗣君，虽盛典踵行，古所未有，然区区草野私忧，未知诸公为后日虑亦

---

① 参见黄俊彦：《韩侂胄与南宋中期的政局变动》；陈明星：《宋代宗室宰相赵汝愚研究》（北京：北京大学历史系硕士论文，2006）。
② 孙应时：《烛湖集》，卷7，《上丘文定公书（四）》，页5上。
③ 孙应时：《烛湖集》，卷5，《上晦翁朱先生书（八）》，页11上。
④ 同上。

周尽否？非所敢妄言也。"①以孙应时这样中低层且又远离朝廷的官员，在诸多书信论及宋廷一连串政局骤变的情况，除了说明他对政局的关心，也显示当时朝政讯息公开、流通的程度。

朝廷巨变之初，孙应时对于尚坐镇四川的丘崈仍具信心。光宗内禅、宁宗即位之后的绍熙五年（1194）八月，孙应时致书身在成都的丘崈，一方面扼要报告朝廷变化与传达忧虑之情，一方面则恭维丘崈威望足以坐镇临安："乃者天下大变，寿皇上宾，恭想先生摧动难忍。方是时，讹言震惊，朝野恟惧，已而小定，而上有疾，竟不能执丧。于今遂蹈故事，传祚嗣君，更想先生忧疑彷徨，身虽在外，无顷刻不心在王室也。远书不敢尽布，终当若何？西南独恃先生镇拊，帖然如平时，犹是国家之福，然又岂若先生在内，为福之大，可不致有近日事耶？"②对照在嘉定致信内容，显示他对丘崈期待甚切。

然而，在紧接着发生的中枢政争中，丘崈首当其冲，遭到罢官。光宗内禅之后，韩侂胄不满赵汝愚独秉朝政，谋由言路攻击赵汝愚。绍熙五年八月，韩侂胄经内批除谢深甫（1166 年进士）为御史中丞，九月又荐刘德秀为监察御史，使二人居言路。由于丘崈续任蜀帅很可能是赵汝愚所主导，而部分朝廷与地方官员认为，丘崈在吴挺死后处理蜀政手段过激，谢深甫随即以丘崈"其蛇虺之毒，虎狼之暴，肆虐以济贪，怙势以行诈，到官方一年半，而西蜀军民、士夫，无

① 孙应时：《烛湖集》，卷7，《答吕寺丞（四）》，页 15 下。
② 孙应时：《烛湖集》，卷7，《上丘文定公书（六）》，页 6 上。

不怨愤"为由，加以弹劾；① 丘崈遂于九月二十八日被罢。

丘崈被罢，对赵汝愚而言，却也是个安排拥立宁宗有功的宗室赵彦逾远离权力中枢的契机。赵彦逾曾任四川总领，有惠政于蜀，是调和紧张的四川政局、化解朝廷与吴氏矛盾的有利人选。宋廷遂命赵彦逾由知建康府改任四川安抚制置使兼知成都府。陈傅良（1137—1203）在制词中对赵彦逾为人与行政予以极高的赞誉，勉他接任重担："廉足以律百吏之贪，静足以应多故之变，简在两朝，绩用甚茂……以卿一意首公，无有退逡，其为朕崎岖万里，以宽西顾，岂顾介然于怀欤？"② 赵彦逾不愿接受此任命，屡次辞免，宋廷则一再下不允诏，首云："今朕知卿清节著于蜀，遂用熙宁故事，卿能体抃之忠，其得辞行乎？"③ 继则表示："卿尝总军饷，调度五十余州，公廉明恕，蜀人诵之。兹庸命以制阃之寄，蜀父老闻卿之来，必有不待教而孚者。矧视仪政地，位望愈隆，尤足以示朕不忘远之意。谋帅之重，盖无以易卿者矣。"④ 最后赵彦逾勉强上任。

赵彦逾虽然远任蜀帅，临安政争并未停歇，赵汝愚及支持他的道学士人反而连遭罢黜。南宋编年史籍都指称，赵彦逾向宁宗阵辞

---

① 徐松辑：《宋会要辑稿》，《职官》73 之 58。

② 陈傅良：《陈傅良文集》，卷 17，《端明殿学士中大夫新知建康府赵彦逾改除四川安抚制置使兼知成都府》，页 235—236。

③ 楼钥：《楼钥集》，卷 41，《赐新除四川安抚制置使赵彦逾辞免不允诏》，页 752。

④ 楼钥：《楼钥集》，卷 41，《赐赵彦逾再辞免新除端明殿学士中大夫四川安抚制置使兼知成都府不允得再有陈请诏》，页 767。

时，攻击道学士人皆为赵汝愚之党，导致宁宗自此疑忌汝愚与道学士人，[①]时在绍熙五年（1194）十月或闰十月。[②]接着，闰十月十九日，内批除朱熹宫观，虽然宋廷随之授予待制与州郡差遣，但朱熹坚辞，随即离开临安；[③]次年，即庆元元年（1195）二月，赵汝愚则因言官攻击罢相。不久，孙应时好友吕祖俭及不少亲近道学的官员上言救援遭罢的赵汝愚，因而相继被贬。

短短半年之间，孙应时亲近的师友由荣骤贬。虽然他已经取得京官资格，但情势对他的仕途十分不利。从绍熙五年九月起，孙应时所寄以厚望的丘崈与往来密切的朱熹、吕祖俭陆续被罢免官职，对于孙应时来说无疑是一项打击，因为他的道学启蒙者陆九渊早在绍熙三年逝世，而支持他最力的史浩则死于他东归途中。孙应时在祭陆九渊文期勉自己不辱师门；[④]而在祭史浩文则花费许多篇幅歌颂史浩辅弼孝宗、推荐贤良与深受中兴二帝的信任，更感念史浩对

① 李心传：《道命录》，卷 7 上，页 858—859。

② 南宋与元代的史籍将赵彦逾出任四川制置使一事与他被任命为知建康府而心怀不满并书，系于闰十月乙亥（十八日），内批除朱熹宫观的前一日。而《道命录·刘德秀论留丞相引伪学之徒以危社稷》的批注则云赵彦逾在九月十四日被任命为知建康府，其后依序提到赵彦逾与韩侂胄都不满赵汝愚、赵彦逾陛辞提出所谓赵汝愚之党，接着即云"是月十九日"朱熹被"罢侍讲，与在外宫观"。由于没有确切资料可据，因此暂作"十月或闰十月"。参见刘时举：《续宋编年资治通鉴》（"文渊阁四库全书"本），卷 11，页 13；不著撰人，汝企和点校：《续编两朝纲目备要》，卷 3，页 50；不著撰人，李之亮校点：《宋史全文》，卷 28，页 1990；李心传：《道命录》，卷 7 上，页 858—859。

③ 束景南：《朱熹年谱长编》，页 1184—1189。

④ 孙应时：《烛湖集》，卷 13，《祭象山陆先生文》，页 1 下—2 下。

他的提拔与厚爱，[①]这正与孙应时接下来的际遇构成强烈反差。师友继踵谢世、蒙难，让孙应时顿时陷入仕途孤立无援的艰难局面。他只能小心应付，以保身为首务。

从丘崈被罢前后（绍熙五年〔1194〕九月、十月间）孙应时致朱熹书信看来，他已然察觉时局对他与道学同道转趋不利。孙应时表示，他原欲北上拜见，但长官遭难，自己有必要避开锋头："欲亟渡江侍师席，然尚稍牵制。且丘丈遭台评，下客赞画无状，又有观其所主之愧，固当伏匿，少定乃出，十一月之末或可省拜也。"[②]虽然信中也述及"今岁国家事体之变，亦亘古所未有。臣子痛哭流涕之余，逢嗣皇圣德日新，宗臣身任天下，求谏进贤，如恐不及。我宋列圣垂休累德，中兴之运，意其在兹"，似乎对新帝宁宗与赵汝愚有所期待；然而，他仍认为："哀敬危惧之心，正未可顷刻释也。深思长虑，厥惟艰哉！"对于朱熹此次受召，即使可称"上下之望至重，义不可以苟退"，但有"志或难于遽伸"之忧。[③]果然，赵、韩政争很快便见分晓。如前所述，朱熹在该年十月离开朝廷，赵汝愚在次年庆元元年（1195）二月被罢，受牵连者甚众。

面对政局骤变、同道遭祸，孙应时从庆元元年春、夏分别与丘崈、吕祖俭见面之后，[④]似有意与这些旧识保持距离。根据《烛湖

---

① 孙应时：《烛湖集》，卷13，《祭史太师文》，页5下—7上。

② 孙应时：《烛湖集》，卷5，《上晦翁朱先生书（五）》，页13上。

③ 同上。

④ 孙应时：《烛湖集》，卷7，《上丘文定公书（七）》，页6下；同书，卷7，《答吕寺丞书（五）》，页17上。

集》所收录书信与撰写时间，绍熙五年（1194）年底至庆元元年（1195）期间，孙应时仅有一信，是在庆元元年冬天回复被贬流放的吕祖俭。在回信中，孙应时自承采取明哲保身的处世之道，不敢轻易拜访吕祖俭，自述近期"临风太息，彷徨侘傺，尚复何道！久欲附问，村居僻寂，杜门省事，不敢轻于访便，坐成相疏"；所幸"然间从诸人处传闻近况甚强耐，日课读书无休暇时"。另外，由于吕祖俭因上书力保赵汝愚、严词批判韩侂胄而遇祸，孙应时力劝他务必低调行事，以护养身体为要："若夫矜于得名以忤其上，必非吾子约之所忍。狂生野人，往往不达大体，务崇私议以祸斯世，宜勿酬对，谅不待区区言也。"[①]

同样的，孙应时也与丘崈保持距离。庆元二年四月，孙应时致信丘崈，自承对长官有所怠慢，信中云："某伏自去春登门，连日侍教诲，蒙燕劳赐予之重。请违一年，无非西乡引领驰心坐隔之日，而未尝奏记以自见。盖僻居蓬蓽，无端便且不敢轻渎严重，而又抚事太息，难言辄止，以故虽负旷怠之罪，尚恃恩私，必赐原察。……于今事势，先生定未容出，……深居无事，优游养寿，玩心高明，德盛望尊，天下犹有所恃也。"旨在说明庆元元年春之后他未曾致书的原因，寻求谅解，相信丘崈也必然可以理解；同时也祝福丘崈闲居康泰，认为天下仍期待他的复出。[②]

---

① 孙应时：《烛湖集》，卷7，《答吕寺丞书（五）》，页17上。
② 孙应时：《烛湖集》，卷7，《上丘文定公书（七）》，页6下。

孙应时曾为丘崈幕僚，又是道学中人，面对宁宗即位之后的政局变动，固然心不自安；但是，决定"杜门省事"的关键，极有可能是他在庆元元年（1195）春天已经获得待次一年的新职——常熟知县。数年后，他致信向赵彦逾提到自己在"乙卯春"，也就是庆元元年春天"偶叨改秩，无近阙近地，冒昧就常熟一年之次"。[①]毫无疑问，由于身负家计重担，确保继续出仕任官，必定是孙应时最大也最现实的追求；在这样的考量下，他不主动联系故旧，避免变故中生，实在情理之中。

不过，从庆元元年年底开始，朝廷对朱熹、丘崈有新处置，孙应时可能感到情势有所缓解，重新联系遭贬的旧友。虽然当年十一月，宋廷责授赵汝愚为宁远军节度副使、安置永州（次年正月汝愚死于贬所），却在十二月底诏朱熹依旧馆职与宫观，[②]次年四月以前也复授丘崈宫观之职。[③]孙应时知常熟县之任也大致底定，他冬天复信吕祖俭，即告知"常熟阙在明年春杪，余不足勤远念"；[④]次年四月致书丘崈时则已经抵达常熟，并对其禀告赴任过程："自三月八日将母离家，四月三日已抵琴川，将以初六日祗服官事。"[⑤]显示渡过临安政争的冲击后，孙应时终于顺利上任，成为常熟知县。

---

① 孙应时：《烛湖集》，卷8，《复赵观文书（一）》，页7上。
② 束景南：《朱熹年谱长编》，页1234—1236。
③ "中间敬喜独先诸人而拜琳宫之命"。孙应时：《烛湖集》，卷7，《上丘文定公书（七）》，页6下。
④ 孙应时：《烛湖集》，卷7，《答吕寺丞书（五）》，页17上。
⑤ 孙应时：《烛湖集》，卷7，《上丘文定公书（七）》，页7上。

二、不计祸福，勉任常熟

（一）壮邑难治

自北宋以来，苏州即人文荟萃，相当富裕；不过，这也成为地方官员的治理负担。可观的赋税收入造成转输、发解困难自不待言，而众多乡居的缙绅豪右，势必影响地方政务的推动。在北宋晚期，朱长文描述苏州"冠盖之多、人物之盛，为东南冠"，首先将之视为"太平盛事"。[①] 正因如此，该地自太平兴国三年（978）钱俶献土宋廷以来，便以难治著称，"朝廷以剧郡，常慎其选，非台阁之贤、漕宪之序，不以轻授"。[②] 到了南宋，苏州盛况不减，而且政治地位提高，成为京师的辅郡。赵汝谈为《绍定吴郡志》撰序，即云："中兴，其地视汉扶、冯。人物魁伟，井赋蕃溢，谈者至与杭等。"[③] 在赵汝谈之前，楼钥已曾综合这些景况，强调南宋朝廷也慎重选任苏州官员："姑苏古郡，号称吴门，密辅行都，最为重镇。地大物阜，讼诉实繁，衣冠走集，应酬不暇。非宽博强敏之士，其何以居师帅之任乎？"[④]

---

① 朱长文纂修：《吴郡图经续记》（北京：中华书局，1990，《宋元方志丛刊》据元丰七年〔1084〕修、民国十三年〔1924〕乌程蒋氏景宋刻本影印），卷上，页7上。

② 朱长文纂修：《吴郡图经续记》，卷上，页21下。参见邓小南：《北宋苏州的士人家族交游圈：以朱长文之交游为核心的考察》，收入氏著《朗润学史丛稿》，页372—413。

③ 见范成大纂修：《吴郡志》，《吴郡志序》，页1。

④ 楼钥：《楼钥集》，卷32，《吏部员外郎雷澡直焕章阁知平江府》，页590。

常熟是苏州（平江府）的富饶属县，理当是孙应时很好的施政舞台，甚或能开启仕途新运。然而，常熟素以难治著称，长期以来仕宦者多视为畏途恶地。常熟作为苏州大县，经济、文化甚为发达，但县政却也是苏州大小问题的缩影。淳熙元年（1174）知县陈映作县令题名记，论及常熟县政繁剧，即直接从苏州基本概况谈起："上方驻跸临安，于时吴门视周畿内、汉三辅、唐同华，我旧京之陈郑也。衣冠之所鳞集，甲兵之所云萃，一都之会，五方之聚，土腴沃壤，占籍者众，虽前代与全盛时犹不可同年语。府邑之事，宜其倍称，况府库之出纳，狱市之浩穰，盖不待较而知替，环府之邑五，而常熟居其望焉。"① 到了嘉定年间，任职常熟的官员记述当地民情政务时，仍颇有苛评，如赵汝楳说"矧琴川繁剧，甲于中吴，去台府才三舍远，财赋分督，牒诉委洪，檄命驱驰，靡日不殷"。② 知县徐次铎也指出"常熟为浙右壮县，地巨事丛，吏猾民奸，并江滨海，而东界为盗薮"。③

尤有甚者，面对如此复杂的县政，任事者大多难以善终。前述陈映即云"为令者，材若不济，负罪投劾而去者，项背相望也"，

① 范成大纂修：《吴郡志》，卷38，页541—542；孙应时纂修，鲍廉等续修，卢镇增修：《（重修）琴川志》（上海：上海古籍出版社，1997，《续修四库全书·史部》第698册，据北京图书馆藏道光三年〔1823〕瞿氏恬裕斋影元抄本影印），卷11，页1下—2下。另参见高柯立：《宋代的地方官、士人和社会舆论：对苏州地方事务的考察》，《中国社会历史评论》10（2009），页188—204。
② 见《（重修）琴川志》，卷11，页3。
③ 见《（重修）琴川志》，卷11，页3下—4上。

因此撰作县令题名记作为警示。① 开禧三年（1207），县尉黄应田
也说"常熟为吴会剧邑，前乎绾县章，未几而去者踵相接也，或以
财赋不办去，或以狱讼不理去，或智及之，力不能胜之，又以废事
去，惴惴谊贵犹不能免，奚暇他及"。② 这些记述显示，在南宋中叶，
常熟县政繁杂而令人却步，始终如一且众所周知。

　　孙应时对常熟难治早有耳闻，致信丘崈时就表示自己"守愚安
分，冒昧试剧"。③ 通过孙应时上任前向未来上司联系致意的书信，
也可以探知他对常熟县政的认知。致浙西常平使李唐卿（1163 年进
士）书启中，④ 孙应时即云："常熟属在东吴，昔言游之故乡，今天
子之近甸。谓亦壮邑，偏蒙恶声。略计之二十年，无一令之善去，
须入者累百数，孰半辞之请行。而某其班甚卑，无地可择，辄抗声
而自丐，觉环听之大惊。既而悔之，则无及已！"即使南宋常熟地
位堪比两汉三辅，县政概况却相当骇人，然而孙应时向李唐卿表示
自己并无选择的余地，只好接任。⑤

　　大约同时，他也致书知平江府郑若容（1163 年进士），对常
熟县政繁剧有更深刻的描述。孙应时先以大半篇幅恭维郑若容，
接着陈述常熟县政难处："惟是琴川之近封，实为弦歌之故里，乃

---

① 范成大纂修：《吴郡志》，卷 38，页 542。

② 见《（重修）琴川志》，卷 11，页 5 上—6 下。

③ 孙应时：《烛湖集》，卷 7，《上丘文定公书（七）》，页 7 上。

④ 李唐卿在庆元二年（1196）正月致仕，当时孙应时尚未到任。见范成大纂修：
《吴郡志》，卷 7，页 93。

⑤ 孙应时：《烛湖集》，卷 3，《上提举李郎中启》，页 10 下—11 上。

当昭代，独著恶声。盖以珥笔之民，气势之日滋；凿空之赋，文移之雨至。期会太严，则才困于不展；喜怒为用，则权轻而易摇。故二三十年以来，几无一令之善去；在数百县之阙，久为两选之所遗。"充分说明常熟有喜欢鼓动民众打官司的讼棍、上级长官对县政的干扰、上缴赋税承受巨大的压力，造成长期以来知县无人顺利完成任期的窘境。因此，孙应时抱持惶恐的心情接任常熟知县："某本无尺寸之长，祗迫斗升之养，谋不能巧，名又甚卑，知择地之无余，辄抗颜而自请。铨曹环听而大骇，朋友交书而见讥，寻虽悔而莫追，蹇欲行而弥惧。"他自谦才能有限，然而为求俸禄养家，只能勉强上任。[①]

在这些书信中，孙应时多以官阶卑下、无从选择而决定赴任，并尝试以君臣之义自期。致郑若容四封书简的第四封，孙应时提到："某日干选部，始莅此邑，自天官与郎吏，愕然属目，退而朋侪姻戚，且责且笑且吊之。然某之愚以为，天子畿内之县而人皆辞难，则如勿服官可也。圣明之世，不宜有此，则不敢以悔。"他诉说自己接任常熟后，引来诸多关注与侧目，却认为自己不当因县政困难而辞退，因此义不容辞。这封书简还提到："然此邑恶声，实亦特甚。二三十年，自今户部侍郎刘公著绩之后，无一令善去者。逋滞弛坏，千条万端。才薄势孤，岂有济理？独望明使君察其如此，慨然扶持主张之，俾得稍自竭其不肖之力，犹或幸侥万一。是非为某

---

① 孙应时：《烛湖集》，卷 3，《上平江守郑寺丞启》，页 14 下—15 上。

一己利害计，为此邑计也。"孙应时认为，历来县令多半狼狈去职，致使县政崩坏，期望郑若容鼎力相助，让他竭尽绵薄之力。[1]

从上述书信可以察觉，孙应时对常熟施政困难了然于心，特别对近二三十年几乎没有任何县令"善去"的事实，颇为介意；但是，他还是毅然决定接受此职任，除了求禄养家的经济因素外，更怀抱自效之心，希望有所作为。在给某位王孝廉的信中，这样的心境更显慷慨激昂："世道日变，士大夫欲行其志愈难，作县为尤甚。顾祸福利害有命，不足自计，随事量力，其可为者尚多，责上责下而中自恕己，实所不敢。"[2] 不计个人祸福，而以行志为要，正是孙应时到常熟莅政的自我期许。

（二）常熟治绩

孙应时自知常熟之任考验必多，单凭自己的身份与能力，难以从容应付，因此上任前后，不仅主动联系诸多长司，也慎重与前任知县和将来僚佐交往。接任前，孙应时回信卸任知县叶知几，恭维知几师友渊源与文辞俱美，而且理政干练，能于谈笑风生中从容治县："优游三年，始终一日，人所惮者，公则易然，乃知材用之绝殊，何等功名之不立"；并提及常熟虽是子游故乡，但"凛传闻之可畏，抚进退以自疑"，担心难以有成，期望继前贤之任，"或容自勉，泛可少安"。[3] 孙应时对卸任知县态度谦冲，可能希望获得

---

[1] 孙应时：《烛湖集》，卷4，《上知平江府郑寺丞简（四）》，页10下—11上。

[2] 孙应时：《烛湖集》，卷6，《与王孝廉书》，页21下。

[3] 孙应时：《烛湖集》，卷3，《回常熟交代叶知县启》，页9下—10上。

配合与支持，确保交接顺利。

上任常熟知县后，主要僚佐皆有来信，孙应时一一回复，希望同舟共济。他向已经任职一年的县丞傅良自谦"才薄力弱，名微位卑，获乎上而甚难，施于民而未信"，即使意欲有所作为，"顾夏夏其奈何"！因此"敢有腹心之言，深求肘腋之助"。[①] 对于稍晚在庆元三年（1197）六月到任的县尉曾逮，[②] 他先示安抚："某头颅四十，手段寻常"；并说明自己之所以"不辞治剧之难"，只是"姑取养亲之便"，即使后悔也已无意义，所幸"赖有贤寮，肯为我助"，期望"二人同心，勿效旁观之袖手"，能同舟共济，面对县政。[③] 对于晚曾逮一个月到任的主簿赵彦侯，[④]孙应时则说自己："漫浪平生，摧颓多病，兹强颜而试剧，幸联事之得贤。"[⑤] 在这些信中，孙应时以恭维语气期待三位同僚积极协助，相互合作，同时也大力争取旧时任遂安县令上司，时已致仕的乡贤冷世光支持。[⑥]

尽管内心忐忑、戒慎恐惧，作为道学追随者，孙应时仍然怀有

---

① 孙应时：《烛湖集》，卷3，《回常熟傅知丞良启》，页1下—2上。傅良的任期，见《（重修）琴川志》，卷3，页16下。

② 见《（重修）琴川志》，卷3，页22下。

③ 孙应时：《烛湖集》，卷2，《回常熟曾县尉揆启》，页14下。案：《琴川志》作"曾逮"，今从《琴川志》。

④ 见《（重修）琴川志》，卷3，页19上。

⑤ 孙应时：《烛湖集》，卷2，《回常熟赵主簿启》，页9下。

⑥ 冷世光于绍熙三年（1192）返乡。见李卓颖：《地方性与跨地方性：从"子游传统"之论述与实践看苏州在地文化与理学之竞合》，《"中央研究院"历史语言研究所集刊》80.2（2011），页339，注49。

抱负，希望实践教化理念。很有可能在僚佐与乡贤支持下，孙应时首先积极搜集散落的常熟文献，编纂了《琴川志》。根据宝祐年间（1253—1258）重修志书序文："琴川旧志荒落，丙辰庆元，孙应时修饰之。更八政，庚午嘉定，叶凯始取而广其传。"据此，庆元二年（1196）也就是孙应时上任之初，他即有意修纂常熟县志。此后，不仅叶凯加以增补，端平、宝祐年间亦皆有续修。[①]不过，到元代晚期至正二十五年（1365）重修时，序文宣称编纂者仍然以孙应时所编为基础进行续修："常熟旧志，自宋兵南渡，版籍不存，至庆元丙辰，县令孙应时始编次为书。其后，县升为州，历年浸远，而是书之存焉者寡。且丙辰以后，续其所未备者后未有其人，非缺典欤？乃亟访孙令所编，而重正之，合十有五卷，仍其旧名，而题之曰《重修琴川志》。"[②]当时编者显然不满意晚宋续修的诸本《琴川志》，因此访求孙应时旧书以重修。此时距离庆元二年已有一百七十年，而从序文看来，宝祐之后到至正晚期似乎未曾重修。元代序文所云或有夸饰之处，但孙应时所编《琴川志》，确是后世续修常熟方志的重要基础，也是他在知常熟县任上的重要贡献。

　　孙应时在常熟的另一著名事迹，即是建立子游祠堂。孙应时感于常熟是孔子高徒子游故里，亟欲表彰此先贤以标举乡里意识，作为传承文化价值的象征与典范。庆元三年七月，遂在县学之侧设立

---

① 见《（重修）琴川志》，卷首，《总序》，页1下。

② 见《（重修）琴川志》，卷首，《琴川志叙》。

祠堂，专奉祠子游，并且在是年冬至，"躬率邑之学士大夫及其子弟，奠爵释菜，以妥其灵"。[①]

常熟子游祠堂题匾为"吴公祠"；原以"丹阳公祠"为名，后因孙应时请求朱熹撰写记文，而与朱熹书信往返讨论之后，决定名为吴公祠。尽管在孙应时设置子游祠堂之前一个月，所谓伪学之党方被指为"逆党"，[②]稍后朝廷又对"伪学之祸"再兴议论，[③]大约在庆元三年（1197）冬天，孙应时仍然致信朱熹，表示："常熟实为言游故里，桥巷犹存其名，且载于图经，惜未有表而出之者。已即学官之侧别为堂以奉祀，匾曰'丹阳公祠'，念非乞记于先生，犹不为也，不知先生肯特破例下笔否？"[④]然而，一直到庆元五年春天，朱熹才回信，首云近日"衰老多病，益甚于前"，接着即言"向承谕及祠记、碣文，以例不敢为人作文字，遂不复"。朱熹极有可能因党禁方炽，婉拒作祠堂记及为其父孙介撰墓志。不过，他纠正孙应时，不应称子游为"丹阳公"，而是"吴公"，系因："子游之封，在唐为吴侯，在政和为丹阳公，而淳熙所颁祀礼乃为吴公，盖十子皆因唐之旧，自侯而公，然不知何时所加。"[⑤]

面对朱熹的消极回应，孙应时随后手书长信，慎重请赐子游祠

---

① 朱熹：《朱子文集·正集》，卷80，《平江府常熟县学吴公祠记》，页3983。
② 李心传：《道命录》，卷7下，页3—4。
③ 樵川樵叟：《庆元党禁》（"文渊阁四库全书"本），页24上。
④ 孙应时：《烛湖集》，卷5，《上晦翁朱先生书（十）》，页14。
⑤ 朱熹：《朱子文集·别集》，卷3，《孙季和（六）》，页5156。

堂记："某昨书又尝僭乞子游祠堂记，谅关尊抱，区区素不敢事炫饰，妄求品题，以自表见。顾此邑实子游故里，今江浙所无有，不以请先生求一语为信，某之罪大矣，亦望因赐挥染，当留俟他日托人刻之，乞无疑也。"① 此时，孙应时也鉴于时局敏感，向朱熹表示不打算于获得记文之后刻石镌文。此说大概具说服力，朱熹遂于庆元五年（1199）六月撰文，并在文中肯定孙应时作为："矧今全吴通为畿辅，文物之盛，绝异曩时。孙君于此又能举千载之阙遗，稽古崇德，以励其学者，则武城弦歌之意，于是乎在，故熹喜闻其事而乐为之书。"② 但为了避免在党禁风头上增添麻烦，慎重对孙应时说："昨需祠记，本不敢作，以题目稍新，不能自已，略为草定数语，漫录去，度未可刻，以速涪城之祸，幸且深藏之也。"③

除在文化上有所建树外，孙应时也曾经试图改革常熟的役法，推行义役。此一愿景与南宋的立国背景，以及和孙应时居家待阙时对乡里的关切有关。在宋代，百姓税役负担均重，南渡后尤然。在税收上，由于长期面对金朝侵逼，既有岁币，又需强化国防战备，财政负荷沉重，朝廷借由税收，将负担转嫁于百姓。在役法上，依户等征民从事"职役"，项目多、责任重，久之滋生弊端，百姓差役负担沉重且不均，影响地方社会秩序稳定。各地关怀乡里社会的

① 孙应时：《烛湖集》，卷5，《上晦翁朱先生书（十一）》，页16。

② 朱熹：《朱子文集·正集》，卷80，《平江府长熟县学吴公祠记》，页3983—3984。

③ 朱熹：《朱子文集·别集》，卷3，《孙季和（七）》，页5157。

官僚与当地富室、缙绅，为舒缓民众压力，组成不同形式的互助群体，化解官民与贫富之间的冲突，推行义役即是其中之一。在孝宗时期，皇帝与朝廷鉴于役法不公之弊，遂于淳熙六年（1179）鼓励各地推动义役。①

孙应时的家乡余姚虽然也推行义役，却因胥吏从中作梗，难以持续。孙应时从四川返乡后，对此现象有很深的观察，感慨乡里未能有效推行义役。他曾指出，"年来所至，民物凋瘁，役户绝稀，惟义役略可救之；然议者多不主此说"。为缓和乡民的压力，孙应时首先以渐进方式，鼓励某一都百姓试行义役，接着与新任余姚县令施宿合作，续行推广。当孙应时得知施宿将接任余姚县令时，即致函陈告初步规划，请施氏促成此事："某居乡，每辄以此劝邻曲而不敢强，今所居一都稍稍乐从，渐欲就绪，且先推一名徐宗广者，抵替见役保副，截自三月旦为始。敢为封纳其状，且令径拜庭下。其余保正及税长名次，一面排结，当以面呈，倘可领略，仍稍示主张之意，益当有继为之者，田里小安，风俗厚矣。"②孙应时同时更号召乡里富人相率加入，成效甚大。如"以谨信质厚为众所敬爱"的王永富，"割膏腴倡义役以弭仇讼"。③而堪称余姚望族的茅宗愈有感于赋役造成"里正多破业，仇讼不已"，当施宿倡义役时，"亟

---

① 关于南宋义役，参见王德毅：《南宋义役考》，收入氏著《宋史研究论集》，页 233—262。

② 孙应时：《烛湖集》，卷 8，《与施监丞宿书（一）》，页 15 下—16 下。

③ 孙应时：《烛湖集》，卷 12，《王迪功墓志铭》，页 7 上。

捐膏腴数十亩倡之，博尽众谋，画为要束，期于坚定永久"，施氏接受其议，"遂以为一县式"。① 孙应时的倡议与施宿的落实、推动，可说是居乡士人与在任官员对乡里社会关怀的具体事例。

到了庆元五年（1199），施宿在余姚推行义役与修建海堤有成，孙应时因乡亲书信获悉，遂致书施宿，多有赞誉："各各诵循良之政不已，如义役庄之代输、海堤之官办，岂惟吾邑所未有，盖四方所罕闻也"，而茅宗愈更请求孙应时为推行义役作记。② 不过，直到施宿离任后，孙应时方以倡议者身份撰文。在记文中，他甚为推崇施宿用心，能组织民力、订定执行方案，努力推动以传诸久远："噫！侯之诚心虑民，极至于此，真不负阜陵劝行之本旨。推此心也，虽古之法度，其宏阔精密，举后世以为难者，犹将可复，独义役哉！"③

根据孙应时自述，余姚的成功让他有意在常熟推行义役，但最终并没有实现。他在记文中提到，"尝赞成父老之初议，颇复效侯，以劝常熟"，但"条贯靡竟，远不逮侯故"。④ 姑不论孙应时所述是否纯粹为了褒扬施宿的客套之语，或借以彰显自己在常熟的力不从心，却也显露出他对于赋税事务感到棘手。尤其，上级催缴钱谷，成为他在常熟县任上的噩梦。

---

① 孙应时：《烛湖集》，卷 12，《茅唐佐府君墓志铭》，页 11。
② 孙应时：《烛湖集》，卷 8，《与施监丞宿书（二）》，页 16 下—17 上。
③ 孙应时：《烛湖集》，卷 9，《余姚县义役记》，页 25 上。
④ 孙应时：《烛湖集》，卷 9，《余姚县义役记》，页 25。常熟的义役，待端平三年（1236）才由知县王爚正式推动。

（三）赋税征调与党禁压力

尽管孙应时在常熟推动文化事业颇有建树，但繁杂的县政让他感到困顿，上级催逼财赋甚急，尤其是沉重负担。孙应时到任后，即体会赋税事务是他面临的头等棘手难题。当时他致信丘崈，特别详细谈论这一点："此邑素号难治，真是名不虚得。法废积久，民慢其上，稍裁以正，百怪横出。冥心祸福固不暇计，最以财用迫急，非如他县有秋夏畸羡得以相补，惟仰榷酤征商二事，而前人去冬不办蒸酿为后人地，不免远贳阳羡，苟逐什一，终日沸煎，大抵此类。新钱仅无乏事，旧逋之责又起，慨然自叹，脱归未能。"① 孙应时先前联系知府郑若容，已提到财税问题。他说自己"未尝恃书生之戆，而敢乏公上之供。但当始至之时，未有可为之地。非稍宽于衔勒，俾粗立于规模，则恐掣其肘，无以责其书之工；扬其汤，安得求其沸之止？徒令兹邑之愈弊。是亦大府之深忧"。孙应时保证不会怠慢赋税征收与上供，但请求郑若容能够宽缓，否则只会让常熟的财政问题更加恶化。②

上任满一年，孙应时就对处理县政有力不从心之感。孙应时致信友人项安世，陈诉县政之艰，颇感危机四伏；加上母子二人的健康不佳，使他心烦不已。他说："赜眊盘错之中，不敢惮劳，聊复随分枝拄。祸机满地，无可避就，委心听命而已。老母近尝大病更

---

① 孙应时：《烛湖集》，卷 7，《上丘文定公书（八）》，页 7 下—8 上。
② 孙应时：《烛湖集》，卷 3，《上平江守郑寺丞启》，页 15 上。

生，仆亦尝多病，志意愈衰落。"内外交迫，正是孙应时此时写照。①

　　即使县政令人无法喘息，但相较于师友因党禁遭贬，孙应时以自幸心情安慰师友。他向丘崈抱怨常熟县政，同时也提到"视比年诸人荣悴升沉之变相寻，幸自以不才，自分泥涂，虽实辛苦，尚差平淡，委之于命，亦复何言"。②对于项安世，孙应时除了吐露在常熟一年的处境与心情，也同情项安世自庆元元年（1195）以来任罢无常、处境艰辛，更感慨诸贤对时事转变的敏感度不足，所谓"不早自镜见"，因此懊恼。不过，孙应时仍旧劝慰项安世，尽管由于党禁而"四方师友书问例绝"，彼此交流困难，但项安世可以选择"闲中当复读书，平生定气，觉今是而昨非，造物之赐适大，何由复相见熟论兹事，惟加餐食自爱是祝"。③

　　或因对自己现状仍稍感庆幸，加以母亲身体好转、常熟五谷堪称丰登，在接下来一年，孙应时叙述县政的笔锋稍有转变。大约在庆元三年秋天，孙应时向史弥坚表示自己："某强颜剧邑，已复一年有半，仅此支撑度日，略无德以及民，良自叹慨。所幸老母强健，且年谷稍熟，人情颇相安耳。"④约在同年冬天，当孙应时恳请朱熹撰写子游祠堂记文时，信中说："去春从禄此来，则剧邑劳苦异常，虽遇便辄不暇，且不无浮沉及意外之虑……奉亲以贫，

---

① 孙应时：《烛湖集》，卷7，《与项大卿书（三）》，页20下—21上。
② 孙应时：《烛湖集》，卷7，《上丘文定公书（八）》，页7下—8上。
③ 孙应时：《烛湖集》，卷7，《与项大卿书（三）》，页20上—21上。
④ 孙应时：《烛湖集》，卷8，《与史开叔书（二）》，页12下。

急禄不复择地，自请试剧，不免一循俗吏绳尺，差不至大得罪于民。目前上下且似相安，岂保其后，然亦未尝敢强其所不能，而惟容悦是谋也。"此时，他虽怀有危机意识，却也胸怀应变之道。[①] 稍后孙应时致信吕祖俭，稍显心宽："强勉试剧，行亦两年，随分支吾，无复政事可言，得未以罪去，而老母强健，举家团圞，可谓幸矣。"[②] 这种认分的态度在前述给丘崈、项安世的信中已然可见，至此则愈加明显。

另一方面，在庆元元年（1195）、二年之际，宋廷虽稍稍宽缓对道学的压迫，却只是昙花一现；尔后，孙应时师友多半遭罢被贬，让他持续面临孤立无援的处境，苦无有力故旧疏通。挥之不去的党禁氛围，成为孙应时在棘手政务之外的阴霾。孙应时致信朱熹，花费许多篇幅深切检讨与感慨党禁兴起的缘由："而比年事变如反覆手，死者沉痛，生者转絷异方。然且屏心气，务在拔本塞源，在先生可谓据高履危而独蒙全宥，天也，抑犹有未可知者，泰然俟命，当复何道？追惟所以致此，在当时诸公亦不得不任其责，用大匪易，知几实难，徒使后人终古太息，未审尊意谓何如也。"[③] 同时，孙应时更特别提醒吕祖俭，务必慎重发言，"着鞭自强，无愧古人是望。然宾客书疏，语言文字之间，却须深自重也"，[④] 以免再招祸端。

---

① 孙应时：《烛湖集》，卷 5，《上晦翁朱先生书（十）》，页 13 下—14 上。
② 孙应时：《烛湖集》，卷 7，《答吕寺丞书（六）》，页 18 下。
③ 孙应时：《烛湖集》，卷 5，《上晦翁朱先生书（十）》，页 13 下—14 上。
④ 孙应时：《烛湖集》，卷 7，《答吕寺丞书（六）》，页 18。

　　孙应时虽然不像吕祖俭被贬流放，但由于党禁氛围与压力，他与人交游更显敏感、慎重。例如，孙应时到任常熟前后，致信丘崈之子，即已明言："别后僻处海滨，素懒作书，书亦不敢尽言，且复无便，遂成旷阙。"[①]而县务繁重也成为在政治环境紧张之际，孙应时与师友保持距离的重要理由，尤其致信丘崈时，最常出现这样的论述。总之，孙应时知常熟县以来，从未摆脱党禁的压力。

三、时运不济，终遭劾罢

（一）师长贬黜，急寻奥援

　　面对县政与党禁双重压力，而师友又多遭贬黜，无力救援，孙应时只能尝试多方拓殖人际关系，以寻求有力奥援，好因应常熟县政与日后的考课困境。

　　孙应时积极寻求的新奥援中，其中以张孝伯最为重要。张孝伯，字伯子，登隆兴元年（1163）进士第，曾在淳熙元年至四年（1174—1177）担任常熟县丞。由于其妻韩氏为韩侂胄族人，因此得到提拔，短时间内迁转迅速。绍熙五年（1194）一月，张孝伯任国子监丞，随后即在庆元元年（1195）转任监察御史，庆元二年九月任起居郎兼刑部侍郎，庆元四年改吏部侍郎兼实录院同修撰、侍讲。庆元年间，孙应时任职常熟，张孝伯不仅官位正盛，他与接连两任平江知府亦有私人关系。张孝伯与孙应时首先接触的平江知府郑若容都是

---

① 孙应时：《烛湖集》，卷8，《与丘少卿书（一）》，页20上。

鄞县人，[①]也是同年进士。[②]郑若容于庆元二年十二月离任后，[③]接任的虞俦（1163 年进士）与张孝伯亦为同年进士，两人关系甚佳。[④]

孙应时与张孝伯本无渊源，直到孝伯任起居郎，因事经过苏州时，[⑤]孙应时才以后进晚生的身份致信请求援助。[⑥]信中先恭维孝伯"自聆际会休明，超历显要，素望增重，上眷郅隆，区区窃与士类有喜相告"；孙应时表示，即使如此，"岂敢犯分奏记，以取无因至前之罪"，实在由于常熟县务"盘错镣辖，不与他等"，况且孝伯曾担任县丞，必然"知之实详"。因此，孙应时希望"垂慈借重，俾得稍布四体"。[⑦]虽素无旧故，但张孝伯竟鼎力帮助，使孙应时的处境有所改善。致张孝伯第二封信中，孙应时表达对张孝伯援助的诚挚谢意："（某）冒昧试剧，日履危机而游沸鼎，委心听罪，何敢以蝼蚁之踪，上干法从近臣，以侥幸万一，为自全计？曾谓前辈

---

① 楼钥：《楼钥集》，卷 85，《祭郑衡州文》，页 1477—1478；方万里、罗濬纂：《宝庆四明志》，卷 9，页 1。

② 方万里、罗濬纂：《宝庆四明志》，卷 10，页 7 下。

③ 范成大纂修：《吴郡志》，卷 11，页 152。

④ 虞俦曾有四诗与孝伯相和，见《尊白堂集》（"文渊阁四库全书"本），卷 1，《和张伯子韵》，页 5 下；同书，同卷，《比收张伯子尚书书报诸公有相招意因赋拙句》，页 21 下—22 上；同书，卷 2，《丁未礼部贡院监门次张伯子判院韵兼简正甫判院三诗》，页 33 下—34 上；同书，卷 3，《送张伯子尚书帅隆兴》，页 45 下—46 上，此诗当在庆元六年四月。

⑤ 孙应时：《烛湖集》，卷 8，《上张参政书（三）》，页 2 下。

⑥ 由于孙应时在信中称张孝伯为右史，因此可以确定该信作于孝伯担任起居郎兼权刑部侍郎之时。

⑦ 孙应时：《烛湖集》，卷 8，《上张参政书（一）》，页 1。

大人每因误听，特垂记忆，过误（宜为"吴"）之日，首为府主齿及姓名，又于广坐诵言，深示褒借之意。遂使孤寒增气，谤忌稍释。夫取士于所未识，垂德于所不求，此真古人之事，今世所未睹也。门下之于某，是有非常之大造，某何以称塞，感激惕惧，大恐自毁平素为门下羞。"①

张孝伯接到孙应时谢函后，回信慰勉，并请虞俦宽缓对常熟赋税的催逼。对此，孙应时日后提到，原来"府帖亟下，督取已发缗颇威，后遂辍止，而又自此凡百宽假，终于见知，实惟重言之故"。②由于张孝伯暗中协助，让孙应时化解危机。日后，虞俦更荐孙应时升陟，③而张孝伯向朝廷"露章荐士"之时，亦及于孙应时。④

庆元四年（1198）六月，新任平江守刘诚之莅职，⑤督责税赋逾厉，孙应时处境又陷艰难，张孝伯仍设法解围。孙应时给张孝伯的第三封信中就说："侍郎每对宾客，及于新使者太守之过辞也，往往语及下邑之敝剧，而不以某为有罪。又至于顽民不根之谤，皆阴赐之辨明，使折牙角，以沮其余。"对于张孝伯的帮助，孙应时至为感谢，亟言"门下之特达施恩于某者，可谓天下之所无，而古人之所罕及矣"。⑥

---

① 孙应时：《烛湖集》，卷 8，《上张参政书（二）》，页 2。
② 孙应时：《烛湖集》，卷 8，《上张参政书（三）》，页 3 上。
③ 孙应时：《烛湖集》，卷 1，《谢虞提刑升陟状》，页 15 下—16 下。
④ 孙应时：《烛湖集》，卷 8，《上张参政书（三）》，页 3 上。
⑤ 范成大纂修：《吴郡志》，卷 11，页 152。
⑥ 孙应时：《烛湖集》，卷 8，《上张参政书（三）》，页 2 下—3 下。

　　同时，孙应时也寻求先前奉命接替丘崈担任蜀阃的赵彦逾之助。赵彦逾，字德老，太祖弟廷美的七世孙，绍兴三十年（1160）进士。[①] 虽然南宋严州方志的《建德县进士登科记》载录赵彦逾之名，不过，《宝庆四明志》称赵彦逾为"土人""鄞人"，推测他可能生活在四明地区。[②] 绍熙五年（1194）冬天，在丘崈被罢不久，孙应时居乡待职期间，曾谋见赵彦逾；虽然未果，但已有礼貌上的互动。[③]

　　或因余姚紧邻四明，故而孙应时以"乡党子侄"的身份，在庆元三年（1197）七月左右，致信刚转任江东安抚使兼知建康府事的赵彦逾。[④] 孙应时自云"畏法率职，黾勉丝棼。鼎沸之中，其劳苦异他处"，因此恳求"仰恃钧慈有以教诲而存庇之，是所大望"。在信中，孙应时更是极为推扬赵彦逾三年的蜀政，颂云："三年之间，六十州之民，歌咏清静宁一之治，咸曰前所未有，善良得职，贪狡革心，不劳施为，坐以无事；外及蛮夷，扰驯如子，三边安堵，一尘不惊，海内传闻，同词钦叹。上心眷眷，衮衣召归，意将朝夕

---

① 方万里、罗濬纂：《宝庆四明志》，卷9，页26下。

② 见钱可则修，郑瑶、方仁荣纂：《景定严州续志》（北京：中华书局，1990，《宋元方志丛刊》据景定三年〔1262〕修、光绪二十二年〔1896〕渐西村舍汇刊本影印），卷5，页14下；方万里、罗濬纂：《宝庆四明志》，卷1，页31上；同书，卷10，页24上。

③ 孙应时：《烛湖集》，卷8，《复赵观文书（一）》，页7。

④ 赵彦逾在该年五月知建康府。见马光祖修，周应合纂：《景定建康志》（北京：中华书局，1990，《宋元方志丛刊》据景定二年〔1261〕修、嘉庆六年〔1801〕金陵孙忠愍祠刻本影印），卷14，页32上。

咨谋大政。"① 这些文字出自孙应时这位丘崈亲信幕僚，透露出他在常熟身陷孤立困顿之时，另寻奥援的苦心。

（二）难逃劾罢，但求保身

在常熟任上，孙应时试图寻求新的人际奥援，转而接触当时的执政核心，终获得其赏识、帮助，以化解上级财税催逼。然而，愈近任期结束，孙应时就愈加焦虑三年考成的问题。庆元四年（1198）春，知荆门军孙叔豹来信，请孙应时为新居"惟一堂"写记。孙应时就回复说："但年来俗尘填塞，笔砚荒落，将何以承命，少俟他日可否？某疲薾如此，更半月书再考，末后一年正自难保，姑亦听之造物。"② 约在同一时间，他致信丘崈，也提到"某黾勉剧邑，艰险备尝，幸而上下稍稍相孚，未及于罪。后日恰及再考，未保一年之间能终吉否"。③

鉴于前途难测，孙应时决定寻求赵彦逾的帮助。大约在四月赵彦逾辞官时，孙应时再次致书，首先对于自己因"繁剧牵制之中，势不自遂"，而未能于赵彦逾返乡途中亲陈"欲言之悃"，表示歉意，希望赵彦逾念其故人之子"孤危独战于风波机阱之间，侥幸再考，未知所以善后"，请他"得于经从之地，台府款谒之际，借以一言为保全计"。孙应时甚至有"他日归侍绿野，趋走前后，

---

① 孙应时：《烛湖集》，卷 8，《复赵观文书（一）》，页 6 下—7 上。
② 孙应时：《烛湖集》，卷 7，《上孙知府叔豹书》，页 24 下。
③ 孙应时：《烛湖集》，卷 7，《上丘文定公书（九）》，页 8 下。

不为相公羞"①的谦卑之词。由于这是《烛湖集》所收孙应时最后一封致赵彦逾书信，孙应时是否顺利得到赵彦逾援助，详情目前已不得而知。②

此后，孙应时处境益显艰难。与张孝伯友善的平江知府虞俦去职后，继任的刘诚之似乎颇不满意孙应时治下的常熟县政，孙应时对再考更显疑惧。庆元四年（1198）年底，孙应时致信曾共事丘崈帐下的王闻礼（？—1206），③为自己申冤："某黾勉剧邑，兢兢度日，今去替尚五个月，未知果能善去与否。州家但见今日此邑之粗办，遂疑其有余力，而责备不已，不知向来此邑之狼狈，而无人敢承当也。以此倍费分说，然仆亦只自守其常，听命于天耳，祸福岂敢计哉？所幸老母强健，此外无足云者。"④在孙应时看来，推动常熟县政十分困难，他不辞辛劳，戮力承担政务，却未获长官认可，未来命运只能听天由命；无奈的心情显露无遗。

不过，可能因为张孝伯排解，孙应时心情似乎又转趋和缓。庆元五年春天，孙应时致书乡里前辈李光之子李孟传（1136—

---

① 孙应时：《烛湖集》，卷8，《复赵观文书（二）》，页8。

② 赵彦逾致仕后，楼钥曾为赵彦逾的藏书楼赋诗，而孙应时即有诗相和，并表达感恩之意："寒生感公恩义重，草根窃亦吟秋虫。"可见，孙应时与之仍然保持联络。见孙应时：《烛湖集》，卷15，《和楼尚书赋赵大资重楼柏梁体》，页10上—11上。楼钥所作诗，见《楼钥集》，卷4，《赵资政建三层楼中层藏书》，页91。孙应时在《与俞惠叔书》也提到这件事，见《烛湖集》，卷6，页17上。

③ 叶适：《叶适集·水心文集》，卷17，《运使直阁郎中王公墓志铭》，页323。王闻礼是孝宗名臣王十朋的儿子。

④ 孙应时：《烛湖集》，卷8，《答王郎中闻礼书（一）》，页13下。

1219），尝云："某领邑奉亲，不辞疲剧，亦不暇顾计利害祸福。偶幸台府皆贤长者，阔略保有，使得稍安。今替期尚两月，倘遂善去，便是过望，实皆门墙有以庇之，敢不自知！"①大约同时，孙应时也向朱熹表明："某为亲从禄，尘埃辛苦所不得辞，于兹三年，偶幸未及于祸，亦不取知于人，惟无德于民是愧。此去一甲子当受代，倘遂善去，为宏多矣，后日升斗之图非所预计，亦不至失其初心也。"②纵观孙应时任职常熟后遭逢种种困境，他自认若能通过考课，必因得惠于有力奥援，大概不是客套之语；只是孙应时对于日后仕进，仍毫无信心。

到了庆元五年（1199）四月，孙应时终于任满并通过考课，而且资历升等，取得祠禄，他因此致书感谢前后两任平江知府与当朝执政。③大约在任满一个月后，孙应时致书丘崈，亦云："某冒昧试剧邑，不自意全，前月初六，幸足三考。"但是，接着说道："唯是屡趣代者，而忽变约，欲至六月。当去复縶，良复大闷。"④接任者拖延似乎预告了孙应时也将面临难以"善去"的关卡。

孙应时通过考课后，急切地期望继任新宰朱橐能尽早交接。他谦卑致书朱橐："及瓜已近，自忧善后之难；行李未通，是失告新

① 孙应时：《烛湖集》，卷8，《与李郎中孟传书（二）》，页25上。
② 孙应时：《烛湖集》，卷5，《上晦翁朱先生书（十一）》，页15下。
③ 孙应时：《烛湖集》，卷1，《谢刘守升陟状》，页14下—15下；同书，同卷，《谢虞提刑升陟状》，页15下—16下；同书，卷2，《谢执政启》，页13上—14上。
④ 孙应时：《烛湖集》，卷7，《上丘文定公书（十）》，页9。

之敬。可无先赘，以请来期。……某了无一长，几坐百谪。平平手段，知有愧古人之风；整整目前，亦不为后来之累。计咫尺之相去，固毫厘之必知。公来勿迟，我拱而俟。箕扬久误，难逃糠秕之讥；瑕类或多，尚赖瑾瑜之掩。"[1]然而，朱燾似乎有意为难，推迟到任时间，孙应时只好"先具舟送老母与一家东归，初十离此，某却少留，续恳黄堂，求脱去矣"。[2]

时至初秋，交接之事仍无结果。不只朱燾拖延，孙应时与所属路级诸位官长没有交情，更导致他陷入危机。时孙应时好友王柟（1143—1217）任职监进奏院，孙应时致信提到自己："受县最剧，随力支吾，幸不得罪于民，而为代者所挹，新使君非素知，以此留，未得去。孤特无与事，或未可知，所恃者民言众论之无他耳。"[3]虽无从确知他所说的新使者是何人，但是当时无论提刑使朱致知（四月到任，六月去职，原常平使薛绍继任）、常平使任涞（六月到任），甚至知平江府赵不艰（六月到任），都是新任长官。[4]他们并不了解或不愿意确认常熟知县交接情况，对孙应时极为不利，以致孙应时最终仍难免被劾、贬秩、罢官的命运。

关于劾罢孙应时的官员、具体过程与弹劾因素，《烛湖集》几无记载。即使是嘉定二年（1209）二月，沈诐等六位官员为他申

---

① 孙应时：《烛湖集》，卷3，《通交代朱宰启》，页6。
② 孙应时：《烛湖集》，卷7，《上丘文定公书（十）》，页9。
③ 孙应时：《烛湖集》，卷7，《与王秘监书（一）》，页22上。
④ 见范成大纂修：《吴郡志》，卷7，页83、93；同书，卷11，页152。

冤平反，省札也只简略说道"守臣以私意捃摭，竟坐台评降官废弃"。① 更早的记述出自孙应时师友之手，直接指向平江府。老友楼钥为其父孙介与其母张氏作墓志铭，一方面为他抱屈，一方面则点明"郡将"加害："季和宰平江之常熟县，号难治，吏民欢服。既满，横为郡将所捃摭，困厄两期，至开人使诉，卒无一词，犹被镌降。"② 孙应时同门老友杨简所撰圹志亦指控平江府有意刁难，更直言上缴赋税问题为孙应时招来祸端："改秩知平江府常熟县，垂满，太守以仓粟累政流欠三千斛见问，士民陈辞，愿共偿，不听，竟闻于朝，贬秩罢。"③ 日后，《宝庆会稽续志》采用圹志所述，并补充："故公有诗谢其邑人云：'牛车担负愧高义，岂知薄命非兒宽。'"④ 尽管从这些资料，无从了解孙应时遭到劾罢的细节，朝廷处置的过程亦甚隐晦，不过上述内容却凸显孙应时颇得民心。孙应时上任之先，曾忧虑地方豪绅将会阻碍他推动县政，结果却适好相反，也显现出孙应时谨慎经营县政的另一成果。

　　孙应时被罢后，虽有常熟士庶自发为其后援，事后也有多位师

---

① 蔡幼学：《育德堂奏议》（北京：中华书局，1987，《古逸丛书·三编》据北京图书馆藏宋刊原大影印），卷6，《白政府乞为孙应时推恩状》，页20上。《烛湖集·附编》，卷下（页16上）亦收录此状，但题名为《祖开补官省札》。

② 楼钥：《楼钥集》，卷114，《承议郎孙君墓志铭》，页1976。《烛湖集·附编》，卷下（页10下）亦收录此篇墓志铭，但题名为《承议郎孙君并太孺人张氏墓志铭》。

③ 杨简：《孙烛湖圹志》，收入《烛湖集·附编》，卷下，页12上。

④ 张淏纂修：《宝庆会稽续志》，卷5，页16下—17上；另见《烛湖集·附编》，卷下，页13。

友抱屈，但孙应时考量当时的政治环境与自身家计问题，并无意向朝廷申诉。约在庆元六年（1200），孙应时致信丘崈，论及此事："某屏居奉亲，坐窃祠廪，惟师门之庇是赖。昨来诸公或谕令自雪，幸缘顽懒，不敢躁动。果闻近者集议，力起前令十八年之废，因复借此明彼，重见黜黩，此其余怒未怠，积毁未消之明验也。不惟未可雪，殆亦未可叙矣，不审先生亦谓然否。家本贱贫，分甘草莽，儿时同舍尚困场屋，正使复为一民，亦是古来常事。况已幸脱重论，不羞齿于人世，今又晏然高卧，不施寸力，月有所入，犹胜向来辛苦作书社，正可愧畏，尚安敢汲汲作平陇望蜀之念耶？老母贱妇亦皆深谕此意，以此处之极安。"①可见此时孙应时鉴于政争仍炽，认为在这样的情况下，申诉反而极有可能招致更严重的后果，因而对于上诉申冤抱持消极态度。

孙应时引以为戒的案例，是与常熟知县曾棨相关的事件。依《宋会要》记载，淳熙十二年（1185），曾棨在常熟令任内犯赃获罪，因大理卿吴宗旦极力调护而减罪，事为言官所劾，吴宗旦降两官。②及庆元元年，吴宗旦任中书舍人，依附权势正炽的宦官王德谦。王德谦求为节度使，先荐吴宗旦为刑部侍郎、直学士院，制词称誉王德谦甚备，引来台谏、执政与宰相交章劾论。吴宗旦坐追三官，送南康军居住，王德谦先以本官奉祠，居广德军，后改抚州安

---

① 孙应时：《烛湖集》，卷7，《上丘文定公书（十一）》，页9下—10上。
② 徐松辑：《宋会要辑稿》，《职官》72之8，这应当正是孙应时所谓"借此明彼，重见黜黩"，而不敢贸然申冤的考量。资料承邱逸凡先生提供，谨致谢忱。

置，时为庆元三年（1197）三月；此事推测殆与韩侂胄及王德谦争权有关。①到五年二月，孙应时被罢官前，宋廷再度移王德谦徽州、吴宗旦池州居住。四月，更以审逐王德谦本末送史馆，②显示在韩侂胄授意下，朝廷竟借集议"力起前令十八年之废"的政治追杀方式，对已遭罢官的孙应时而言，自然形成难以忽视的巨大压力。

时值党禁末期，虽然政治肃杀氛围没有先前严重，但师友多不在朝，情势对孙应时确实不利。孙应时被罢时，吕祖俭已在前一年逝世，诸多师友犹在被贬之列。如丘崈、项安世、朱熹都仍罢官居乡，朱熹更在第二年辞世。庆元四年，好友王柟虽因"大臣汲引，出于至公，遂登朝列"，③看来前途乐观；但到庆元五年底，孙应时路过杭州时，却听闻"不谓兄（案：王柟）久亦不容于朝"的消息。④综合孙应时对朝廷动向的判断，放弃申诉可说切乎现实。

总之，根据这封信件，在横遭劾罢的情况下，祠禄成为孙应时支撑家计的基石。有此生活之资，孙应时不需仰赖束修安家，没有后顾之忧。较之长年困于场屋的幼时朋友，已感满意；这样的想法也得到家人的支持。因此，即使感受政治压抑、算计，孙应时不敢也不愿申冤，只求经济条件尚称小康，平安度过无奈与苦闷的岁月。

① 脱脱总纂：《宋史》，卷 394，《何澹传》，页 12038；同书，卷 469，《王德谦传》，页 13674。不著撰人，汝企和点校：《续编两朝纲目备要》，卷 5，页 79—80。

② 汝企和点校：《续编两朝纲目备要》，卷 5，页 80。

③ 孙应时：《烛湖集》，卷 7，《与王秘监书（一）》，页 21 下。

④ 孙应时：《烛湖集》，卷 7，《与王秘监书（二）》，页 22 上。

四、小结

绍熙五年（1194），孙应时离蜀东归，受宋廷政治变动影响，他的仕途与人生转瞬间起了巨大变化。孙应时先因协助处理蜀政有功，由选人晋升为京官；但时逢赵汝愚与朱熹的罢废，引发庆元党禁政争，大批道学党人都受政治斗争波及，孙应时最亲近的师长或死或罢，奥援尽失。孙应时获命出知富县常熟县，担负临民赋役重责，看似大有可为。实际上，在动荡未明的人事与政局下，孙应时作为道学门徒，面临的考验更加倍于前，因而不得不明哲保身，刻意疏离师长同道，避免遭受波及。孙应时处境之艰难与内心之挫折，和先前任何时期、职任都有极大差异；可以说，庆元前后是孙应时人生历程的分水岭。这样的处境转折，无论杨简所作《圹志》与《会稽续志·孙应时传》都没有只字片语的记载，仅有赖《烛湖集》丰富的书文留下记录。

孙应时任遂安县令与知常熟县时期所留下书文，最能见证他人生的跌宕变化。孙应时任遂安县令前后共一年半，知常熟县则有三年二个月，现存《烛湖集》留存孙应时遂安时期书文共六十一篇，其中书札有四十九封，占他所有书简五分之一以上。致函对象除了长司如沈诜、叶筹、某位赵通判、冷世光，还有当地士绅詹炎，和学友、学生如潘友端、潘友恭、潘友文、吕祖俭、李孟博、项安世、史弥远、史弥坚，以及影响他学宦至巨的史浩（七封）、丘崈（三封）、陆九渊（二封）、朱熹（三封）。住官遂安是孙应时与四位师长通信最频繁的时期，特别与史浩互动最为密切。

这些信件的主轴，是向师友报告遂安任职所见地方赋重、民弊、学废的情形，与相应安顿百姓、整顿学校教育的作为。在推动地方教育上，孙应时用力甚殷，留下许多具体政绩，如兴复县学，延聘士人教授县学，自己也每十天到学校讲说与试课。教授内容除了科举时文，也强化道学信念，并在县学旁设立道学三儒周敦颐与二程祠堂，旁有张栻与吕祖谦之祠，以标榜道学传承。绍熙三年元旦，遂安举行荒废达四十三年的乡饮酒礼，正是成果展现。孙应时在遂安兴学正是延续朱熹等人将道学理念融入科举时文的做法，切合道学推动教育改革的目标。

孙应时施政的努力，更是回应史浩对他的殷切期待。孙应时在史家任教二年，与史浩建立了深厚的情谊。孙应时赴任遂安前后，史浩受孝宗、光宗二帝之请，进京咨议国政。孙应时至盼史浩东山再起，前后致书史浩六信，其一即期待史浩说服孝宗消除长期以来对道学的误解与打压。在孙应时赴遂安前，史浩也曾赠序，期勉孙应时以道化为执政先务。从二人书信与诗文，能观察到二人对彼此道学价值的认同。若结合孙应时在遂安县学设置孔孟之传的周程三先生祠，与显道学于天下的张栻、吕祖谦祠堂，可推知此时孙应时以发扬道学自任，是持守理念甚坚的道学门徒。不过，推动县政与实践道化理念负担繁重，也让他对兼顾从政与为学更觉力不从心，可以说孙应时自任遂安县令，实际担纲政务以后，正式告别学业，走向更务实的人生。

从《烛湖集》所见孙应时任令遂安一年半的作为，是一个士人官僚在经历县尉、县丞的僚佐职务后，得以主持县政的具体经验。面对艰难庶政，孙应时寻求各方支持协助，或者说明解决之道。经过努力，他简化赋税规章、减少刑狱人数、修复县学、振兴教育，具体实践道学理念，也取得显著成绩。通过书信，孙应时向众多师友述说任内心情。担任遂安县令期间，孙应时虽然只是基层亲民官，但他积极进取而获致肯定与成果，与道学师友致力改善教学、为学的环境；此时期是他一生中仕进顺遂、事业有成、充满喜乐的岁月。这些事迹在前述传记中都只有只字片语，正说明文集资料的价值所在。

与任遂安县令相较，孙应时知常熟县时间长达三年二个月，是他众多官职中最长一任。在常熟任内，孙应时前后写了各种文章共六十五篇，其中简、启等书信达五十一封，是他任官时借书信与师友联络最频繁的时期。致函内容有相当比例是向直属长官请求协助或表达感谢；致与师友信件，大多则提到自己难以应付常熟县政的窘境，尤其常向丘崈与朱熹诉说自己的处境与苦衷。此外，任职常熟期间，孙应时也通过书信慰问遭贬谪的老友吕祖俭、石宗昭，宽慰项安世，对其面对时局变化的适应之道，表达理解。

从时局发展脉络来理解这些书信，可以看到在庆元党禁的政争阴霾下，一个身为道学门徒的中低阶官员受上级驱迫赋役庶务，承担着极大的压力。孙应时面对此一政治环境，在人际互动上，与丘崈、朱熹保持距离；在文教事务上，他虽修纂《琴川志》、立子游祠堂，为建立士人与地方意识及传承学术而尽心，[①]但却无法具体宣扬，也未受执政者重视，最后反而在庶政方面遭到指谪。孙应时在给师友的信中时时表露困顿、无奈的心情，与任令遂安时有极大落差。在杨简所作圹志、《会稽续志》与楼钥为其父母所撰墓志铭中，虽也触及孙应时冤屈，但都十分简短，而《烛湖集》所呈现景况，则贴切反映了他因朝中无人，无力化解困境的艰辛。

在宦途面临巨大挑战却孤立无援下，缺乏社会资源的孙应时，为了突破困境，只得转向新的执政成员求援。除好友王柟之外，孙应时一则致函张孝伯，一则求助赵彦逾，恳请二人协助以化解危机；前者与韩侂胄关系密切，又与当时知平江府郑若容与虞俦关系甚佳，后者则曾接续丘崈蜀政却一改四川措置，以致酿成日后吴曦叛变条件，孙应时却得盛赞其治蜀政绩，以卑屈言词请求奥援。这事例都说明，孙应时身为道学追随者，在强大政争压力下，为求保全仕途，无奈地转而寻求新的人际关系，以纾解困境。

---

① 关于宋元时期修纂地方志以凝聚地方士人精英、强化地方文化与历史意识、联结官府与士人、形成社会网络的观点，参见包弼德著，吴松弟译：《地方史的兴起：宋元婺州的历史、地理与文化》，《历史地理》21（2006），页432—452。

师承转益

陆学门人的师从变化与道学流派竞合

孙应时遭劾罢后，选择奉祠以安家，低调乡居以回避党争余炙。有关孙应时个人的宦海浮沉暂且停在此处。且让光阴倒转三十年，回到孙应时甫入太学、仕途初启的乾道、淳熙时期。

乾道八年（1172）到淳熙二年（1175）的三年太学生涯，是孙应时迈向功名的起点，也是他追随典范、学习道学的启蒙。他不仅致力举业，也与一批理念相同的学友追随甫获进士、阐扬心学的道学新锐陆九渊，走向探研性理的学术之路，成为陆学早期门人；后也从学于吕祖谦，渐次又转而师从朱熹。在道学追随者中，如孙应时这样杂糅各方学说的现象并非单一案例。通过观察孙应时及其陆门学友的师从变化，将有助于跳脱以大儒为中心的思想史视角，[①]重新认识南宋中期道学派别的竞合、当时的师徒关系，以及

---

① 学界对南宋道学发展，长期以大儒为论述中心，较具代表性的专著包括：陈来《朱熹哲学研究》（北京：中国社会科学出版社，1988）、田浩《朱熹的思维世界（增订版）》、钱穆《朱子新学案》（台北：三民书局，1989）、余英时《朱熹的历史世界：宋代士大夫政治文化的研究》（台北：允晨文化公司，2003）、何俊《南宋儒学建构》（上海：上海人民出版社，2004），及其他关于宋明理学的著作，均局限以朱、陆为中心。陈荣捷的《朱子门人》（台北：台湾学生书局，1982；上海：华东师范大学出版社，2007）、徐纪芳的《陆象山弟子研究》（台北：文津出版社，1990）及赵伟的《陆九渊门人》（北京：中国社会科学出版社，2009），则大量分析朱、陆门人，但仍以朱、陆二人为中心，并非以其门人弟子为重点。

道学与政治的交织互动。

更重要的是，南宋孝宗淳熙朝（1174 年起）至宁宗开禧朝（1207 年止）的三十多年间，道学蓬勃发展，并与政治紧密扭结。在道学发展上，吕祖谦、张栻、朱熹、陆九渊等大儒，从理念相融到各立门派、彼此竞合。在政治活动上，道学士人却因参与朝政改革，与近习及官僚衍成分庭对抗，彼此反能相互援引支持；形成既有学术交锋，又有政治协力的现象。[①] 通过本章讨论孙应时及其学友在学术上的师承转益，和下一章探索孙应时学友对庆元党禁政治风暴的因应，能够让我们更加理解道学与政治的纠葛如何在这三十年间影响着诸多道学追随者的仕宦与人生。

一、亦陆亦朱：孙应时进入太学以后的师从与转向

太学三年是孙应时的生涯关键之一，其间他致力举业，也就此走入道学的人际网络。孙应时因师从陆九渊而结识许多学友，进而接触泛观广接、驳杂兼容的金华学者吕祖谦、吕祖俭，后因仕宦之故与朱熹互动密切，甚至也曾有意追随张栻。[②] 尽管如此，陆九渊与朱熹仍是孙应时最重要的师从对象。对于孙应时兼容诸家之说，乃至从学多师，朱、陆皆曾提出批评，陆九渊晚年尤其不满

---

① 学界在这方面的讨论成果极为丰富。具代表性的论著是余英时的《朱熹的历史世界：宋代士大夫政治文化的研究》一书。
② 孙应时：《烛湖集》，卷 14，《送张敬夫栻以追送不作远为韵赋诗五章，藉手言别，不胜惓惓爱助之诚，情见乎辞，惟高明幸教》，页 4 下—5 下。

孙应时的转向。

（一）孙应时与陆九渊

乾道八年（1172），三十四岁的陆九渊虽刚中进士，但声名已满天下。他持心即理之说，强调"义理之在人心，实天所与而不可泯灭焉者"，主在讲求"复本心，以为主宰，既得其本心，从此涵养，使日充月明"。[①]此主张颇能吸引对义理有兴趣的士人，袁燮即说："燮识先生于行都，亲博约者屡矣，或竟日以至夜分，未尝见其少有昏怠之色。"[②]

这时孙应时甫入太学，钦仰陆九渊学识，于是拜其门下。当陆九渊由行都归江西待阙，孙应时亲随至槐堂侍学，成为其早期入门弟子，悟存心养性之学。据陆九龄大约在同一时期书信所及从学陆九渊者，即包括孙应时："子静入浙，则有杨简敬仲、石崇（宗）昭应之、诸葛诚之、胡拱达才、高宗商应朝、孙应时季和从之游，其余不能悉数，皆亹亹笃学，尊信吾道。"[③]清代宗陆学者李绂（1673—1750）亦称："陆子初成进士，由行都归江西，道经浙江郡县，舟车所至，贤士景从，季和其一也。"[④]

---

① 语出《陆九渊年谱》所载毛刚伯之语，见陆九渊：《陆九渊集》，卷 36，页 502。

② 语出袁燮所作陆九渊文集序文，见《陆九渊集》，《附录一》，页 536。

③ 见陆九渊：《陆九渊集》，卷 36，《年谱》，页 488。

④ 李绂：《陆子学谱》（上海：上海古籍出版社，1997，《续修四库全书》据中国科学院图书馆藏雍正无怒轩刻本影印），卷 12，页 19 上。李绂称"季和师事陆子最为笃信，初侍学浙中，又辞亲赴江西从学"，并以陆九渊答书（见下文）

　　然而，《烛湖集》缺乏孙应时与陆九渊及其同门学侣讨论陆学的资料；与陆九渊有关诗文亦不多，只有二封书信、一篇祭文。第一封信写在绍熙二年（1191）三月以后，当时陆九渊欲往荆门军赴任，孙应时则出任遂安令不久。信中除了报告自海陵丞任上丁忧、服除，以及其后接任新职的过程，孙应时也提到了宁海学子王定逃释归儒，"越中朋友凋落，在者各散远间"，所幸能与沈炳"相鞭策，有兴仆植僵之力"，但理念不同。孙应时也盛赞"象山学者端的成就当不少，仲时、叔友德业必益进"，同时感慨诸葛千能、刘尧夫（1148—1191）已经逝世。①

　　第二封则在绍熙三年冬天，陆九渊已经抵达荆门军，而孙应时正应新任四川安抚制置使丘崈之招，由镇江赶赴荆州途中。在信中，孙应时解释只身西上的原因：对于母亲未能随行以尽孝道，他颇为在意。孙应时也略述途中所见，提到舟行二月，"萧然纵目，江山之外，颇学《易》，往往略有意味"。接着，说明何以原拟拜见陆九渊却不能成行，以及路上所遇诸多官员对象山的敬慕，也提及詹体仁对陆九渊修城一事怀有疑虑，最后则是对沈炳的称赞。②书信内容并不及于论学。

（接上文）所云"兹以书至发读，知已溯江而西，既喜闻动静之详，又恨不得一见"为证。实际上，应时溯江西是指赴蜀任丘崈幕僚，非李绂所说至江西从象山学。见李绂：《陆子学谱》，卷12，页19下。

① 孙应时：《烛湖集》，卷6，《上象山陆先生书（一）》，页9上—10下。
② 孙应时：《烛湖集》，卷6，《上象山陆先生书（二）》，页10下—12上。

陆九渊文集所收录致孙应时书信，是针对上述第二信的回复。陆九渊一一答复了孙应时的疑虑，也严厉批评孙应时与门下弟子兼从多师。陆九渊首先以颜回随侍孔子而远游为例，认为孙家老母尚有二兄可侍奉，不必在意一般人评论，以此宽慰孙应时。接着，陆九渊批评孙应时同门石宗昭为学受到吕祖谦与朱熹的影响，①最后则以严厉语气指责孙应时："季和乡时所得，尚未能及于应之（案：即石宗昭），临安再相聚时，已无初相聚时气象。是后书问与传闻，言论行事，皆不能满人意，谓之茅塞不为过也。苟以其私偷誉斯世，固不难也；但非先哲所望于后学，其所赏不足以当所措之万一耳。幸谨思而勉行之，是间为况，要非纸笔所能宣达，季和能着鞭，则自相孚矣。"②至于詹体仁的批评，陆九渊认为不必理会。

这个时候已经是陆九渊生命的最后时刻。从书信的字里行间可以看到，陆九渊极为不满门下弟子兼从朱、吕之学，从而深切责问孙应时的论学态度，以及与朱熹保持密切关系之事。如果排除文献散佚的可能性，这或许正是孙应时身为陆九渊弟子却鲜少书信问

---

① 孙应时曾从吕祖谦游，祖谦逝世时，应时作哭悼诗六首，除推崇东莱"文献承家大，规模与世公，典刑身重任"及儒学传承、感伤他的逝世"河汾遗礼乐，谁慰九原情"外，对二人关系也有"镜曲重携杖，京都再及门，诗书窥梗概，耳目竟烦昏"的描述。见《烛湖集》，卷16，《哭东莱吕先生》，页10上。然在吕祖谦的文集则题为门人孙应时，以致元人吴师道也称应时"游朱吕之门"，见吴师道撰：《吴礼部诗话》（《知不足斋丛书》本，上海：上海古书流通处，1921），页31下。

② 陆九渊：《陆九渊集》，卷15，《与孙季和》，页195—196。

候、互通消息，甚至讨论学问的原因。就此看来，虽然孙应时在祭陆九渊文同时使用推崇、懊悔的语句来描述师生关系，并道出"写此哀其已晚，望眼眩而心折，尚不辱于师门，傥歆诚兮一歠"的愧疚心情；但证诸绍熙五年季春，孙应时给朱熹的信说道"荆门陆先生遂止此，可痛。闻其启手足、告学子，惟先生之教是从，惜其前此自任之稍过也"，^①则黄宗羲等人将孙应时归诸陆门，殆可商榷。

（二）孙应时与朱熹

比起陆九渊，孙应时与朱熹的往来资料相当多，而且泰半涉及论学。《烛湖集》有十一封孙应时致与朱熹的信，而朱熹文集亦有八封回信，二人关系较易掌握。如前所述，淳熙八年（1181），朱熹在浙东救灾时，认识不少陆门弟子，留下深刻印象，并积极与之交往。孙应时时任黄岩县尉，朱熹委他兼摄县丞，负责水利工程。朱熹对孙应时表现颇为肯定，后来也向其他友人、门人推荐孙应时，为二人关系奠定良好基础。

淳熙九年，孙应时黄岩县尉任满，应史浩之邀赴东湖书院讲学，以维持家需。在此期间，孙应时当已与朱熹书信往返，尽管《烛湖集》并无对应资料，但朱熹文集对孙应时多所肯定，并勉励他开阔视野，细究义理，语气相当客气。第一封信中，朱熹云："烛溪萧寺，顷岁盖尝一至其间。今闻挟书过彼，亦有学子相从，不胜遐想

---

① 孙应时：《烛湖集》，卷5，《上晦翁朱先生书（七）》，页10上；参见祝平次：《朱子门人与道学的发展：孙应时、曹彦约与度正》，收入《鹅湖之会：第一届宋代学术国际研讨会论文集》（台北：文津出版社，2007），页127—129。

也，精舍诸题，悉烦著语，属意皆不浅，三复叹想，恨不即同晤言
也。比来观书日用，必有程度，及所得所疑，有可见告者，因来及
一二，以发讲论之端为幸"；① 第二封则讨论为学次第，批评务持守、
务讲学之偏："能如贤者，兼及众善，不倚于一偏者或寡矣，更望
虚心玩理，宽以居之，卒究远大之业，幸甚。"②

淳熙十一年（1184），孙应时赴东湖书院教导史弥远、史弥坚
兄弟。约于十二年，写下第一封见于《烛湖集》致朱熹书信。此时
孙应时为学颇有杂糅诸说的倾向。他自承为学深受好友吕祖俭的影
响："自去岁与子约（案：即吕祖俭）相聚以来，乃稍收敛精神，
向内实处较验，大见欠阙，乃知俗心鄙习殊未能去"；为改变"鄙
习"，"今来所用力处且欲得信实不欺，虚己下人，取善掩恶，消
磨平常矫伪好胜之心"，不过"未敢泛然欲速，以自病其心"，③ 希
望能得朱熹教诲。淳熙九年四月，吕祖俭赴四明任监米仓后，以承
继其兄吕祖谦之学自任，与强调功利的浙学学者颇有往来，并与在
四明讲学的陆学门人杨简、沈焕、袁燮等人有诗文唱和，④ 而这些陆
学学者也都是孙应时的好友。

---

① 朱熹原著，陈俊民校编：《朱子文集·别集》，卷3，《孙季和（二）》，页
5153；陈来：《朱子书信编年考证（增订本）》，页221。
② 朱熹：《朱子文集·别集》，卷3，《孙季和（三）》，页5153；陈来：《朱
子书信编年考证（增订本）》，页222。束景南则列于淳熙十六年。陈说较确。
参见束景南：《朱熹年谱长编》，页958—959。
③ 孙应时：《烛湖集》，卷5，《上晦翁朱先生书（一）》，页1下。
④ 束景南：《朱子大传：多维文化视野中的朱熹》，页580。

　　朱熹颇为介意孙应时为学杂糅诸家。约在淳熙十二年（1185），他至少有三信答复孙应时，特别论及此事。朱熹在信中大为批评功利学派的吕祖俭："子约汉唐之论，在渠非有私心，然亦未免程子所谓'乃邪心者，却是教坏后生'，此甚不便。近年以来，彼中学者未曾理会读书修己，便先怀取一副当功利之心。未曾出门踏着正路，便先做取落草由径之计，相引去无人处，私语密传，以为奇特，直是不成模样，故不得不痛排斥之。"[1] 同时，朱熹也评论孙应时诗作："语意清远，读之令人想见湖山之胜，但亦不无前幅所论两字之病谓轻弱"，希望孙应时既自知轻弱之病，"便合痛下功夫，勇猛舍弃，不要思前算后，庶能矫革"。朱熹进而向孙应时阐释《中庸章句》与《太极解义》，并对吕祖谦所作《大事记》提出意见。

　　孙应时到海陵不久即丁忧，守丧期间仍有书信致朱熹，提及石斗文逝世，但未论及学术。到了绍熙元年（1190）六月，孙应时服除，因石宗昭而得知朱熹已到漳州接任知州，[2] 遂致书自陈因家计压力而耽误向慕义理、专志学习之志。孙应时首言朱熹新职应可兼得诗书之乐："漳南僻远，应接人事简于他邦……拊驯两月，伏想公堂穆然，不妨左诗右书之乐。"后论及自己服除后，将到遂安任职，

---

① 朱熹：《朱子文集·正集》，卷54，《答孙季和（一）》，页2543—2544；陈来：《朱子书信编年考证（增订本）》，页240。朱熹批评祖俭的汉唐之论，确出自陈亮，实与吕祖谦无关，此点承匿名审查人指明，谨此致谢。
② 朱熹在绍熙元年四月二十四日接任。见束景南：《朱子年谱长编》，卷下，页981。

虽然亲人师友反对，但由于家境不佳，出仕实属不得已："地近，可以尽室同甘苦是计。独恨太贫，又须复作时文保社，不得闭门尽力数书以从素志，亦无可奈何。"孙应时自叹因仕宦而无法专心读书，"乡慕义理，每对圣贤遗言颇亦切身知味，……然而气质未重，规矩未严，析理语滞，应事胆薄，自视枵然一庸人耳"。为求达成变化之益，本决定该年秋天至武夷山请学，但朱熹已赴任漳州，距离加倍，难以成行，祈请朱熹体谅，"时教敕之，异时候伺，请祠北还，犹可遂此大愿也"。①

绍熙二年（1191）十一月以后，孙应时有长信致朱熹，内容涉及多方面事务，论学篇幅亦不少。孙应时感谢朱熹所赠四经、四子诸书，并讨论《中庸》与《大学》。尤其对《中庸章句》的《哀公问政》篇提出意见："疑圣人于哀公未必直说许多，或者《家语》反抄《中庸》入之，又颇疑《大学》所定其他皆分明，只淇澳一段，恐或本在首章正经之下，通证明德、新民至修身为本之意，似差混成，而于旧本下文连接亦顺"；不过，孙应时认为，"此乃先生数十年精思熟讲，然后出之，岂可轻议"，表示自己"随所读《论》《孟》诸经，或思虑所及，极有欲质疑处，若得一二年闲静可以抄出，今未知何时有此工夫"。②

绍熙三年六月，孙应时致朱熹第六封信中，除了报告自己应丘

---

① 孙应时：《烛湖集》，卷5，《上晦翁朱先生书（三）》，页3上—4下。
② 孙应时：《烛湖集》，卷5，《上晦翁朱先生书（五）》，页7。

崧之聘到四川担任幕僚，特别就孔安国《书》序问题与朱熹商榷。不过，孙应时自谦"区区困于作吏，更无考订之功"，见解并不成熟。①朱熹在回信中说明，认为《小序》绝非孔门之作，所谓孔安国序文亦绝非西汉文章，并指出"考证又是一种工夫，所得无几而费力不少，向来偶自好之，固是一病，然亦不可谓无助也"。②后朱熹又有一长信，针对《易经》《尚书》与孔安国《书》序等许多课题，详细说明个人看法，极富讨论性。③

约莫绍熙五年（1194）三、四月间，孙应时离开四川东下途中，致予朱熹第七封信，报告丘崧治下与吴挺死后的蜀政发展，以及陆九渊死讯。其中谓陆九渊"启手足、告学子，惟先生之教是从"之语，涉及陆象山晚年学术转向问题，曾引起学界激辩。④此后，孙应时再有四信致朱熹，报告家庭琐事、常熟见闻处境和施政作为，

①孙应时：《烛湖集》，卷5，《上晦翁朱先生书（六）》，页9上。
②朱熹：《朱子文集·正集》，卷54，《答孙季和（二）》，页2546。
③朱熹：《朱子文集·别集》，卷3，《孙季和（五）》，页5154—5155。
④关于孙应时与朱陆思想关系的变化，黄彰健最早据台湾"中研院"傅斯年图书馆所藏清嘉庆八年孙氏后裔所刊之《烛湖集》收录孙应时致朱十一道信函、陆二道信函与朱致孙八道信函，考订其时间，并提出"象山思想临终同于朱子"的说法，以修正牟宗三先生之说，是学界最早利用孙应时文集来讨论朱陆思想。陈荣捷则不赞同此说。黄彰健：《象山思想临终同于朱子：孙应时与朱子及陆象山往来书信系年》，《大陆杂志》69.1（1984），页32—42；陈荣捷：《朱子门人》，页175—176；陈荣捷：《陆子晚年定论》，收入氏著《朱子新探索》（台北：台湾学生书局，1988），页588—590。黄彰健院士是学界最早发现《烛湖集》之史料价值者，书信系年亦具参考价值，但对黄先生所作的系年，陈来教授、束景南教授与笔者均有部分调整，将另文讨论。

并不断请求朱熹为父亲撰写墓志，论学篇幅则大为减少。如前章所述，孙应时在常熟困于各项政务，朱熹则因政局剧烈变化，职涯与心境起伏甚巨，这或许是二人书信论学篇幅减少的部分原因。直到庆元三年（1197），孙应时在常熟设子游祠堂，数度致书敦请朱熹撰写祭文，二人最后鱼雁往返再次触及了道学的核心理念与价值。日后，在祭朱熹文中，孙应时仍然不忘此事："去夏之枉书，杪春而拜赐，笔言游之祠事，标吴地之轶闻，托名其间，为惠不朽。"①

　　从淳熙中期开始，孙应时一直借书信与朱熹保持联系，无论论学、议政，或是报告家庭状况、为官苦楚，内容包罗万象，显见二人关系之密切。这是孙应时生平，乃至宋人文集中少数与师友双向沟通的宝贵书信资料。不过，孙应时虽几乎可说已拜朱熹门下，却自认并未入室；他在祭朱熹文中写道："某犹冀及门，庶几卒业，永负此恨，何敢他论？"这或许是孙应时人生的一大憾事。

二、转益多师的陆门弟子

　　陆九渊兄长陆九龄曾提及象山门人众多，皆能笃学尊道。②据赵伟《陆九渊门人》一书所列，陆门弟子共有一百八十六名，其中与孙应时相识且见于其《烛湖集》者，包括：诸葛千能、诸葛千龄、石斗文、石宗昭、胡拱、胡搏、项安世、王遇（1142—1211）、陈刚、

① 孙应时：《烛湖集》，卷 13，《祭晦翁朱先生文》，页 1。
② 陆九渊：《陆九渊集》，卷 36，《年谱》，页 487—488。

潘友文、高宗商、刘尧夫、杨简、袁燮、沈焕、沈炳等十六人，[①]都是陆九渊早期门人。

如同孙应时，从学多位名家甚至转益的道学追随者，在当时所在多见。[②]孙应时《烛湖集》中可数者，尚有刘尧夫、陈刚、石斗文兄弟、诸葛诚之兄弟与高宗商、潘友文、王遇等人。现存四库本《烛湖集》辑录自《永乐大典》，并非完帙，其中留存孙应时学友资料或有遗漏；而《烛湖集》所及孙应时学友，多数生平资料也十分简略，学宦历程散见于宋人文集的书信与墓志中，搜集整理不易，资料系年尤为困难。不过，这些资料却是了解道学追随者学习变化与人际互动的重要基础。本章讨论上述孙应时学友，拟详人所略、略人所详，重点置于资料较为零散的陆门早期弟子；如袁燮与杨简，生平仕历资料丰富又有文集，今人研究成果也较多，则仅简要叙述。

（一）深涉释教：刘尧夫与陈刚

孙应时与刘尧夫是太学同学，陈刚与刘尧夫则为至交。二人都是陆九渊早期门人，孙应时致陆九渊书信中亦曾问候二人消息。与孙应时类似，刘尧夫与陈刚同样从学多师，不同者在二人深受佛学影响。全祖望对此早有留意："淳叟年十七即为陆子弟子，始师庸斋，继师复斋，其于槐堂讲席之谊最深，……淳叟与陈教授正己为

---

① 见徐纪芳：《陆象山弟子研究》，页33—96。其中高商老与高宗商，历来多将之列为二人，除徐纪芳外，赵伟在《陆九渊门人》一书亦分述，但笔者考证应为一人，见下文。见赵伟：《陆九渊门人》，页186—188。

② 赵伟的《陆九渊门人》共考出一百八十六位，其中兼从他师者达四十八人。

莫逆交，正己初学于陆子，已而学于同甫，已而又学于东莱，最后亦与淳叟同学佛，然朱子谓：'当淳叟用功时过于正己，故及其狼狈也甚于正己。'则以淳叟直为僧，而正己不过学其学也。"① 不过，刘尧夫与陈刚的问学经历实远比全祖望描述复杂；而刘、陈二人虽皆兼从多师，但转益程度深浅有别。②

刘尧夫

刘尧夫，字淳叟，金溪人。乾道八年（1172），入太学；③ 淳熙六年（1179），以太学上舍两优释褐，荣耀等同科举状元。④ 周必大（1126—1204）撰《抚州登科题序》，即云："近乙未（案：淳熙二年）岁，罗点廷试为榜眼，刘尧夫释褐冠上舍，（王）克勤由童子举入馆阁，是又盛事参集者。"⑤ 刘尧夫俨然成为抚州举业的指标性人物；《夷坚志》收录了他如何取得太学两优释褐的故事，引人入胜。⑥

---

① 黄宗羲原著，全祖望补修，陈金生、梁运华点校：《宋元学案》（北京：中华书局，1986），卷77，页2603。

② 刘尧夫与陆、吕、朱关系，可参赵伟：《陆九渊门人》，页72—75。

③ 陈荣捷：《朱子门人》，页217。

④ 李心传原著，徐规点校：《建炎以来朝野杂记·甲集》，卷13，《释褐状元恩例》，页279；陈亮：《陈亮集》（北京：中华书局，1974），卷19，《复陆伯寿》，页266—267。

⑤《抚州登科题序》约成于嘉泰二年（1202）。见周必大：《周益公文集》（北京：线装书局，2004，《宋集珍本丛刊》据明澹生堂钞本影印），卷54，页16。

⑥ 洪迈原撰，何卓点校：《夷坚志·乙志》（北京：中华书局，2006），页872；另参林岩：《南宋学校取士诸问题考论》（待刊稿），页19—23。

刘尧夫中举后，于淳熙七年（1180）任国子正；继迁太学博士，陛对，极论时相之失，为朝论所赞赏。刘尧夫性格好臧否、敢言事，颇为时人熟知，但也影响了他的仕途。淳熙十二年五月，刘尧夫为太学生时的学官杨万里向左丞相王淮（1126—1189）荐士，赞许刘尧夫"尝冠释褐，立朝敢言"；[①]陆九渊亦赞其敢言，当时朝廷似有意任之为监司。[②]然而，可能因刘尧夫个性刚正，批评时政态度激烈，在朝引起涟漪，最终改任隆兴府通判。赴任前，不少朋友作诗送行，[③]而喻良能（1157年进士）的送别诗首先点出刘尧夫性格直言不讳，让孝宗与其他贵显感到苦恼："刘侯精神秋隼紧，高论悬河倾不尽，至尊动色嗟谔谔，权幸切齿畏謇謇。"[④]

刘尧夫任职地方，性格仍旧不改而招惹事端。淳熙十三年，陆九渊时任敕令所删定官，致信朱熹说："淳叟事，此中初传，殊骇人听，徐覈其实，乃知多小人傅会之辞。"[⑤]《朱子语类》也有相关记载："坐间有及刘淳叟事。……因论刘淳叟事，云：'添差倅亦可以为。'论治三吏事，云：'漕自来为之亦好，不然，委别了事人。

---

① 杨万里原著，辛更儒笺校：《杨万里集笺校》（北京：中华书局，2007）第8册，卷113，页4310—4311；脱脱总纂：《宋史》，卷433，《杨万里传》，页12868。

② 陆九渊：《陆九渊集》，卷7，《与包显道书》，页100；系年见束景南：《朱熹年谱长编》，页818。

③ 楼钥：《楼钥集》，卷7，《送刘淳叟博士倅豫章》，页164。

④ 喻良能：《香山集》（"文渊阁四库全书"本），卷3，《古风一首奉送淳叟太博通守豫章》，页13上。

⑤ 陆九渊：《陆九渊集》，卷7，《与朱元晦》，页94。

淳叟自为太掀揭，故生事。'"① 朱、陆所述内容虽然隐晦，难以了解实情，却也反映刘尧夫刚正直言。

绍熙二年（1191），刘尧夫暴卒，得年仅四十四岁。② 由于英年早逝，身后凄凉，陆九渊因此感慨不已。致陈傅良信中，陆九渊追忆刘尧夫逝前景况："刘淳叟前月初冒暑归自临江，病痢逾旬，竟不起，可哀可哀。……春夏之间，适有困折，某近抵城阃，见其卧病，方将俟其有瘳，大拯拔之，不谓遂成长往，念之尤用伤叹。"③ 致林叔虎书中，陆九渊则说道："淳叟身后事亦粗办，然极可怜。晚节与仲权、正己为莫逆友；死者已矣，生者顾未知其所终，又可怜也。"④ 即使到元代，仍有学者惋惜刘尧夫早逝。吴澄即云："惜其达之太早，不得久于亲师；又惜其逝之太速，不得竟其务学。"⑤

综观刘尧夫学思发展，始于师事陆九渊兄弟，后追随吕祖谦，也问学从游于朱熹，最终渐转而参禅学佛。刘尧夫与陆九渊兄弟

---

① 黎靖德编，王星贤点校：《朱子语类》（北京：中华书局，1986），卷120，页2912。

② 吴澄：《吴文正公集》（台北：新文丰出版公司，1985，《元人文集珍本丛刊》据成化二十年〔1484〕刊本影印），卷13，《金溪刘太博文集序》，页6下—7上。

③ 陆九渊：《陆九渊集》，卷9，《与陈君举》，页128。

④ 陆九渊：《陆九渊集》，卷9，《与林叔虎》，页126。文中所谓"去冬为陈贵溪作重修学记"，查《陆九渊年谱》可知为绍熙元年，因此可知此信作于绍熙二年。见《陆九渊集》，卷36，页508。孙应时在绍熙二年致书陆九渊，也提到"每念诚之、淳叟皆为古人"。见《烛湖集》，卷6，《上象山陆先生书（一）》，页10。

⑤ 吴澄：《吴文正公集》，卷22，《金溪刘太傅文集序》，页8。

同乡，十七岁师事陆九皋（庸斋，1126—1191），继师九龄，后从师九渊。在太学期间，刘尧夫以太学博士吕祖谦为师。淳熙五年（1178）四月，吕祖谦致信朱熹，言语间对刘尧夫颇为推重："刘淳叟旧从二陆学，今释褐还乡，专往求教，敢望不倦诲诱。盖往岁某为学官，与之游处甚久，见其有志而质美，士人中不易得也。"①淳熙八年七月，吕祖谦病逝，刘尧夫与楼钥、薛叔似（？—1221）、赵焯（？—1183）、徐谊（1144—1208）等致祭，祭文回顾他们在吕祖谦生前登门问学情状："钥等登公之门，常闻余论之一二，顾平时师仰之不暇者，何敢知公之所至。"②

　　除了追随吕祖谦、陆九渊兄弟，刘尧夫亦与朱熹往来问学。在吕祖谦引荐下，淳熙五年刘尧夫访朱熹于崇安。③七月，④朱熹偕蔡元定（季通，1135—1198）、江默（德功）、廖德明（子晦）、方士刘子翔等人，与刘尧夫游武夷天湖、云谷等地，共同赋诗与论学。⑤

① 吕祖谦原著：《东莱吕太史别集》，收入黄灵庚、吴战垒主编：《吕祖谦全集》（杭州：浙江古籍出版社，2008）第1册，卷8，《与朱侍讲元晦》，页423。系年见束景南：《朱熹年谱长编》，页602；杜海军：《吕祖谦年谱》（北京：中华书局，2007），页219。
② 见《东莱吕太史文集·附录》，收入黄灵庚、吴战垒主编：《吕祖谦全集》第1册，卷2，页760—761。
③ 见束景南：《朱熹年谱长编》，页593。
④ 束景南作五年七月。见束景南：《朱熹年谱长编》，页602；另参束景南：《朱子大传：多维文化视野中的朱熹》，页426。
⑤ 朱熹：《朱子文集·正集》，卷6，页240。朱熹曾就尧夫请教静坐说，有所评述，并提出"方无事时，敬于自持，及应事时，敬于应事。读书时，敬于读书，便自然该贯动静，心无时不存"。见黎靖德编：《朱子语类》，卷120，（见下文）

其间唱酬融洽，朱熹感到"数日讲论甚适"，特别与吕祖谦分享此事，而刘尧夫此行也为朱熹与陆九龄会晤奠下良好基础。[①]淳熙六年（1179）三月，刘尧夫再陪同陆九龄会见朱熹于铅山观音寺，除有诗唱和外，亦多论学交流。[②]淳熙七年三月，刘尧夫出任国子正，赴临安前先到南康拜访朱熹；刘尧夫与朱熹论辩所著《太极图说解》讲义，也替朱熹带信给宰相赵雄；[③]显示他们交谊匪浅。

刘尧夫问学朱熹，从游频繁，以致朱熹后学编纂语录时，甚至径将刘尧夫视为朱学一员。[④]淳熙六年十月，在朱熹答吕祖谦信中即提到此事。[⑤]尽管如此，却不意味刘尧夫在学术上由陆学转向朱学。一方面，二人学术观点并不太一致，他们对《太极图说解》与动静之说的论辩即是证明。另方面，刘尧夫与陆氏兄弟的师徒情谊仍然甚深，不因朱熹而有所减损。当刘尧夫猝逝，陆九皋祭奠悼文"颂其平日之美，责其晚节之过，谓改之冥冥，尤足为贵"，言词

（接上文）页 2911；束景南：《朱子大传：多维文化视野中的朱熹》，页 429、460。

[①] 朱熹：《朱子文集·正集》，卷 34，《答吕伯恭（八）》，页 1339—1340。

[②] 束景南：《朱熹年谱长编》，页 602、604、617、619；陈来：《朱子书信编年考证（增订本）》，页 150。束景南《朱子大传：多维文化视野中的朱熹》说朱、陆鹅湖之会以来，陆氏兄弟播下和解气氛。若此，则刘尧夫可说亦有贡献。参见束景南：《朱子大传：多维文化视野中的朱熹》，页 426。

[③] 束景南：《朱熹年谱长编》，页 653；另参束景南：《朱子大传：多维文化视野中的朱熹》，页 455。

[④] 黎靖德编：《朱子语类》，卷 120，《训门人（八）》，页 2882。

[⑤] 朱熹：《朱子文集·正集》，卷 34，《答吕伯恭（二十八）》，页 1359；陈来：《朱子书信编年考证（增订本）》，页 168。

深切。① 前引诸多陆九渊书信也充分透露其对弟子刘尧夫的哀念。

　　不过，从游问学朱、陆等学者同时，刘尧夫亦已参禅学佛，甚至出家为僧，这让陆九渊兄弟与朱熹都深切痛惜。② 在陆九渊后学所辑语录中，有一则关于刘尧夫参禅学佛的动机："刘淳叟参禅，其友周姓者问之曰：'淳叟何故舍吾儒之道而参禅？'淳叟答曰：'譬之于手，释氏是把锄头，儒者把斧头。所把虽不同，然却皆是这手。'"③ 虽然该则故事末尾提到陆九渊赞许刘尧夫善喻，但从陆九渊文集书信来看，他对刘尧夫参禅极不以为然。大约在乾道九年（1173），陆九渊已经确知刘尧夫与其至交陈刚（正己）受佛学影响。致陈刚信中，陆九渊就说："如淳叟、正己辈，恐时僧牢笼诱掖，来作渠法门外护耳。"④ 对于刘尧夫参禅学佛之举，陆九渊也曾经劝诫："亹亹以进，非淳叟之过也，其过顾在于进之非其道耳。诚知其过，顿弃勇改，则亹亹以进者，乃舜之莫能御。"⑤

　　朱熹《语录》也记载了刘尧夫的释教追求。朱熹曾说："某向年过江西与子寿对语，而刘淳叟独去后面角头坐，都不管，学道家

① 陆九渊：《陆九渊集》，卷28，《陆修职墓志》，页334。
② 关于刘尧夫出家的问题，虽然除了陆九渊"淳叟皈依佛乘"之语，未有其他明确记述，不过黄宗羲与全祖望均持出家的说法，本文从之。见黄宗羲原著，全祖望补修：《宋元学案》，卷77，页2603；全祖望：《鲒埼亭集·外编》，卷44，《奉临川先生帖子三》，页5上—6下。
③ 陆九渊：《陆九渊集》，卷34，页408。
④ 陆九渊：《陆九渊集》，卷12，《与陈正己（二）》，页163。
⑤ 陆九渊：《陆九渊集》，卷4，《与刘淳叟（一）》，页53。

打坐。被某骂云：'便是某与陆丈言不足听，亦有数年之长，何故恁地作怪。'"所述正是刘尧夫陪同陆九龄与朱熹见面论学之时。[①]后来刘尧夫甚至向朱熹"极口说陆子静之学大谬"，引来朱熹严厉批评，认为刘尧夫简直背叛师门："'若子静学术自当付之公论，公如何得如此说他？'此亦见他质薄处。然其初间深信之，毕竟自家唤做不知人。"[②]对此，陆九渊曾致信陈傅良，感慨刘尧夫"年来避远师友，倒行逆施，极可悼念"，说道："淳叟、正己初向学时，自历之意，蔚然可观，乡里子弟因之以感动兴起者甚众。曾未半涂，各有异志，淳叟归依佛乘，正己慕用才术。"[③]对陆九渊来说，刘尧夫英年早逝虽使人惋惜，但他误入歧途，皈依释教更令人喟叹不已。

陈刚

陈刚，字正己，盱江人。他的官历资料不多，目前仅知其为进士出身，曾任教授、沅江令，后为大理司直。蔡幼学《育德堂外制》保留了陈刚获任大理司直制文；[④]项安世文集亦有诗送陈刚赴临安，或即与此任命有关。[⑤]制文谓："尔夙以学行，推于搢绅，白首入朝，抗志无挠。"安世诗云："一寸丹心百念更，满簪华发万人惊。闲抛

---

① 黎靖德编：《朱子语类》，卷 120，页 2911—2912；另见束景南：《朱子大传：多维文化视野中的朱熹》，页 429。

② 黎靖德编：《朱子语类》，卷 120，页 2911。

③ 陆九渊：《陆九渊集》，卷 9，《与陈君举》，页 128。

④ 蔡幼学：《育德堂外制》（上海：上海古籍出版社，1997，《续修四库全书》据宋钞本影印），卷 4，页 18 下。

⑤ 项安世：《平庵悔稿·后编》，卷 7，页 7 上。

岁月供书册，长把饥寒为友生。"二文并置观之，推测陈刚到晚年
才任京官。

　　陈刚与至友刘尧夫相当接近，均从学多师且变化甚大。他是陆
九渊早年弟子；根据《陆九渊年谱》，乾道八年陆九渊中第时，陈
刚即是众多追随者之一。当时陆九渊已相当知名，陈刚听讲、从学
后，有同乡傅子渊探询，陈刚以"谆谆只言辨志"为梗概，介绍陆
九渊之学。[①]乾道九年，陈刚与刘尧夫同游金溪疏山。不久，陆九渊
致之二信，首先指出"向在都下，见足下行步瞻视，若忘若遗，夜
卧多寱语，肢体屈伸不常，皆由足下才气迈往而学失其道，凡所经
营驰骛者，皆适以病其心耳"；[②]接着又批评他与刘尧夫入禅之非。[③]
凡此问题，因"与正己相处之久，不敢不直言"。[④]日后陈刚兼从功
利之学，陆九渊亦批评甚重。绍熙二年（1191），陆九渊致信陈傅良，
除伤叹刘尧夫之死，更痛惜刘、陈二人，一者皈依佛乘，一者慕用
才术，"此其为蔽，与前所谓以学自命者，又大不侔矣。正己比来相
与礼貌，然视其朋游，观其文辞，验之瞻视容色，以考其指归，未
之有改，此尤可念也"。[⑤]大约同时，孙应时也询问陆九渊："正己
议论今何如？"[⑥]由此推测，陈刚可能与陆门学友关系益见疏远。

---

① 见陆九渊：《陆九渊集》，卷36，页489。
② 陆九渊：《陆九渊集》，卷12，《与陈正己》，页162。
③ 同上，页163。
④ 同上，页163。系年见《陆九渊集》，卷36，页489。
⑤ 陆九渊：《陆九渊集》，卷9，《与陈君举》，页128。
⑥ 孙应时：《烛湖集》，卷6，《上象山陆先生书（一）》，页10下。

陈刚追随吕祖谦甚早，且深获赞赏，以致日后朱熹认为陈刚应归为东莱门人。[①]淳熙五年（1178）之前，陈刚已曾拜见吕祖谦。约在该年，吕祖谦致信陈刚，提到"从前贤士大夫，盖有学甚正、识甚明，而其道终不能孚格远近者，只为实地欠工夫耳。吾兄慨然欲力践之，真斯文之福"，鼓励他"笃实力学"。[②]淳熙七年十月，陈刚访吕祖谦，论及有意亲向朱熹问学，吕祖谦遂向朱熹引荐，极表赞誉："近有建昌士人陈刚正己相访，种种皆与人合，十年来所未见也"，"渠今冬来春为五夫之行，如此等人，方始不枉与说话也"。[③]朱熹因吕祖谦盛赞陈刚而有意相见，[④]但陈刚突遭母丧，最终并没有到访建安，尔后二人也未曾会面。淳熙八年，朱熹得吕祖谦死讯后，致刘清之（子澄，1134—1190）长信中，仍不忘问及"陈正己今在甚处"。[⑤]

吕祖谦死后，陈刚师从吕祖俭、陈亮、陈傅良、叶适等人，深深浸染于功利之说。[⑥]同时，陈刚也屡屡致书朱熹，表达自己的学

---

① 朱熹：《朱子文集·续集》，卷1，《答黄直卿》，页4903。

② 吕祖谦：《东莱吕太史外集》，收入黄灵庚、吴战垒主编：《吕祖谦全集》第1册，卷5，《与陈正己》，页709。

③ 吕祖谦：《东莱吕太史别集》，卷8，《与朱侍讲元晦》，页436—437。系年见杜海军：《吕祖谦年谱》，页273；束景南：《朱子大传：多维文化视野中的朱熹》，页432。

④ 朱熹：《朱子文集·正集》，卷54，《答陈正己（一）》，页2569。

⑤ 朱熹：《朱子文集·别集》，卷3，《刘子澄（二）》，页5158。

⑥ 参见赵伟：《陆九渊门人》，页115；束景南：《朱子大传：多维文化视野中的朱熹》，页585。

术见解，呵斥董仲舒，讪薄二程，颂扬苏辙、许渤之学。陈刚转向功利之学，朱熹大为不满，常向学友、弟子批评此事。淳熙十一年（1184），朱熹复信潘景逾（叔昌），指责功利之学"汲汲以就功名之心，故其议论见识，往往卑陋。……若必以为然，即程正叔（颐）宁可终身只作国子祭酒，却让他陈正己作宰相也，可怪可怪"。① 同年，答学生程端蒙（正思）信中提到，"陈正己之论，何足深辨"。② 又次年，答吕祖俭信则说："陈正己书来，说愈得更是怕人，今录所答渠书去，幸一观，此尤可为叹息也。"③ 朱熹更对门下弟子说，薛叔似欣赏正己，实乃识人不明："陈正己轻薄，向到那里，觉得他意思大段轻薄，每事只说道他底是。他资质本自捞攘，后来又去合那陈同父。兼是伯恭教他时，只是教他权数了。伯恭教人，不知是怎生地至此。"④

淳熙十二年秋，朱熹答陈刚二信，严厉批评陈刚，若吕祖谦在世，必也对此不以为然。朱熹认为陈刚为学"盖上为灵明之空见所持，而不得从事于博学笃志、切问近思之实，下为俊杰之豪气所动，而不暇用力于格物致知诚意正心之本。是以所论尝有厌平实而趋高

① 朱熹：《朱子文集·正集》，卷46，《答潘叔昌（六）》，页2092；陈来：《朱子书信编年考证（增订本）》，页219—220。

② 朱熹：《朱子文集·正集》，卷50，《答程正思（二十）》，页2311；陈来：《朱子书信编年考证（增订本）》，页221。

③ 朱熹：《朱子文集·正集》，卷47，《答吕子约（二十六）》，页2159；陈来：《朱子书信编年考证（增订本）》，页230—231。

④ 黎靖德编：《朱子语类》，卷120，页2912。

妙，轻道义而喜功名之心，其浮阳动侠之意，往往发于词气之间，绝不类圣门学者气象。不知向来伯恭亦尝以是相规否也"。朱熹又说："近来浙中怪论蜂起，令人忧叹，不知伯恭若不死，见此以为如何也。"① 他更批评陈刚的圣贤大业，"虽强以圣贤经世之说文之，而规模气象，与其所谓'存神过化，上下同流'者，大不侔矣"。②

从上述信件可以发现，朱熹批评功利权术之说时，经常会提到陈刚；在他看来，吕祖谦死后，功利之学势盛，学风每况愈下，陈刚几乎是其学沉沦的代表。朱熹晚年曾向黄榦（1152—1221）说："陈正己来自建昌，实亦明爽，但全别是一般说话，所谓伯恭之学，一传到此，甚可惧耳。"③ 即使如此，陈刚似仍与朱熹维持往来，而朱熹的态度也渐有改变。庆元五年（1199）二月，刘光祖撰《涪城学记》，言及"世方以道为伪，而以学为弃物，夫好恶出于一时，是非定于万世。学者盖谨所先入，以待豪杰之兴"，因此遭谏官张釜以佐逆不臣之罪弹劾，遂有被谪贬房州居住之议。④ 朱熹"为之怅然"，托陈刚便中带讯刘光祖，信中对刘光祖说："建昌陈刚正

---

① 朱熹：《朱子文集·正集》，卷 54，《答陈正己（一）》，页 2569—2571；束景南：《朱子大传：多维文化视野中的朱熹》，页 586。

② 朱熹：《朱子文集·正集》，卷 54，《答陈正己（二）》，页 2571。

③ 朱熹：《朱子文集·续集》，卷 1，《答黄直卿》，页 4903；陈来：《朱子书信编年考证（增订本）》，页 221。另参束景南：《朱子大传：多维文化视野中的朱熹》，页 585。

④ 汝企和点校：《续编两朝纲目备要》，卷 5，页 90；束景南：《朱熹年谱长编》，页 1352—1353。

己，旧见吕伯恭称之，实奇士也，不知曾相识否？因其便人，寓以
此书。"①这是朱熹生命的最后一年，他只向刘光祖表示陈刚为奇士，
不再如往日那样严厉批判。

（二）渐趋功利：石斗文、石宗昭兄弟

石斗文、石宗昭这对从兄弟是绍兴府新昌县人氏，与孙应时同
乡，尤其石宗昭和孙应时多有共游、唱酬及信件往返，孙应时甚至
代石宗昭撰写石斗文行状，交往特别频繁。②与孙应时相同，石氏
兄弟也是陆九渊早年弟子，《宋元学案》即将石氏兄弟列入陆门。
不过，陶晋生从《成化新昌县志》挖掘出朱熹致与石斗文、石宗昭
而未收入文集的书信，可知石氏兄弟亦与朱熹有所交往；陶晋生还
指出石氏子弟曾受教于陈傅良，并从游永嘉学者。③事实上，石斗
文、石宗昭早与薛季宣、吕祖谦、陈亮交好，甚至自视为薛季宣、吕
祖谦门人，导致陆九渊晚年对此批评严苛。

石斗文

石斗文，字天民，隆兴元年（1163）进士，先后任台州天台
尉、邵武军司户参军、临安府学教授、汉阳军学教授等职。淳熙五
年（1178），史浩于经筵引用陈襄故事，荐石斗文等五人。其荐词

---

① 朱熹：《朱子文集·别集》，卷1，《刘德修（十）》，页5114—5115。
② 孙应时：《烛湖集》，卷11，《编修石公行状》，页5上—13下。
③ 陶晋生：《北宋士族：家族、婚姻、生活》，页306—307；另参孙锃鸣原著，
吴洪泽校点：《陈文节公年谱》，收入吴洪泽、尹波主编：《宋人年谱丛刊》第
10册，页6410—6411。

云石斗文："问学知方，行己有耻，不为诡激以钓虚名，涵养之久，
必能立事。"① 石斗文因此获召任枢密院编修官，上书论政，言甚剀
切；② 后改通判扬州、婺州。淳熙十五年（1188），叶适等五位官员
上书执政，特荐三十四人，其中包括许多道学学者，石斗文亦在其
列。③ 大约在该年三月，宋廷任石斗文为知武冈军，④ 但他未上任即
得病，次年四月逝世家中，年六十一岁。孙应时代其从弟石宗昭撰
写行状，称石斗文乐于汲引后进，尤喜讲评文辞，越中士人多为其
门人弟子；石斗文也广交当代名士，虽已年长，但仍谦下师从当时
青年名儒，例如张栻、吕祖谦、陆九渊兄弟与朱熹等人。⑤

石斗文是陆九渊早期从学者之一。淳熙元年，陆九渊出任隆兴
府靖安县主簿前，曾致信徐谊，指出石斗文为学驳杂之弊："天民
重困犹昔，皆闻见驳杂之弊。近尝苦口与言，稍能自反。应之（石
宗昭）亦复荒唐。今此相聚相款，志向却笃，知非甚明，可喜者，

---

① 史浩：《鄮峰真隐漫录》（"文渊阁四库全书"本），卷 8，《经筵荐石礅等札
子》，页 10 上。

② 孙应时：《烛湖集》，卷 11，《编修石公行状》，页 8 上—9 下。

③ 叶适：《叶适集·水心文集》，卷 27，《上执政荐士书》，页 555—556；周
学武编：《叶水心先生年谱》，收入吴洪泽、尹波主编：《宋人年谱丛刊》第 11
册，页 702。余英时认为叶适等人的荐士之举，是道学家执行孝宗政治部署的
奠基工作，实为孝宗晚年道学集团与以王淮为主的官僚集团争夺权位的重大
变动。见余英时：《朱熹的历史世界：宋代士大夫政治文化的研究》下篇，页
270—304。

④ 周必大：《文忠集》（"文渊阁四库全书"本），卷 173，页 15 上。

⑤ 孙应时：《烛湖集》，卷 11，《编修石公行状》，页 12。

亦可为天民庆也。"① 陆九渊对石斗文学问趋向，似乎了解甚深。

　　石斗文接触朱熹稍晚，二人交流多与政务、论学有关，情谊颇深；比较详细的记录见于《朱子语类》与《朱子文集》，介于淳熙八年（1181）至淳熙十三年之间。在政务上，先是淳熙八年年底，朱熹在浙东赈灾，委托闲居在家的石斗文协助绍兴府赈灾事宜。石斗文通过保长掌握饥民人数，并甄别饥民的等级，以寺庙为中心进行赈济、赈粜，朱熹赞许其举成效良好。② 后石斗文任婺州通判，主持"乡邑赈贷之役"，朱熹称赞他勇于任事，"不以世俗好恶少改其度，深可敬服"。③ 在论学上，淳熙九年，朱熹回信石斗文，深感惊骇浙中学者竟秉持"义理与利害只是一事，不可分别"的功利倾向，认为"今日之病，唯此为大"，询问石斗文意见。④《成化新昌县志》所收录书信时期较晚，朱熹信中称石斗文为"老友"，除了谈论陈亮，亦提及自己的生活与疾病。⑤ 综合看来，在政事上，朱熹非常肯定石斗文的表现；在学术上，朱熹主要与石斗文讨论功利之学，并多所批评，意味石斗文在朱、陆之外另有取径。

---

① 陆九渊：《陆九渊集》，卷 5，《与徐子宜（一）》，页 67。
② 黎靖德编：《朱子语类》，卷 106，页 2643。
③ 朱熹：《朱子文集·正集》，卷 54，《答项平父（三）》，页 2551。
④ 朱熹：《朱子文集·正集》，卷 53，《答石天民》，页 2535。
⑤ 李楫修，莫旦纂：《成化新昌县志》（北京：国家图书馆出版社，2011，《上海图书馆藏稀见方志丛刊》据正德十六年〔1521〕刻本影印），卷 12，页 10 下—12 上。

事实上，较之与朱、陆互动，石斗文确实与功利派学者往来甚早，也更加密切。乾道九年（1173）七月，薛季宣病逝，石斗文与石宗昭、高宗商三人为文致祭，称之为先生，似以门人自居。① 现有资料也显示，石斗文早已结识吕祖谦与陈亮。乾道八年，陈亮委请吕祖谦为家人撰写墓志；② 吕祖谦复信提到与石斗文时有往来，将待石斗文送来陈亮家人行状。③ 这事或许说明石斗文结识陈亮，且二人早已相识；但无论如何，二人至迟曾在淳熙三年（1176）相见。④ 淳熙元年九月，亦即吕祖谦"入越"而陆门学者陪同之时，则是石斗文首次与吕祖谦会面。⑤

石斗文任枢密院编修官后的出处动静，一时成为吕祖谦、陈亮与其他浙东学友的关心焦点。他与功利学者关系密切，根据陈亮致石斗文书信，石斗文在淳熙五年二月二十七日被引见召对，⑥ 任枢密院编修官，次月史浩复任宰相，荐举了不少道学学者，以及叶适等同道中第；在此之前，则有吕祖谦担任史官、陈傅良因前参知政事龚茂良之荐而任太学录。这些消息使得居家的陈亮在致书吴镒时，显得相当乐观，认为眼下似乎是道学，特别是永嘉学者的发展良机。

----

① 见薛季宣：《浪语集》（"文渊阁四库全书"本），卷35，页9上—10上。
② 系年见方如金：《陈亮与南宋浙东学派研究》（北京：人民出版社，1996），页128。
③ 吕祖谦：《东莱吕太史别集》，卷10，《与陈同甫》，页474。
④ 陈亮：《陈亮集》，卷21，《与石天民》，页333。
⑤ 吕祖谦：《东莱吕太史文集》，卷15，《入越录》，页231。
⑥ 陈亮：《陈亮集》，卷21，《与石天民》，页333。

他并预期"（石斗文）继此当平步要津矣"；在该信中，陈亮也提到自己与吕祖谦、陈傅良、石斗文、叶适等人为至交，与"天民一见遂遇合"。①

不过，对于石斗文、陈傅良等人在朝任官，吕祖谦则抱持不同态度。他在致信潘景宪（1134—1190）时曾提到："史丞相虽为柴端所击，而趣召犹未已。"②可见史浩复相不无阻碍；尤其史浩在朝与孝宗时有冲突，孝宗颇有朋党之虑。③或因如此，约在淳熙五年（1178）七月，吕祖谦书潘景宪，表示石斗文留朝"于善类牢落，不为无助，但却是四明论荐，若到此，于交际间亦须斟酌，令浅深得所乃佳"。④另方面，吕祖谦也数度劝阻陈傅良莫求外任。⑤陈傅良系龚茂良所荐，但龚、史二人素来不合，且在淳熙四年已罢相；⑥如今史浩的复任宰相，陈傅良可能感到处境困难，而力求补外。因此，相对于陈亮的乐观，吕祖谦亲睹朝廷政争风波，对道学的前景则是忧喜参半。

陈亮的乐观预测并未成真，石斗文、陈傅良先后去国。石斗文

---

① "四海相知惟伯恭一人，其次莫如君举，自余惟天民、道甫、正则耳。"陈亮：《陈亮集》，卷21，《与吴益恭安抚》，页327。

② 吕祖谦：《东莱吕太史别集》，卷10，《答潘叔度》，页495。

③ 蒋义斌：《史浩研究：兼论南宋孝宗朝政局及学术》，页71。

④ 吕祖谦：《东莱吕太史别集》，卷10，《答潘叔度》，页497。

⑤ 蔡幼学：《宋故宝谟阁待制致仕赠通议大夫陈公行状》，收入陈傅良原著，周梦江点校：《陈傅良文集》，《附录二》，页691；孙锵鸣：《陈文节公年谱》，页6415。

⑥ 徐自明原著，王瑞来校补：《宋宰辅编年录校补》，卷18，页1232。

因激切批评朝政，使自己陷入困境，最终只得自请外放。根据孙应时记述，石斗文亟言公论不畅，皇帝不信任大臣，反而亲擢朝臣，导致"朝廷得容其私""大臣无与进拟"，诸司各有承受而三省无关出纳。石斗文认为，朝廷"譬之万金之家，必严大门，以司出入"，"一旦以守为疑而创开便门，通道旁出，终亦使人守之，不知便门之私乃复滋甚。何则？大门十手所指，人犹有所忌惮心；便门者无人之境，彼何所不至乎"。石斗文敞开大门、信任官员之说，一时成为名言，而得"石大门"之号，却也因此招忌。①淳熙五年（1178）下半年，吕祖谦致信陈亮，表示忧虑："石天民日来踪迹为人摇撼，方求去，势须得请。"②不久吕祖谦再度致信："君举（傅良字）去意已决，但近颇有少曲折，更须放缓两三月，乃可申前请也。天民厄怯病，时作时止，甚可念。"③可见陈傅良态度坚决。十月，陈傅良出为福州通判；④接着约与十一月史浩罢相同时，⑤石斗文出为扬州通判，而且二十日即罢。⑥眼见陈傅良与石斗文双双离朝，吕祖谦致信陈亮，感叹："朋游散落益复鲜，况适当天民、君举相继引去之后，又不欲成群队，只得痴坐静待而已。天民、君举干私

---

① 孙应时：《烛湖集》卷 11，《编修石公行状》，页 8；又见朱国祯：《涌幢小品》（上海：中华书局，1959），卷 14，《石大门》，页 312。

② 吕祖谦：《东莱吕太史别集》，卷 10，《与陈同甫》，页 479。

③ 同上，页 478—479。

④ 孙锵鸣：《陈文节公年谱》，页 6415。

⑤ 徐自明原著，王瑞来校补：《宋宰辅编年录校补》，卷 18，页 1237—1238。

⑥ 孙应时：《烛湖集》，卷 11，《编修石公行状》，页 10。

计极便，但恐天民规模散漫，未必能为求田问舍计耳。"①

吕祖谦与陈亮素来关切"善类"能否留朝任官。石斗文被罢以后，二人仍然十分关心他的动向，叶适也曾鼎力相助。淳熙七年（1180），吕祖谦病重返家，隔年逝世前，曾询问项安世是否仍与石斗文往来相聚。②淳熙九年，朱熹到浙东赈灾，陈亮曾与之相会，③应当从朱熹之处得到石斗文消息。淳熙十五年四月，石斗文未及赴任知武冈军就病逝家中。陈亮向视陈傅良、石斗文为莫逆之交，④因此得知石斗文的死讯后，致书吕祖俭说："天民竟不起，友朋凋落殆尽，亦何用生为念之，令人气塞，稍定则往哭之。虽六月极热，不敢辞也。"陈亮撰写祭文，悼祭石斗文"英风义概，足以激懦而起偷；美意仁心，足以律贪而镇浮"。⑤由现存石斗文与吕祖谦、陈亮、叶适等人的互动资料观之，相较于陆九渊或朱熹，石斗文与功利学派学者关系显然更为紧密。

石宗昭

石宗昭，字应之，号诚斋。⑥石宗昭为石斗文从弟，从师问学经历几乎与石斗文如出一辙。石宗昭于乾道八年（1172）中进士第，

---

① 吕祖谦：《东莱吕太史别集》，卷10，《与陈同甫》，页475。

② 吕祖谦：《东莱吕太史别集》，卷10，《答项平甫》，页483。

③ 束景南：《朱熹年谱长编》，页722—724；童振福：《陈亮年谱》（上海：商务印书馆，1936），页39。

④ 陈亮：《陈亮集》，卷21，《与陈君举》，页332。

⑤ 陈亮：《陈亮集》，卷24，《祭石天民知军文》，页366—367。

⑥ 莫旦纂：《成化新昌县志》，卷12，页13下—14上。

与陆九渊同年，也是陆象山的早期门人之一。^① 他与朱熹也有往来，
但相关资料偏晚，最早的记录是淳熙十二年（1185）朱熹给他的回
信。朱熹在信中称赞石宗昭面对孝宗的奏文，"所示文字深切详审，
说尽事情，想当时面陈，又不止此，而未足以少回天意，此亦时运
所系，非人力所能与也"，希望他加涵养讲学之功，以待机会；另
外也说明自己得祠禄及老病之况，但仍为"近时所谓喤喤争鸣者之
乱道而误人也"感到忧虑不已。^②

与石斗文相仿，石宗昭与永嘉学者往来的时间早，资料也多，
关系显然更为密切。首先是与薛季宣的交往。约在乾道三年（1167），
薛季宣即有信答复石宗昭关于大学、小学之道。^③六年，陈傅良入
太学，薛季宣复信傅良，也提到与石宗昭往来："忽石应之见访，
出前后两示缄墨，慰拊何已，审知诸公固相藜以学职，诚典学者善
意。"^④尽管缺乏资料佐证，但石宗昭师从薛季宣，应与从兄石斗文
同步，或者受其影响；乾道九年薛季宣死时，石斗文与石宗昭连同
高宗商曾共作祭文致意。石宗昭与陈亮、叶适同样保持关系。前述

---

① 见陆九渊：《陆九渊集》，卷 36，页 488；黄宗羲原著，全祖望补修：《宋
元学案》，卷 77，页 2578。

② 朱熹：《朱子文集·正集》，卷 54，《答石应之（一）》，页 2546—2547。

③ 薛季宣：《浪语集》，卷 23，《答石应之书》，页 17 上—18 上。系年见杨
世文编：《薛季宣年谱》，收入吴洪泽、尹波主编：《宋人年谱丛刊》第 10 册，
页 6379。杨世文称"应之名宗昭，季宣学生"。

④ 薛季宣：《浪语集》，卷 24，《答君举（三）》，页 13。系年见杨世文编：《薛
季宣年谱》，页 6383。

叶适等五人于淳熙十五年（1188）推荐石斗文等三十四人，其中亦包括石宗昭。绍熙二年（1191）左右，叶适家族姻亲向叶适求墓志铭，托石宗昭代请，可见二人关系颇佳。[①]淳熙十六年，陈亮则曾致书石宗昭，称赞他召试答策。[②]

石宗昭也曾拜吕祖谦门下，并与吕祖俭结为儿女亲家。淳熙元年，吕祖谦"入越"，石宗昭亦在陪行之列。[③]淳熙八年吕祖谦逝世，石宗昭为文祭之，云："不肖无状，得附在弟子之列，八年于兹……向非先生哀其愚而拯之，察其可教而辨之明、诲之详也，则石火电光安知其不自以为是……以天下之身，受天下之教，庶几其有分寸之进者，则惟先生之教之赐，不敢忘也。"[④]文词甚为恳切哀悼。石宗昭与吕祖俭似乎十分亲近，关于二人往来资料虽仅一笔，却是吕祖俭自述家庭事务。绍熙五年正月，吕祖俭作帖致石宗昭，提到其妹婚事已毕，以及石宗昭丧偶，而吕祖俭之女将嫁给石宗昭之子。[⑤]

石宗昭与永嘉学者往来密切，自视为吕祖谦门人，陆九渊对此

---

① 叶适：《叶适集·水心文集》，卷13，《郭处士墓志铭》，页248。
② 陈亮：《陈亮集》，卷21，《与石应之》，页334。
③ 吕祖谦：《东莱吕太史文集》，卷15，《入越录》，页229—232。见于记载的有九月六日、八日、十三日、十四日，并提到石宗昭的家就在王羲之故宅之后。
④ 见《东莱吕太史文集·附录》，卷3，页799—800。
⑤ 黄溍：《金华黄先生文集》（上海：上海书店，1989，《四部丛刊·初编》，据上海涵芬楼借景常熟瞿氏上元宗氏日本岩崎氏藏元刊本重印），卷22，《吕忠公与石应之帖》，页16下。

极为不满。绍熙元年（1190），陆九渊致书高宗商，首度强烈批判石宗昭："应之一跌不复，中间见其祭吕郎中文，迷缪之甚。急于旧书问中寻得其向时书数纸，封之，题曰'石应之公案'，拟相聚时，发此以启之。"陆九渊还提到，曾在临安官舍见石宗昭，察觉他神志不定，"观其容貌言论，与曩者判然如二人，使人不忍视之。今遂居台阁，益令人怜之"。[①] 其后，绍熙三年冬天，也就是陆九渊逝世前一年，陆九渊自荆门军回信孙应时，再度严厉批评石宗昭学术倾向的转变："骎骎有成路之兴，复迷于异说，至今茅塞，每为悼叹。知及之，仁不能守之，虽得之，必失之。"[②]

（三）兼采诸儒：诸葛千能兄弟

诸葛千能是绍兴府山阴县人氏，也是孙应时的同乡。不过，两人幼年并无来往，入太学后方为同学，并且一起师从陆九渊。《宋元学案》将诸葛千能列为陆九渊门人，他的多位兄弟亦为孙应时的陆门学友。然而，诸葛千能在学术上、政务上与朱熹互动密切，黄宗羲早已指出诸葛千能"问学于朱、陆"，并提到他曾调和二派冲突。[③] 此外，诸葛千能也深受永嘉学者影响。

---

① 陆九渊：《陆九渊集》，卷14，《与高应朝》，页188。全祖望说"石应之由秘书省正字直华文阁侍御史"，而据《宋会要辑稿》，石宗昭在绍熙元年任秘书省正字，则陆九渊此信，当在此时所作。见黄宗羲原著，全祖望补修：《宋元学案》，卷77，页2578；徐松辑：《宋会要辑稿》，《选举》22之9。
② 陆九渊：《陆九渊集》，卷15，《与孙季和》，页195—196。
③ 黄宗羲原著，全祖望补修：《宋元学案》，卷77，页2576—2577。

　　诸葛千能，字诚之，为著名藏书家诸葛行仁之族人。[①]淳熙八年（1181），诸葛千能中进士，[②]居乡待阙。次年，朱熹任提举两浙东路常平茶盐公事，推动救荒，诸葛千能以乡官身份，请求置仓与减和买绢，以纾民困。朱熹在劝立社仓榜文提到"寻据绍兴府会稽县乡官、新嘉兴主簿诸葛修职（案：即诸葛千能）状，乞请官米置仓给贷"，并赞许诸葛千能和其他官员"心存恻怛，惠及乡间，出力输财，有足嘉尚"。[③]时绍兴府和买绢独课田亩不及浮财之弊，朱熹向朝廷奏请减和买状，而请诸葛千能"操笔为之"，称他"有学行，审细详练，恐可招而问之，必能博尽异同，得其利病之实"。[④]及诸葛千能出任嘉兴县主簿，与知县黄度（1138—1213）及陈希、杜申、刘允济共同协助知平江府罗点从事救灾。这些士人均"有志于民者"，深获罗点倚用，后也受罗点推荐。[⑤]诸葛千能此后历官资料，现已不可见。诸葛千能大约死于淳熙十六年，孙应时撰文祭悼，深刻描写了二人的相互关怀与情谊。[⑥]

---

① 诸葛行仁于绍兴五年九月献书万余卷，事见李心传：《建炎以来系年要录》，卷 93，1782；沈作宾修，施宿纂：《嘉泰会稽志》，卷 16，页 27。

② 张淏纂修：《宝庆会稽续志》，卷 6，页 11 下。

③ 朱熹：《朱子文集·正集》，卷 99，《劝立社仓榜》，页 4844。

④ 朱熹：《朱子文集·正集》，卷 18，《奏均减绍兴府和买状》，页 613；束景南：《朱熹年谱长编》，页 740。

⑤ 袁燮：《絜斋集》（"文渊阁四库全书"本），卷 12，《端明殿学士通议大夫签书枢密院事崇仁县开国伯食邑七百户食实封一百户累赠太保罗公行状》，页 10 下—12 上。

⑥ 孙应时：《烛湖集》，卷 13，《祭诸葛诚之文》，页 7 下—8 下。

　　诸葛千能从学于陆九渊甚早。乾道八年（1172），陆九渊中进士，六月十九日离开临安，"与诸葛诚之同访敬仲（杨简），二十九日至富阳，七月三日始离，既望抵侍下"。①同年，陆九渊回信诸葛千能之兄受之，说"诚之远访，辱惠书，欣怪兼至。诚之为学，今世鲜见，好善如此，所当轻千里而告之以善者，况其千里而来见耶，则力之所及，岂敢不自竭"，颇有赞誉。②此后到淳熙八年（1181）间，诸葛千能致力举业，同时也向陆九渊问学。陆九渊文集收录三信致诸葛千能，大约都在此一时期。在这些信件中，陆九渊有劝有勉，赞许诸葛千能为学努力，"惟知顿身于规矩准绳之中，而痛锄狂妄之根"，但当须辨明铲锄之道，以及狂妄之根是否复生。陆九渊称诸葛千能"嗜学甚笃，又有筋力。朋友间尤所赖者"。③他也建议诸葛千能，日常作息应"未夜而睡，非有疾病，非委顿不能支持，但气昏体倦，欲睡而遂纵之耳。诚之不能于此时少加勉强，诛而勿纵，而欲别求道术，别起疑惑，不亦左乎"。④在为学态度方面，陆九渊指出诸葛千能"与曩时异。观书辞，诚有用工处，但如懊惜，亦甚害事"，希望他"觉即改之"。⑤这些

① 陆九渊：《陆九渊集》，卷4，《与王德修》，页52。
② 袁燮、傅子云初稿，李子愿编：《象山陆先生年谱》（北京：北京图书馆出版社，1999，《北京图书馆藏珍本年谱丛刊》据嘉靖三十八年〔1559〕刻本影印），卷上，页13下。但书文不见于前引《陆九渊集》中。
③ 陆九渊：《陆九渊集》，卷4，《与诸葛诚之（一）》，页49—50。
④ 陆九渊：《陆九渊集》，卷4，《与诸葛诚之（二）》，页51。
⑤ 陆九渊：《陆九渊集》，卷4，《与诸葛诚之（三）》，页51。

信件内容显示，陆九渊对诸葛千能言行观察十分深刻。淳熙十一年（1184），诸葛千能到四明与舒璘（1136—1199）之弟舒琪相聚讲学，也曾计划前往临安拜见陆九渊。①

　　诸葛千能与朱熹似乎也互动频繁，不过朱熹对其时有批评。淳熙九年，朱熹复信刘燨，说道："浙东学者修洁可喜者多，杨敬仲、孙季和皆已荐之，诸葛诚之兄弟亦时来相处，但心地不虚，我见太重，恐亦为学道之障也。"②同年，朱熹回信石斗文，针砭浙中学风，以为劝诫，特别以诸葛千能为例，说他"直说义理与利害只是一事，不可分别，此大可骇。当时亦曾辨论，觉得殊未相领，至与孟子、曾子之言，例遭排摈。……熹窃以为今日之病，唯此为大，其余世俗一等近下见识，未足为吾患也"。③淳熙十年三月，诸葛千能与包扬拜访朱熹。事后朱熹致信陆九渊，赞誉诸葛千能之学："比约诸葛诚之在斋中相聚，极有益。浙中士人，贤者皆归席下，比来所得为多，幸甚。"④十一年，朱熹答梁璪（文叔）皇极之说："曰皇极之敷言以下，是推本结杀一章之大意。向见诸葛诚之说略是如此，

---

① 陈晓兰：《南宋四明地区教育和学术研究》（南京：凤凰出版社，2008），页132—133。

② 朱熹：《朱子文集·续集》，卷4，《答刘晦伯》，页4971；陈来：《朱子书信编年考证（增订本）》，页213。

③ 朱熹：《朱子文集·正集》，卷53，《答石天民》，页2535；陈来：《朱子书信编年考证（增订本）》，页212。另参束景南：《朱子大传：多维文化视野中的朱熹》，页500—501。

④ 见陆九渊：《陆九渊集》，卷36，页494；束景南：《朱熹年谱长编》，页764。

但渠说有过当处耳。"① 前引书信显示朱熹颇不认同诸葛千能杂糅陆门与浙东之学，也侧面说明诸葛千能受浙东学者影响。现有资料指出，淳熙八年（1181）三月八日，吕祖谦曾致信诸葛千能，② 可见二人确有往来，只是无从了解交谊深浅。除此之外，目前尚无诸葛千能与其他浙东学者互动资料。

　　正如黄宗羲指出，诸葛千能曾努力消弭朱、陆之间因曹建（1147—1183）墓表而加剧的紧张关系。淳熙十年五月，朱熹为曹建作墓表，描述其学问转变过程；③ 然陆学弟子视曹建为叛徒，朱熹此举引发陆学弟子不平，加深朱、陆对立态势。④ 十一年三月十三日，陆九渊致信朱熹，认为曹建墓表有未得实处，拟录送自己所述曹建生平，供朱熹参考。⑤ 当时诸葛千能也致书朱熹，试图化解冲突。十三年，朱熹为此致诸葛千能二信，首云"愚意比来深欲劝同志者，兼取两家之长，不可轻相诋訾，就有未合，亦且置勿论，而姑勉力于吾之所急。不谓乃以曹表之故，反有所激，如来谕之云也，不敏之故，深以自咎"；但是，对于陆学弟子"厉

---

① 朱熹：《朱子文集·正集》，卷 44，《答梁文叔（二）》，页 1954。
② 见杜海军：《吕祖谦年谱》，页 280。
③ 曹建死于十年二月十五日，朱熹在该年五月作墓表，见《朱子文集·正集》，卷 90，页 4398—4400；束景南：《朱熹年谱长编》，页 760。另参陈来：《朱熹哲学研究》，页 304—311。
④ 朱熹：《朱子文集·续集》，卷 4 上，《答刘晦伯（七）》，页 4972。在陆门弟子中，包扬可能最感不满，见《陆九渊集》，卷 36，页 495。
⑤ 陆九渊：《陆九渊集》，卷 7，《与朱元晦》，页 94—95；同书，卷 36，页 496。

色忿词，如对仇敌，无复长少之节、礼逊之容"，虽感"诸贤之气方盛"，然"至今常不满也"。① 后又表示不知"隙从何生"，"愚意讲论义理，只是大家商量，寻个是处，初无彼此之间，不容更似世俗遮掩回护，爱惜人情，才有异同，便成嫌隙也"。② 同一时间，朱熹也致信项安世，抱怨陆门不理性的攻击，并提到诸葛千能居中解释："朋友论议不同，不能下气虚心以求实是，此深可忧。诚之书来言之甚详，已略报之，可取一观，此不复云也"；③《宋元学案》亦云诸葛千能"尝以书贻朱子论曹立之墓表事，欲解两家之争"。④ 从后续发展看来，诸葛千能未能有效化解双方的矛盾与分歧；然而他有志于此，亦略能居中调解，必然有赖于他与朱、陆均保持良好关系。

诸葛千能有兄弟受之（佚其名）、千龄与行之（佚其名），也都是陆九渊门人，但资料零散，无从考究详细完整生平事迹。诸葛受之与陆门关系较能确定，陆九渊曾致书受之，批评他"反己未切，省己未深，见善未明，似不能自奋也"，并引孟子"自谓不能者，自贼者也"，希望他勇于改正，"幸无久自屈抑"。⑤《宋元学

---

① 朱熹：《朱子文集·正集》，卷 54，《答诸葛诚之（一）》，页 2548。
② 同上，页 2548；陈来：《朱子书信编年考证（增订本）》，页 249。束景南：《朱子大传：多维文化视野中的朱熹》，页 590，作淳熙十六年，恐误，当以陈来之说为确。
③ 朱熹：《朱子文集·正集》，卷 54，《答项平父（三）》，页 2551。
④ 见黄宗羲原著，全祖望补修：《宋元学案》，卷 77，页 2577。
⑤ 陆九渊：《陆九渊集》，卷 3，《与诸葛受之》，页 45；同书，卷 36，页 489。

案》将受之归于陆门，即据于此。^①诸葛千龄，字寿之。淳熙元年（1174），吕祖谦入越，诸多陆门弟子随行，千龄亦在其列。^②千龄死时，孙应时作有挽文："过从十年足，悃款一家情。无力宽贫病，传书隔死生。西风吹客泪，万里寸心明。"^③关于诸葛行之，绍熙二年（1191）冬，孙应时致信陆九渊，信中便提及陆九渊来信系托诸葛行之传递；^④孙应时亦曾有诗和诸葛行之。^⑤

（四）转向朱熹：高宗商、潘友文与王遇

高宗商是孙应时早年相识的陆门学友，潘友文与孙应时可称同乡，王遇或是孙应时的太学同学。^⑥《宋元学案》将高宗商与潘友文列为陆九渊门人，王遇则在朱熹门下；事实上，三人师从关系复杂，而且都在陆九渊名动天下之初即师事之，最终则转向朱熹，或者被朱熹视为门人。庆元党禁时，王遇与朱熹的关系若即若离，但与朱熹后学关系十分密切，是相当特殊的例子。

---

① 见黄宗羲原著，全祖望补修：《宋元学案》，卷77，页2577。
② 吕祖谦：《东莱吕太史文集》，卷15，《入越录》，页231。
③ 孙应时：《烛湖集》，卷17，《挽诸葛寿之文》，页3。
④ 孙应时：《烛湖集》，卷6，《上象山陆先生书（二）》，页10下。
⑤ 孙应时：《烛湖集》，卷17，《和诸葛行之》，页2上。
⑥ 不过，王遇与孙应时的关系并不密切。孙应时在《与王郎中书》中说："某自弱岁游学校，则已服膺先进重名，今逾两纪，未遂承教之愿，惓惓可言。"这封书信大约在庆元二年（1196）前后，应时时为常熟知县，距乾道八年（1172）登太学，正好二十四年，即所谓"两纪"。书信内容显示二人未直接来往。一直到庆元二年，才经吴仁杰介绍，次年应时即有诗云"和答吴斗南中秋见怀，并约王子合见过"。总之，二人虽同为陆九渊兄弟的早期门人，但往来互动不多。见孙应时：《烛湖集》，卷8，页18上；同书，卷18，页13下—14上。

高宗商

讨论高宗商的从师经历，首先必须厘清各种史料所见的"高宗商"与"高商老"的关系。《宝庆会稽续志》所录乾道八年（1172）进士名录有高宗商，并注"改名商老"。[①]由于缺乏其他确凿资料可供参考，对于高宗商与高商老是否为同一人，历来仍有不同意见。如《宋元学案》即分作二人，同列陆九渊门人；近年赵伟在所著《陆九渊门人》亦是如此，并以《会稽续志》之说为误。[②]不过，南宋各典籍"高宗商"之名较早。"高商老"之名约首见于嘉泰三年（1203），时蔡戡（1141—？）担任广西经略安抚使，有状文推荐知象州高商老；[③]此后南宋资料只见"高商老"。另方面，高宗商、高商老皆字"应朝"。综观上述，"高宗商"与"高商老"当为同一人无误。

高宗商是处州括苍人，乾道八年进士，首任明州昌国县主簿，主管学事，[④]后任徽州录事参军，随之丁忧；[⑤]约淳熙十年（1183），为邕州教授。[⑥]绍熙五年（1194），知宜兴县，曾复养士

---

① 张淏纂修：《宝庆会稽续志》，卷6，页11上。

② 赵伟：《陆九渊门人》，页186—187。

③ 吴廷燮原撰，张忱石点校：《南宋制抚年表》（北京：中华书局，1984），卷下，页589。

④ 薛季宣：《浪语集》，卷35，页9上；项安世：《平庵悔稿·后编》，卷1，《小隐庄别高教授》《次前韵伐高教授》，页3下—4上。

⑤ 项安世：《平庵悔稿·后编》，卷3，《高通直挽诗（高应朝之父）》，页18。

⑥ 项安世有诗曾相送。见项安世：《平庵悔稿》，卷9，《送邕州高教授二首》，页6下。系年见冯可镛、叶意深编，李春梅校点：《慈湖先生年谱》，（见下文）

桥钱，[1]重修县学，以二千五百石设社仓，接续朱熹与诸多道学同志理想，共同致力救助乡里。[2]后权知象州，蔡戡荐状高宗商“行义著闻乡闾，才术见推流辈，文学吏事皆有过人，顷宰剧邑，已著能称，前后守臣，以其政绩上闻。……今为象台，……田野为之加辟，以至兴修学校，缮治城池，鼎新军营，易茅以瓦，区处有方”，[3]十分肯定高宗商在学校教化与实务建设的作为。开禧三年（1207）知抚州，因追慕陆九渊，以其堂名为“景贺堂”，[4]并于治所刊刻《陆九渊文集》，为之序。[5]同年十一月，与江西提举常平赵希怿（伯和，1155—1212），同奏辟朱熹女婿黄榦知临川县事。[6]然而，次年（嘉定元年，1208）年初，高宗商被劾罢，[7]可能不久即抑郁而终。黄榦有文悼祭，感慨高宗商英年早逝，无法展布长才：“惟公禀刚

（接上文）收入吴洪泽、尹波主编：《宋人年谱丛刊》第10册，页6605—6606。

① 史能之纂修：《咸淳毗陵志》（北京：中华书局，1990，《宋元方志丛刊》据嘉庆二十五年〔1820〕赵怀玉刻李兆洛校本影印），卷29，页12上。

② 刘宰在《回宜兴谢百里（奕修）》中也指出：“绍熙间，越人俞、高两郎中相继为宰，创社仓。二君既去，乡人徐大夫实继之。徐虽学舍人，而识颇不逮，遂彻去。人至今惜之，至今议之。”见刘宰：《漫塘文集》，卷6，页11上。

③ 蔡戡：《定斋集》（“文渊阁四库全书”本），卷6，《荐高商老、周南、刘爚状》，页25上。系年见胡坤：《制度运行与文书流转：宋代荐举改官研究》，页99。

④ 项安世：《平庵悔稿·后编》，卷4，《和高抚州用韵相招》。诗中小注有云：“高侯师事象山陆先生，自号景贺堂。”（页12下）

⑤ 见陆九渊：《陆九渊集》，卷36，页518—519。

⑥ 郑元肃录，陈义和编，吴洪泽校点：《勉斋先生黄文肃公年谱》，收入吴洪泽、尹波主编：《宋人年谱丛刊》第11册，页7213。

⑦ 徐松辑：《宋会要辑稿》，《职官》74之29。

直不挠之德，博硕有用之才，而位不显，年不寿，此榦所以为公惜也。……公其死矣，顾使龌龊庸凡之徒纷起而谋天下之事，是则重可为斯世惜也。千里缄词，一觞遣奠，公其以为真知我者哉。"①

高宗商是陆九渊同年进士，也是其早期门人。《陆九渊年谱》记载，乾道八年（1172）条："复斋与学者书云：'子静入浙，则有杨简敬仲、石崇（宗）昭应之、诸葛诚之、胡拱达材、高宗商应朝、孙应时季和从之游。'"②高宗商对陆九渊甚为折服，曾云："先生之文如黄钟大吕，发达九地，真启洙泗邹鲁之秘，其可不传耶。"③在陆门诸人中，高宗商与杨简、舒璘、舒琪兄弟相契；④后来舒琪逝世，高宗商与杨简一同致祭。⑤另外，高宗商与石宗昭的关系亦甚密切。

陆九渊有二信与高宗商论学，内容都提到功利派学者，显然忧虑高宗商受其影响。第一封是回复高宗商来信，时间难以考订。陆九渊在信中鼓励他为学日进，"应朝既自知资质偏驳，不废磨砻，亦复何忧，亦复谁御。然当知染习未尽，大体实不得为无伤也"；接着批评吕祖俭"宜于静未宜于动"之说，大概担心石宗昭受吕氏的影响。⑥第二封约在绍熙元年（1190），除了谈到陆九韶之子死讯，

---

① 黄榦：《勉斋集》（"文渊阁四库全书"本），卷39，《祭高应朝文》，页12下—13下。

② 陆九渊：《陆九渊集》，卷36，页488。

③ 陆九渊：《陆九渊集》，卷35，页471—472。

④ 黄宗羲原著，全祖望补修：《宋元学案》，卷77，页2595。

⑤ 同上。

⑥ 陆九渊：《陆九渊集》，卷5，《与高应朝》，页64—65。

更担心高宗商与石宗昭的为学倾向："每思应朝、应之，未尝不兴怀。应之一跌不复，中间见其祭吕郎中文，迷缪之甚。……观其容貌言论，与曩者判然如二人，……阅应朝二书、《葺斋记》，亦甚念足下有茅塞之患。"① 由于高宗商与石宗昭确实曾随薛季宣与吕祖谦游，陆九渊殆非无的放矢。乾道九年（1173），薛季宣逝世，高宗商与石氏兄弟几乎以弟子身份致祭；② 而淳熙元年（1174）吕祖谦会稽之行，高宗商亦是陪同的陆门弟子之一。③

约自淳熙中晚期，高宗商亦向朱熹问学，二人关系日渐密切。庆元元年（1195），朱熹应高宗商之邀，作宜兴县学记说"予顷得高君于会稽"，可知二人结识当在淳熙八年，也就是朱熹到浙东赈灾之时。后高宗商将自己在邕州教授任上所编讲义寄请朱熹指正；淳熙十三年，朱熹回信就讲义内容提出意见。朱熹赞高宗商"发明深切，远方学者，得所未闻，计必有感动而兴起者"，却也担心产生负面作用："恐但可为初学一时之计，若一向只如此说，……即恐学者……陷于欲速助长，躁率自欺之病。"④ 不过，高宗商教学广西，显然让朱熹留下印象；后朱熹致信广西安抚使詹仪之云：

---

① 陆九渊：《陆九渊集》，卷 14，《与高应朝》，页 188。
② 薛季宣：《浪语集》，卷 35，《从政郎新汉阳军军学教授石斗文迪功郎新州昌国县主簿主管学事高宗商迪功郎新州司户参军石宗昭》，页 9 上—10 上。
③ 吕祖谦：《东莱吕太史文集》，卷 15，《入越录》，页 231。
④ 朱熹：《朱子文集·正集》，卷 53，《答高应朝》，页 2534；陈来：《朱子书信编年考证（增订本）》，页 260。束景南认为在淳熙十三年五月，参见《朱子年谱长编》，页 846—847。

"高教授能留意学校，甚善。渠尝从陆子静学，有意为己，必能开道其人也。"[1]

对朱熹而言，淳熙中晚期高宗商为学已经转向，而其人其学亦得朱熹肯定。日后在绍熙、庆元之际，知宜兴县任上修县学与设社仓，均获朱熹称扬，特别为他撰写二篇记文。在县学记文中，朱熹称高宗商"躬为讲论，开之以道德性命之指，博之以诗、书、礼、乐之文，使其知士之所以学，盖有卓然科举文字之外者"；[2] 社仓记文则云："益喜高君之惠，将得以久于其民，又喜其民之信爱其上，而不忍欺也。"[3] 根据朱熹的诸多评述，高宗商在为学、师从上转向的痕迹，可说相当明显。

潘友文

潘友文，字文叔，潘畤之从子。潘畤为金华人，后居于上虞，而潘友文亦往来金华、上虞之间。潘友文与潘畤诸子友端（字端叔）、友恭（字恭叔）关系密切；但三人师从与学习发展并不一致，友端、友恭为学倾向朱熹，与陆九渊关系相对疏远，因此常被列为朱熹门人；潘友文则学于陆九渊，而且师从多元复杂，但日后仍与朱熹过从甚密，并被朱熹视为门人。

---

[1] 朱熹：《朱子文集·正集》，卷27，《答詹帅书（三）》，页1037；陈来：《朱子书信编年考证（增订本）》，页246。

[2] 朱熹：《朱子文集·正集》，卷80，《常州宜兴县学记》，页3973。

[3] 朱熹：《朱子文集·正集》，卷80，《常州宜兴县社仓记》，页3974。南宋朱子门人及理学同道致力于社会推广，参见梁庚尧：《南宋的社仓》，收入氏著《宋代社会经济史论集》（台北：允晨文化公司，1997），下册，页424—473。

由于资料缺乏，目前所知潘友文的家世、生平与仕历不完整。晚宋朱学传人王柏说潘友文是半山翁潘旬之长子，和王柏祖父师愈为至交。[①]现无潘友文中举记录，他可能以恩荫入仕；最早仕宦记录，分别见于朱熹与陈亮文集二则信州永丰县碑记。绍熙年间，潘友文任永丰县令，为褒旌靖康勤王而死难的名宦张叔夜与郑骧建庙，请朱熹写碑记；[②]绍熙四年（1193），潘友文重建社坛落成，邀请陈亮撰写记文。[③]潘友文也曾任平江府昆山县宰，为政宽厚，慈祥爱人，时称为"潘佛子"；任满时，百姓"争结彩楼于路，号曰'去思'"。[④]

嘉定二年（1209）八月，潘友文由诸军粮料院出任知真州，任上曾请朝廷旌表扬子县民吴汝明。[⑤]真州是南宋淮南边防重镇，虽经林伯成、郭超修筑城池，但未完成。开禧期间，城池受创颇重，兵荒饥馑之余，几不成邦。潘友文奉命安集百姓、筑城凿池与修造府廨，"岿然与维扬相为长雄，是为边庭之壮观"。[⑥]楼钥所作记文描述潘友文先世与仕历，也对其政绩赞誉有加："惟潘氏自紫微舍人，以风节名一世。君之二父，以从子被赏延，俱为时吏师。先正

① 王柏：《鲁斋集》（"文渊阁四库全书"本），卷12，《跋栎庵潘公帖》，页6下。
② 朱熹：《朱子文集·正集》，卷89，《旌忠愍节庙碑》，页4374。
③ 陈亮：《陈亮集》，卷16，《信州永丰县社坛记》，页184—185。
④ 项公泽修，凌万顷、边实纂：《淳祐玉峰志》（北京：中华书局，1990，《宋元方志丛刊》据宣统元年〔1909〕《汇刻太仓旧志五种》本影印），卷中，页14下。
⑤ 时为嘉定四年九月六日。徐松辑：《宋会要辑稿》，《礼》61之13。
⑥ 楼钥：《楼钥集》，卷51，《真州修城记》，页958—959。

柯山使君能轻财重义，君实似之。自其幼年躬行孝谨，笃志问学，有不可解于心者，行矣而著，日进未已。尝宰昆山，去之日无以续食。及倅京口，以荒政自任，民以父母称之。……使守边者诚心体国，皆能如君，何有北顾之忧哉？"①

真州卸任后，潘友文任提举福建常平茶盐公事，因有嘉政而为闽人钦服。时宋廷行秤提法，潘友文亦行于闽地，摄建阳尉邵武人杜杲（1173—1248）致书表示"公奉新书太过，八郡骚动矣"，潘友文即弛其禁；②此事对闽人嘉惠甚大。理宗时期，方大琮（1183—1247）曾致书莆田县令苑镕，批评推行秤提骚扰地方，"官司造舟之扰，秤提之扰，保社市井苦之，而于奉行者不自知，某则谓此正先儒宽一分之时"。方大琮举潘友文为例，说："嘉定行令初，潘文叔摄漕事，自出巡点，邦人荷贤守之赐其多，父老犹有记其事者否。"③可见潘友文作为让闽人留下深刻印象。

陆九渊曾致潘友文两信，是潘友文师事陆九渊最重要佐证，但潘友文何时师从，潘、陆二人关系如何，难以根据此二信考知。陆九渊在信中肯定潘友文为人，说他"慈祥恳恻，一意师慕善人、服行善事，友朋间所共推重"，也欣慰他为学有进步；对潘友文自承

---

① 楼钥：《楼钥集》，卷51，《真州修城记》，页959。
② 刘克庄原著，辛更儒校注：《刘克庄集笺校》（北京：中华书局，2011）第12册，卷141，《杜尚书（杲）》，页5620。
③ 方大琮：《铁菴集》（"文渊阁四库全书"本），卷19，《苑乡守（镕）》，页5下—6下。

"怠堕、急迫两偏"与"恐惧忧惊每每过分"的毛病，陆九渊均提供导正意见，认为"本心若未发明，终然无益"，主要在心正，"若凋零穷蹙，弗协于极，名虽为善，未得其正，未离其私耳"。另外，陆九渊观察潘友文之文，认为"不免乎其私者也，……第未得游圣人之门耳"。①陆九渊告诫潘友文，若不先发明本心，则心不正，为学并无益处；要先发明本心，然后泛观博览，学习才能有收获。陆九渊重视的学习次第，明显有别于朱熹先博览再归之约。

除了陆九渊，潘友文亦师从薛季宣、张栻、吕祖谦与朱熹。乾道四年（1168），薛季宣归乡永嘉待阙，致信潘友文，提到"兹蒙华翰之贶，辱临之以师弟子礼"，据此可知，当时二人并未见面；潘友文主动师事，薛季宣则客气回应，"又蒙于某求师，某学焉不足，顾将何以为献？惧涂公之耳目，无以祇复将命，切几照亮"。②前引永丰社坛记文，陈亮借辛弃疾之语，提及潘友文除了家学渊源，更从学于当代三位大儒："文叔故中书舍人讳良贵之诸孙。少从张南轩、吕东莱学，步趋必则焉。而又方卒业于朱晦庵，是世所谓三君子者。"③好友赵蕃（1143—1229）也曾言及强调潘友文与张栻、吕祖谦的师从关系："斯文吕与张，用世故落落。年来踵嵩原，天

① 陆九渊：《陆九渊集》，卷 4，《与潘文叔》，页 57；卷 13，《与潘文叔》，页 173—174。
② 薛季宣：《浪语集》，卷 25，《与潘文叔友文》，页 10 上。系年见杨业文编：《薛季宣年谱》，页 6379—6380。该年谱作"潘友之"，误。
③ 陈亮：《陈亮集》，卷 16，《信州永丰县社坛记》，页 184—185。

意亦已虔。君尝登其门，如户发管籥。何当传相授，此道得深酌。"①
潘友文师从张栻，可从张栻文集找到佐证。大约在乾道年间，张栻
曾有信提点潘友文如何矫正心神涣散："敬则有主宰，涵养渐熟则
遇事接物，此意思岂容遽涣散乎？主一之义，且深体之。"②至于吕
祖谦与潘友文论学，现存文献并无资料。

　　潘友文向朱熹问学的相关资料，相对较多。在前述碑记之外，
朱熹文集尚有四封回复潘友文的论学书信，根据陈来考订，这四封
信都在淳熙十三年（1186）。朱熹在信中赞赏潘友文能自我检讨为
学利病，劝他"便当实下工夫，就其所是，去其所非，久之自然有
得力处，正必不如此论量计较，却成空言，无益己事也"；朱熹并
阐述大学格物致知是"即事物上穷得本来自然当然之理……非是
回头向壁隙间，窥取一霎时间己心光影，便为天命全体也"。另外，
朱熹也批评潘友文："殊未见常日端的用功，及逐时渐次进步之处，
而但说不敢向外驰求，不作空言解会，恐又只成悠悠度日，永不到
真实地头也。"希望等潘友文官期任满，相见时再详谈。③

　　就朱熹致与潘友文的书信看来，朱熹显然视潘友文为门人，因
而坦然相告。事实上，陈亮也视潘友文为朱子门人，王柏虽时代较

① 赵蕃：《淳熙稿》（"文渊阁四库全书"本），卷1，《寄答潘文叔并属恭叔五
首》，页28上。
② 张栻原著，邓洪波校点：《张栻集·南轩先生文集》（长沙：岳麓书社，
2010），卷27，《答潘文叔》，页750。
③ 朱熹：《朱子文集·正集》，卷50，《答潘文叔》，页2260—2263。

晚，但同样肯认此事："考亭设教，多士景从。……吾乡如月林潘公之子端叔、恭叔，半山潘公之子文叔，皆在弟子列。尺牍条答见于文集者，文叔公独少，止书三答而已。"① 王柏又说潘友文"尝登考亭之门，亦有答问，近为好事者所有矣"。② 细究朱熹批评，显然喻示潘友文受陆九渊的影响很深，要求潘友文必须剀切开悟；后世学者则多继承此观点，《宋元学案》以关于朱熹指出潘友文为学之弊，此实"槐堂之教也"。③ 李绂亦云"潘友文……从学于陆子，在淳熙末年，……文叔兼事朱子，尝以书问学，有'不敢向外驰求，不作空言解会'之语，遵陆子教也"。④

王遇

王遇，字子合，一字子正，号东湖，福建龙溪人。绍兴十二年（1142）其父王羽仪中进士，次年生王遇。王遇早年在县学有声，弱冠入太学，成绩优越，升上舍。乾道五年（1169），王遇中举，⑤

---

① 王柏：《鲁斋集》，卷12，《跋东邨得朱子帖》，页2。

② 王柏：《鲁斋集》，卷12，《跋栎庵潘公帖》，页6下。

③ 黄宗羲原著，全祖望补修：《宋元学案》，卷77，《提举潘友文》，页2592。

④ 李绂：《陆子学谱》，卷12，页23下—24上。本章关于潘友文与朱陆关系的讨论，受赵伟《陆九渊门人》启发。见赵伟：《陆九渊门人》，页244—245。

⑤ 关于王遇中第年代，黄榦所撰王遇行状作乾道五年，与陆九龄同年。但明朱衡《道南源委》与《弘治八闽通志》《嘉靖龙溪县志》《闽书》皆作乾道八年，则王遇与陆九渊同年。龚延明、祖慧《宋代登科总录》则认为黄榦行状将八年误植为五年；另外，《宋代登科总录》于淳熙二年榜又据《嘉庆四川通志》《道光重庆府志》而录有一位王遇，其生平仕历无可考。参见黄榦：《勉斋集》，卷37，《朝奉郎尚书吏部右曹郎官王公行状》，页4下；朱衡：《道南源委》（台南：庄严文化公司，1996，《四库全书存目丛书·史部》据中央（见下文）

时吕祖谦任太学博士，拔擢王遇为学录。[①] 后王遇调临江教授，因相继遭父母丧，至淳熙十三年（1186）才任蕲州教授，前后居家十七年。蕲州任满，王遇改任闽帅詹体仁、郑侨幕僚，得尤袤、李祥（1128—1201）交相推荐；据说丞相赵汝愚将要擢用，却遭逢伪学之祸，只转任福州长乐县丞。王遇在任上兴修水利，邑人植碑立祠以报；他因功增秩，转奉义郎通判赣州。丞相陈自强与王遇为太学同舍，本欲荐之；然不久韩侂胄被诛，王遇得丞相钱象祖之荐为太学博士，后改除诸王宫教授。嘉定元年（1208）十二月，王遇知常州。时毗陵大旱，[②] 王遇救灾有功，遂于嘉定三年六月改任浙东提举常平使。[③] 嘉定四年闰二月，王遇除大宗正丞，迁右曹郎中，因病终于位，享年七十岁。

黄榦称王遇"学识之精，义利之明，超然于流俗之中，不以一毫私意欲累其心"。又说："公以少年擢高科，诸公荐引不容口，

（接上文）民族大学图书馆藏康熙四十八年〔1709〕正谊堂刻本影印），卷2，页35下；陈道修，黄仲昭纂：《弘治八闽通志》（北京：书目文献出版社，1988，《北京图书馆古籍珍本丛刊》据弘治刻本缩印），卷51，页7上；刘天授修，林魁、李恺等纂：《嘉靖龙溪县志》（上海：古籍书店，1982，《天一阁藏明代方志选刊》据上海古籍书店影印浙江宁波天一阁藏嘉靖十四年〔1535〕刻本重印），卷7，页4下；何乔远：《闽书》（台南：庄严文化公司，1996，《四库全书存目丛书·史部》据福建省图书馆藏崇祯刻本影印），卷117，页6上；龚延明、祖慧编著：《宋代登科总录》，页3526、3599。

① 吕祖谦《答潘叔度》："王子合为学录，甚举职，以此知人略有志，随分量变得力。"见《东莱吕太史别集》，卷10，页490—491。

② 史能之纂修：《咸淳毗陵志》，卷8，页11下。

③ 张淏纂修：《宝庆会稽续志》，卷2，页37下。

才非不足于用也，宜超躐贵显矣，乃反抵回逊避，若不屑就。从仕四十余年，列于朝者不过数月，官不过郎曹，用不足尽其才也，而鞠躬尽瘁，不择险易，盖至于老且死而无憾焉。"①王遇在蕲州与诸生讲论两汉兴亡之大端，集而成编，名曰《汉议》，此书与其他著作皆藏于家。其婿杨士训，漳浦人，为朱熹在漳州之学生，王遇见而奇之，妻以女，号盘庵。庆元二年（1196）进士，死于鄂州粮料院任上，黄榦亦撰有墓志。

在学思发展上，王遇同样师从多位大儒。黄榦所作行状即论及此事，言王遇中进士至闲居期间，"不远千余里，受业于晦庵、南轩、东莱三先生之门，考德问业，以正学不明为己忧，精思力行，以求自得，不务为入口出耳，钓名声，求利禄，涵泳滞濡，所蕴益富，而人亦以大用于世者期公矣"。②王从游吕祖谦甚早，并拜其门下，颇得赞誉；与朱熹互动最为密切而频繁，也保留最多记载；与张栻关系则尚无其他资料可开展讨论。除了黄榦所及三位大儒，王遇也曾师从薛季宣与陆九渊。

约乾道三年（1167），吕祖谦在武义明招山讲学。次年夏，吕祖谦致信乔拱（字德瞻，1145—1173），即提到王遇："王子正自湖州来，秋凉乃归，欲因整顿国朝治体，吾友数日间便拨置，为此来乃佳，盖目下书院士人多归，欲及此暇时讲究，若至秋深人

① 黄榦：《勉斋集》，卷37，《朝奉郎尚书吏部右曹郎官王公行状》，页9。
② 同上，页5上。

多，却难得工夫也。"① 据此，当时王遇尚为太学生，而到武义游学。这是现存关于二人往来的最早资料，不过，就书信内容看来，吕祖谦有可能早已认识王遇。乾道六年（1170）秋，吕祖谦致书潘景宪，甚为赞赏时任太学学录的王遇。② 乾道九年，王遇待阙，有意拜见汪应辰，请吕祖谦协助，吕祖谦为此特别致信汪应辰："新临江教授王遇笃信嗜学，为人殊务实，愿得亲謦欬，敢望详赐诲诱，幸甚。士风浸衰，真知尊敬前辈者，盖不多得，倪示以端续，庶几其志益坚也。度其到尚在一两月后，更不详禀。"③ 从这三封信件看来，王遇很得吕祖谦赏识。吕祖谦逝世后，淳熙九年（1182）三月，王遇以门人身份致祭，祭文有云："载惟先生，二五之会，浑然天成。不事矫揉，左规右绳。人所难克，如水东倾。人所忽易，如器执盈。德量海纳，神宇渊停。……末惟小子，师门凤登。方在荼毒，义激襟灵。为位而哭，岂其私情。"④ 王遇也十分推崇吕祖谦，师徒二人可说相知甚深。

王遇与朱熹关系非常密切，资料亦多。朱熹语录有三条与王遇

---

① 吕祖谦：《东莱吕太史别集》，卷10，《与乔德瞻》，页499。据吕祖谦年谱，乾道三年冬吕祖谦"在明招，学子有来讲习者"，则此信应在次年夏、秋间。见《东莱吕太史文集·附录》，卷1，页741；杜海军：《吕祖谦年谱》，页35—39。

② 吕祖谦：《东莱吕太史别集》，卷10，《答潘叔度》，页490—491。系年依杜海军：《吕祖谦年谱》，页85。

③ 吕祖谦：《东莱吕太史别集》，卷7，《与汪端明圣锡》，页390。

④ 见《东莱吕太史文集·附录》，卷3，页802—803。

有关的论学记载，而朱熹文集则有十九条答复王遇书信。除此之外，朱熹在答陈孔硕（字肤仲）、李祖闳（字守约）、陈安卿（字仲山）、黄榦、刘炳（字韬仲）等人的信中，都提到王遇，总共二十五条，内容亦以论学为主。依据陈来考证与编年，这些书信分布在淳熙二年（五信）、十四年（五信）、十五年（五信）、十六年（四信）、绍熙二年（一信）、四年（二信）与庆元五年（一信），相对集中于淳熙年间。

朱熹回复王遇的前五封信，在淳熙二年（1175）六月，朱、陆鹅湖之会以后。朱熹首先说道："前月末，送伯恭至鹅湖，陆子寿兄弟来会，讲论之间，深觉有益。此月八日，方分手而归也。伯恭奉祠已久，亦每谈志行之美也，所谕'变化气质，方可言学'，此意甚善。但如鄙意，则以为惟学能变化气质耳。若不读书穷理，主敬存心，而徒切切计较于今昨是非之间，恐其劳而无补也，不审明者以为如何。"①后又劝告，解决思虑不一、胸次凝滞的毛病并不容易，不如"移此心以穷理，使向于彼者专，则系于此者，不解而自释矣"。②最后，朱熹则强调"穷理之学，只是要识如何为是，如何为非，事物之来无所疑惑耳。非以此心又识一心，然后得为穷理也"。③整体看来，朱熹明显在批评陆九渊兄弟之学。

淳熙十四年的五封信件，首先是王遇向朱熹请教礼书释义。朱

① 朱熹：《朱子文集·正集》，卷49，《答王子合（一）》，页2209。
② 朱熹：《朱子文集·正集》，卷49，《答王子合（三）》，页2211。
③ 朱熹：《朱子文集·正集》，卷49，《答王子合（五）》，页2213。

熹颇觉王遇讲论支离，认为"势须异时面见，口讲指画，乃可究见底蕴"，答书只是"且当就理义分明处理会，令径路滑熟，庶于上达处可渐进之阶耳"。[①]其后论太极、阴阳、致生死与大学等问题，[②]朱熹致力于阐释观点。淳熙十六年（1189），王遇曾至武夷问学朱熹，并求学记。[③]朱熹致信陈孔硕，讨论永嘉学派对科举的不良影响，批评林栗读《西铭说》，"全然不识文理，便敢妄议前辈，令人不平，然亦甚可笑也"，称王遇寄来大学讲义"颇详悉"。[④]绍熙四年（1193），朱熹称赞王遇"议汉事甚熟"。[⑤]朱熹在漳州时，王遇致书朱熹，疑其行经界法扰民。朱熹针对经界与士民阻挠经界之陋俗而有所回应："所谕土封事，当时却无人来论诉，亦无人子细说及，熹又寻即去郡，故其事不及露而失于究治耳。"[⑥]就这些书信而论，在淳熙年间，朱熹时常借批评陆学以强调自己的观点，并指正王遇。总之，二人来往互动相当频繁。

---

① 朱熹：《朱子文集·正集》，卷49，《答王子合（八）》，页2217。

② 朱熹：《朱子文集·正集》，卷49，《答王子合（十一）》《答王子合（十二）》，页2221—2227。

③ 朱熹：《朱子文集·正集》，卷49，《答李守约（十二）》，页2626；朱熹：《朱子文集·续集》，卷4下，《答刘韬仲》，页4984；陈来：《朱子书信编年考证（增订本）》，页302。

④ 朱熹：《朱子文集·正集》，卷49，《答陈肤仲（三）》，页2236—2237。束景南：《朱熹年谱长编》，页896。

⑤ 朱熹：《朱子文集·正集》，卷49，《答王子合（十八）》，页2230。另参罗大经原撰，王瑞来点校：《鹤林玉露·甲编》（北京：中华书局，1983），卷6，《经界》，页111。

⑥ 朱熹：《朱子文集·正集》，卷49，《答王子合（十八）》，页2230。

不过，庆元党禁后，王遇与朱熹关系转而疏远。庆元五年（1199），朱熹致信黄榦，隐约提及庆元党禁对王遇造成压力："前书所说'常惺惺'，此是最切要处，诸朋友行持，亦颇见功效否？向来学者得此一番试过，虚实遂可辨，殊非小补。王子合前日过此，观其俯仰，亦可怜也，普之却能如此，甚不易得。"① 佐以《庆元党禁》记载，庆元五年正月，蔡琏诬告赵汝愚，牵连彭龟年（1142—1206）、曾三聘（1144—1210）、叶适、项安世等人，王遇可能因此感到惊恐。当时陈自强依附韩侂胄，而王遇与陈自强为太学同学；王遇本任福州长乐县丞，不久获陈自强荐为赣州通判。黄榦在王遇行状中，描述陈、王关系用词隐晦；值庆元党禁时，王遇心情处境以及其与朱熹关系，当甚为微妙。②

在朱熹门人当中，王遇与廖德明（字子晦）、陈淳（1159—1223）、黄榦往来较多。淳熙二年（1175），朱熹复信王遇，有二信提及廖德明。其一提到"子晦相见，烦致意，未及奉书"；③ 其二则回复廖德明与王遇对曾子受季孙赐箦是否合于礼的讨论。④ 绍熙二年（1191），朱熹答陈淳与廖德明、王遇关于"妻父鬼神"说，引

---

① 朱熹：《朱子文集·正集》，卷1，《答黄直卿》，页4911。书中提及的"普之"，或为淳熙八年中进士的潘涓，待考。承童永昌先生提供资料。

② 参见樵川樵叟：《庆元党禁》，页26；汝企和点校：《续编两朝纲目备要》，卷5，页97—99；黄榦：《勉斋集》，卷37，《朝奉郎尚书吏部右曹郎官王公行状》，页6上。

③ 朱熹：《朱子文集·正集》，卷49，《答王子合（二）》，页2210。

④ 朱熹：《朱子文集·正集》，卷49，《答王子合（四）》，页2211—2212。

廖德明、陈淳与王遇不同意见，同意陈淳引谢良佐之说为是。① 王遇赴任长乐县丞及赣州通判时，陈淳分别有二首律诗相送，对王遇充满期待。如送其宰长乐，称："一阳天运复来亨，君子随时亦吉征。暂向三山濒海处，小驰百里爱人声。从知文物新长乐，便作弦歌旧武城。须信道行由此兆，牛刀指日宰寰瀛。"送赴赣州，则称："飞腾仙驭自漳滨，去去西隅指赣津。夹道宾僚方一际，满城老稚便皆春。正心诚意平生学，爱物亲民此日仁。只恐贰藩车未暖，紫泥催促贰皇钧。"②

　　黄榦与王遇关系最密，除了撰写王遇行状，亦作祭文。在祭文中，黄榦颂扬王遇努力践行道学理念，鞠躬尽瘁、淡泊名利、非义勿求，更定调其同为朱熹门人："如君之贤，固宜享期颐，跻贵显，为世则也。胡积之厚，报者啬也？胡用之迟，夺者亟也？榦亦同门，多艰棘也，殷勤顾念，感君德也，哭君之亡，病弗克也，奔君之丧，阻行役也，缄辞写哀，不知涕泪之横臆也。"③ 王遇虽仍师从陆九渊、吕祖谦、薛季宣等大儒，但以黄榦在当时的学术地位而有此言，可说至嘉定年间，王遇已转以朱熹门人身份而为人所识。

　　除了朱熹、吕祖谦、张栻三位大儒，最后也略及王遇师从薛季宣、陆九渊经历以备考。王遇从学于陆九渊，仅见于包扬所记语录，

① 朱熹：《朱子文集·正集》，卷49，《答陈安卿（六）》，页2786。
② 陈淳：《北溪大全集》（"文渊阁四库全书"本），卷3，《送王子正宰长乐二首》，页3；同书，卷3，《送王子正赴赣倅》，页7下。
③ 黄榦：《勉斋集》，卷36，《祭王子正》，页14上—15上。承童永昌先生提供资料。

且时间不详："王遇子合问学问之道何先。曰：'亲师友，去己之不美也，人资质有美恶，得师友琢磨，知己之不美而改之。'子合曰：'是，请益。'不答。先生曰：'子合要某说性恶性善，伊洛释老，此等话不副其求，故曰：是而已。吾欲其理会此说，所以不答。'"①根据李绂推测："子合与文达公为同年进士，又屡仕于江西，故问学于陆子。"②陆九龄可能是王遇与陆九渊的建交机钥。陆九龄于绍兴三十一年（1161）入太学，乾道五年（1169）中第，③与王遇几乎同时入太学，兼为同年，彼此应当熟识。若然，王遇向陆九渊问学，极有可能与陆九龄有关，至少可以上溯到乾道年间。不过，相较于其他大儒，王遇与陆九渊的关系显得疏远。④王遇师从薛季宣资料亦少，只见于乾道九年八月王遇所作祭薛季宣文，但十分重要。文中说道，"昔遇闻风既久，幸及今而登门兮。……矧遇小子，受教未几兮，岂谓一见而遽为终身之恨兮"，显示王遇实际受教时间甚短，但当时已自视为薛季宣弟子。⑤

三、传扬陆学的沈焕、沈炳兄弟

沈焕与杨简、袁燮、舒璘并称"甬上四先生"；除了舒璘，其余三人均曾应史浩邀请，于淳熙十、十一年间（1183、1184）回到四明，

① 陆九渊：《陆九渊集》，卷35，页470。
② 李绂：《陆子学谱》，页15下。
③ 陆九渊：《陆九渊集》，卷27，《全州教授陆先生行状》，页313—314。
④ 参赵伟：《陆九渊门人》，页54—55。
⑤ 薛季宣：《浪语集》，卷35，页8上。时王遇为迪功郎新临江军军学教授。

传扬道学。他们积极阐扬陆学核心价值，四明一时成为陆学中心。此时，孙应时与沈焕之弟沈炳也受史浩延请，担任家子弟教师，因此得以在四明结识三先生，交游问学。可惜无论《烛湖集》或袁燮《絜斋集》、杨简《慈湖集》、沈焕《定川集》等相关文集，均未留下孙应时与三先生通信或论学资料，显示资料遗佚严重，未能为这段共学情谊与论学之风留下可稽的记录。

在甬上四先生中，沈焕与孙应时交往最深，更是与孙应时最为密切的陆门学者。二人认识很早，约在乾道五、六年（1169、1170）；时在绍兴，二人已然情同莫逆。① 沈焕曾拜见孙介，孙介过世后，为其撰作行状，作为孙家委请朱熹撰写墓志铭的参考。② 绍熙二年（1191），沈焕逝世，孙应时有诗吊挽，述及二人情谊："请益从公久，忘年爱我深。……回首南湖侣，伤怀流水音。九原那可作，千里坐悲吟"；③ 孙应时更亲赴墓地长祭，祭文有云"百年知己泪，洒尽欲何言"，④ 可见二人交情笃厚。杨简则是孙应时圹志执笔者。时值开禧二年（1206），现实环境对于道学学者及其门人仍然不利，孙应时以五十三岁之龄猝逝，留下幼子老母，家境凄凉。杨简以党人身份为孙应时撰写圹志，并阐述共同追随陆九渊的历程，

---

① 沈焕：《承奉郎孙君行状》，收入《烛湖集·附编》，卷下，页5下。笔者在傅斯年图书馆与哈佛燕京图书馆，寻得清嘉庆静远轩藏版的内容，可以增补、修订四库本内容，唯检视本文《烛湖集》内容，静远轩藏本与四库本无异。

② 沈焕：《承奉郎孙君行状》，收入《烛湖集·附编》，卷下，页5。

③ 孙应时：《烛湖集》，卷17，《挽沈叔晦国录》，页15。

④ 孙应时：《烛湖集》，卷17，《哭沈叔晦墓》，页5下。

定调孙应时为陆门中人。[①]《烛湖集》虽未见袁燮与孙应时共同活动
记载，不过孙应时有送袁燮诗二首，可略勾勒二人情谊。[②]

甫上四先生虽是发扬陆学功臣，但他们的师从关系却相当多
元。如杨简，固受陆九渊影响最深，也是他最得意的学生；然其学
亦得自父亲杨庭显，并且与朱熹有所交往。[③]袁燮除了家学渊源，
也另从游于吕祖谦与陈傅良。真德秀（1178—1235）所作袁燮行状
即云："东莱吕成公，接中原文献之正传，公从之游，所得益富；
永嘉陈公傅良，明旧章，达世变，公与从容考订，细大靡遗。"[④]与
孙应时关系最疏远的舒璘，亦从学多师。舒璘与陆九渊为同年进
士，其《宋史》本传称"张栻官中都，璘往从之。……又从陆九渊
游。……朱熹、吕祖谦讲学于婺，璘徒步往谒之"。[⑤]全祖望称："舒
文靖公之学，得于其妇翁童公持之（案：即童大定），故杨文靖公
高弟也。文靖未成进士，又受业于张公南轩，因遍求益于晦翁、东

---

① 杨简：《孙烛湖圹志》，收入《烛湖集·附编》，卷下，页 11 下—12 下。
② 见孙应时：《烛湖集》，卷 18，页 17、19 下。
③ 参见孙齐鲁：《陆象山与杨慈湖师弟关系辨证》，《现代哲学》2010 年第 2
期，页 116—122；钟彩钧：《杨慈湖心学概述》，《中国文哲研究集刊》17
（2000），页 289—338；董金裕：《杨简的心学及其评价》，《政治大学学报》
61（1990），页 31—43。
④ 真德秀：《西山先生真文忠公文集》（上海：上海书店，1989，《四部丛
刊·初编》据上海涵芬楼借景江南图书馆藏明正德刊本重印），卷 47，《显谟阁
学士致仕赠龙图阁学士开府袁公行状》，页 23 下。另参赵伟：《陆九渊门人》，
页 172—176。
⑤ 脱脱总纂：《宋史》，卷 410，《舒璘传》，页 12339。

莱，而卒业于存斋。四先生之中，莫若文靖之渊源为最博，其行亦最尊。"①孙应时挚友沈焕家学与师从更是格外复杂；以下将特别关注沈焕、沈炳兄弟的从学经历。

沈焕，字叔晦，绍兴三十二年（1162）乡举第二，乾道初入太学，乾道五年（1169）中进士，首授上虞尉。淳熙十年（1183），沈焕应史浩之邀，讲学竹洲。淳熙十三年，沈焕任浙东安抚司干办公事，负责上虞、余姚两县赈救，颇有劳绩。淳熙十五年，改知徽州婺源县，三省交荐，通判舒州，未赴。同年，叶适荐举三十四名士，亦包括沈焕。②绍熙元年（1190），沈焕与史浩、汪大猷等人于明州创乡曲义庄。次年四月，沈焕卒于家，享年五十三岁。③

沈焕之父沈铢尝师焦瑗，传程氏之学，因此沈焕自幼也受家学影响；然而其学实以陆学为主调，后世也将他列入陆门。在太学就读期间，沈焕师从太学录陆九龄，并与同里袁燮、杨简、舒璘同学，以道义相切磨，因与群贤定交。这段经历可说是沈焕为学关键，袁燮即记云："五六年间，朋从日盛，相与讲明立身之要，务本趋实为不朽计。"④沈焕有诗箴学友曰："为学未能识肩背，读

① 全祖望：《鲒埼亭集·外编》，卷 24，《广平先生类稿序》，页 5 上。另参赵伟：《陆九渊门人》，页 219—221；陈荣捷：《朱子门人》，页 156。
② 叶适：《叶适集·水心文集》，卷 27，《上执政荐士书》，页 555—556。
③ 沈焕生平事迹录自张寿镛辑，吴洪泽校点：《定川言行汇考》，收入吴洪泽、尹波主编：《宋人年谱丛刊》第 10 册，页 6460—6485。
④ 袁燮：《絜斋集》，卷 14，《通判沈公行状》，页 19 上。

书万卷空亡羊。"①

大约同时，沈焕也向薛季宣问学。他与杨简在太学结识薛季宣之侄薛叔似，遂得与薛季宣交流，自此成为学友。②乾道九年（1173）薛季宣逝世，沈焕致祭尝云："道学未立于至圣之域，朋友未得其传授之全，公志愿未竟而终。天乎命也夫，何为使朋友至此极也。"③薛季宣离世前，曾作《抵沈叔晦》，为二人论辩知行之文；季宣主行，故曾说："且诚之者，人之道，安有不由此而能至于天之道哉。今之异端道言，而不及物，躬行君子又多昧于一贯不行之叹，圣人既知之矣，可与学者，未可适道，所以旷百世而莫之明也。"④

稍后，沈焕又与吕祖谦、祖俭兄弟交，与祖俭关系尤为密切。淳熙四年（1177），沈焕游武义明招山，与吕氏兄弟辩论古今。淳熙十年，沈焕讲学竹洲，时吕祖俭任明州仓监，二人因此得以深入交流。袁燮即说："后与东莱吕公伯仲，极辨古今，始知周览博考之益。凡世变之推移，治道之体统，明君贤臣之经纶事业，孳孳讲求，日益广深。君子以是知君胸中之蕴，有足以开物成务者矣。"⑤与功利学派之交流，使他的为学态度已由约而博，由知而行，不全然是陆学门径，因此全祖望说："沈氏之学，实兼得明招一派。"⑥

---

① 袁燮：《絜斋集》，卷14，《通判沈公行状》，页25下。
② 陈晓兰：《南宋四明地区教育和学术研究》，页116—118。
③ 薛季宣：《浪语集》，卷35，页10下。
④ 薛季宣：《浪语集》，卷25，《抵沈叔晦（焕）》，页8上。
⑤ 袁燮：《絜斋集》，卷14，《通判沈公行状》，页25下—26上。
⑥ 全祖望：《鲒埼亭集·外编》，卷16，《竹洲三先生书院记》，页6下。

　　沈焕与吕氏学者日渐密切之际，与朱熹也多有互动。淳熙八年（1181），朱熹在浙东救灾，沈焕家居，朱熹曾向沈焕抱怨麻沙出版吕祖谦《大事记》等书真伪相半。朱熹与沈焕论学，彼此颇多交锋。朱熹曾云："沈叔晦不读书、不教人，只是所守者浅狭，只有些子道理，便守定了，亦不博之弊。"①淳熙十二年，朱熹对沈焕更有诸多批评，首云："前日务为学而不观书，此固一偏之论，然近日又有一般学问，废经而治史，略王道而尊霸术，极论古今兴亡之变，而不察此心存亡之端。若只如此读书，则又不若不读之为愈也"。②后又说："大抵近年学者求道太迫，立论太高，往往嗜简易而惮精详，乐浑全而畏剖析，以此不见天理之本然，各堕一偏之私见，别立门庭，互分彼我，使道体分裂，不合不公，此今日之大患也。"③朱熹几乎视沈焕为亦陆亦吕的学者。④虽然彼此论学交锋甚锐，但朱熹颇为肯定甬上四君子学行。如朱熹弟子滕璘（1150—1229，字德粹）将往四明任官，朱熹不仅教之以亲仁择善为讲学修身之助，且曰："杨敬仲、吕子约、沈叔晦、袁和叔，此四人者，皆子所宜从游者。"⑤绍熙元年（1190），朱熹在漳州推动经界法颇受挫折，可能鉴于沈焕等人在四明推动乡曲义庄积极有成，也曾致书沈焕，一方

---

① 黎靖德编：《朱子语类》，卷126，页2882。
② 朱熹：《朱子文集·正集》，卷53，《答沈叔晦（二）》，页2536。
③ 朱熹：《朱子文集·正集》，卷53，《答沈叔晦（三）》，页2537。
④ 见束景南：《朱子大传：多维文化视野中的朱熹》，页585。
⑤ 真德秀：《西山先生真文忠公文集》，卷46，《朝奉大夫赐紫金鱼袋致仕滕公墓志铭》，页2上。又见黎靖德编：《朱子语类》，卷118，页2835。

面说明推行经界的艰难，一方面则就此事请教。①

沈焕之弟沈炳也同时从学、往来于朱、陆之学。沈炳字季文，生平事迹不详，只知他年未四十即弃去场屋，师事陆九渊，赵汝愚曾以遗逸荐举。如前所述，沈炳与孙应时曾同时于东湖书院任史家子弟师，因此二人交往甚密。约在淳熙十一年（1184）九月重阳，孙应时曾与沈焕兄弟等友人登鄞县城，诗中即云："一笑四人真莫逆，百年此会定难忘。"②

由于沈炳与孙应时既是陆学同道，又同时执教四明，孙应时给陆九渊信中时常提到沈炳。绍熙二年（1191）三月，孙应时任遂安令。他致书陆九渊，感伤浙中友人凋落或分散各地，"独赖季文沈兄相鞭策，有兴仆植僵之力，但讲评义指多不相合"。③次年，孙应时又向陆九渊提及："沈季文去岁亲炙几日，此兄实刚特可喜。"④同年，孙应时致信请潘友恭指正自身学行，信中也盛赞沈炳个性坦然不媚俗："沈季文兄要是强毅，截然不缴绕媚世，真古学者气象。"⑤这些书信说明，孙应时与沈炳交情甚笃。即便如此，孙应时、沈炳二人学术旨向未必相合；此孙应时已受朱熹影响，而沈炳仍坚守陆学。朱熹曾说，沈炳"于小学，则有庄敬敦笃，而不从事于礼

---

① 朱熹：《朱子文集·正集》，《答沈叔晦（四）》，页 2537—2538。
② 孙应时：《烛湖集》，卷 18，《九日与沈叔晦季文王仲举登鄞城》，页 6 下。
③ 孙应时：《烛湖集》，卷 6，《上象山陆先生书（一）》，页 10 上。
④ 孙应时：《烛湖集》，卷 6，《上象山陆先生书（二）》，页 12 上。
⑤ 孙应时：《烛湖集》，卷 5，《答潘宣干书》，页 22 下。

乐射御书数；于大学，则不由格物、致知，而遽欲诚意、正心"。①综合孙应时书信与朱熹之语，沈炳可说始终为陆学一派。

沈炳往来朱、陆之间，却始终坚守为陆学，实与甬上四先生如出一辙。他们四人固然师从多元，但以持守、阐扬陆学为志。淳熙十五年（1188），朱熹曾评论浙东陆门学者，"如今浙东学者，多陆子静门人，类能卓然自立，相见之次，便毅然有不可犯之色"；②甬上四先生不啻为其中翘楚。百余年后，戴表元（1244—1310）仍然持论："象山之传，独盛于四明，正献、正肃父子（案：即袁燮、袁甫），若文元杨公敬仲、文靖舒公元质、端献沈公晦叔，其尤著者也。"③

四、小结

以往学界探讨学术流派发展，多较侧重领袖人物的言行、互动及其影响，少从追随者角度，理解其师从乃至转益原因。这在研究南宋道学发展，尤为明显。此现象当系研究资料不足所致，但对掌握整体学术样貌而言，却是窒碍关键。为弥补此不足与偏失，本章关注大儒思想学说发展与竞合期间，道学追随者如何与为何选择特定师从典范，如何开展学术追求，乃至当师从对象转变后，

---

① 朱熹：《朱子语类》，卷138，页3292。
② 见陆九渊：《陆九渊集》，卷36，页503。另参赵伟：《陆九渊门人》，页24。
③ 戴表元：《剡源文集》（"文渊阁四库全书"本），卷18，《题新刻〈袁氏孝经说〉后》，页2下。案：沈焕字叔晦，《剡源文集》作晦叔，当误。

对师徒关系与学派发展的影响。要而言之，本章探讨孙应时及其陆学学友的思学成长与师从变化，凸显出三项主要议题：第一，道学追随者和其所师从者之间的关系如何界定，而又该如何定位陆学门人和其他当代名儒的关系？第二，道学发展过程中，学派藩篱何时又如何形成，对陆学发展有什么样的影响？第三，陆学早期门人多具太学生身份，应如何看待太学在南宋政治与学术发展中的角色？

　　首先，孙应时这一批陆学早期弟子的学术成长与师从变化，凸显出道学追随者和其所师从者之间的关系。在此议题下，"门人"一词对南宋中期道学发展别具意义，而如何界定"陆学门人"尤值得思考。从相关资料可以看到三种层次：一是师徒当事人的自我认定，一是当时学友的认知，以及后世学者从学术脉络或内涵的认识。以本章所讨论象山早期门人而言，杨简与袁燮二人均自称门人，师生关系最为明确。[1] 其他人虽未自称门人，但袁燮《陆九渊年谱》，以及淳熙十年（1183），朱熹致书陆九渊："浙中士人，贤者皆归席下，比来所得为多，甚幸。"[2] 十五年，朱熹也说："如今浙东学者，多陆子静门人。"[3] 庆元元年（1195），叶适概括云："有陆子静后出，号称径要简捷，诸生或立语，已感动悟入矣，

---

① 陆九渊：《陆九渊集》，卷 33，《行状》，页 394；卷 36，《年谱》，页 487、516、518；《附录 》，页 535、537。

② 陆九渊，《陆九渊集》，卷 36，《年谱》，页 494。

③ 同上，页 503。

以故越人为其学尤众。"① 淳熙五年（1178），吕祖谦致朱熹信，则说："刘淳叟旧从二陆学。"② 于淳熙十三年，朱熹复信广西安抚使詹仪之："高教授（案：指高宗商）……渠尝从陆子静学，有意为己。"③ 即便如潘友文与王遇，虽与陆九渊关系较为疏远，以李绂所见，二人学术内涵亦多属陆学门径。概括上述，将本章所讨论道学追随者视为陆学门人，当属合理。

那么，又该如何界定这些道学追随者与其他当代大儒的关系？从当事人或当时认定的师生关系而言，石斗文、石宗昭、高宗商、潘友文及王遇，均自称为薛季宣门人。陈亮称潘友文"少从张南轩、吕东莱学，而又方卒业于朱晦庵，是世所谓三君子者"；④ 赵蕃说潘友文"尝登其门（案：指张栻、吕祖谦），如户发管籥"；⑤ 王柏也说潘氏三兄弟皆在弟子之列，"公（潘友文）尝登考亭之门"。⑥ 在《祭吕祖谦文》中，刘尧夫也自承"登公之门"；⑦ 但《朱子语类》则将刘尧夫列为朱子门人。⑧ 陈刚受吕祖谦肯定并介绍给朱熹，以致朱熹认为陈刚是东莱门人；朱熹批评陈刚时说："兼是

---

① 叶适，《叶适集》，卷17，页338。
② 吕祖谦，《东莱吕太史别集》，卷8，页12下。
③ 朱熹：《朱子文集·正集》，卷27，页1306。
④ 陈亮：《陈亮集》，卷16，《信州永丰县社坛记》，页2。
⑤ 赵蕃：《淳熙稿》，卷1，《寄答潘文叔并属恭叔五首》，页28上。
⑥ 王柏：《鲁斋集》，卷12，《跋栎庵潘公帖》，页6下。
⑦ 吕祖谦：《东莱吕太史文集·附录》，卷2，页12上。
⑧ 黎靖德编：《朱子语类》，卷120，页2912。

伯恭教他时，只是教他权数了。伯恭教人，不知是怎生地至此。"
项安世师从张栻甚久，不仅恳词祭悼张栻，吕祖谦也希望项安世
"深思力践"师学。① 元人徐明善（1250—？）称"平父（案：指项
安世）所事朱张吕陆，皆继孔孟之传者"；② 《宋元学案》则将项安
世同列入朱、陆门人。黄榦则说，王遇"受业于晦庵、南轩、东莱
三先生之门"。③ 虽然个别道学追随者可能被归为若干大儒门人，
但也是很明确的师生关系。

值得注意的是，从现有资料看来，像石斗文、石宗昭、高宗商，
从学于薛季宣、吕祖谦；项安世、王遇，从学于张栻、吕祖谦；潘
友文从学于薛季宣、张栻与吕祖谦，时间都明显早于师从象山兄弟。
至于从游、论学、问学的例子更多，包括石斗文、诸葛诚之、高宗
商、袁燮、沈焕、舒璘、孙应时，均曾从吕祖谦游。沈焕、杨简亦为
薛季宣论学之友，陈刚从吕祖俭、陈亮、陈傅良、叶适等讲功利之
说，袁燮与陈傅良、石斗文与陈亮、石宗昭与叶适游，诸葛诚之亦
受功利学说影响。至于师从或问学于朱熹的陆门弟子则更多，除上
述刘尧夫、项安世、潘友文、王遇之外，包括高宗商、陈刚、石斗文、
石宗昭、诸葛诚之、胡撙、孙应时、袁燮、杨简、沈焕等人，但从游
与从学的时间，则显然晚于师从象山兄弟。

第二，借着本章对陆门弟子学习历程与师从变化的整理，让我

---

① 吕祖谦：《东莱吕太史别集》，卷 10，页 26 下。

② 徐明善：《芳谷集》（"文渊阁四库全书"本），卷 3，页 40 下。

③ 黄榦：《勉斋集》，卷 37，《朝奉郎尚书吏部右曹郎官王公行状》，页 55。

们从另一个侧面看到南宋中期道学大儒薛季宣、张栻、吕祖谦、朱熹乃至陈傅良等人的互动关系，同时也有助于厘清以下议题：

其一，道学发展过程中，门户的藩篱是逐步形成的。道学在南宋发展的初期，大儒之间虽有思想学说分歧、对立的一面，重要的特征却是通过相互交流辩论，彼此竞合、兼容并蓄。在开放自由的思想氛围下，朱、陆、吕等道学大儒不仅彼此从容论学，更能借以修正或充实论点，[1]让追寻道学理念的士人，有丰富的机会向观点不同的大儒问学请益。当时从游、从学、问学、论学风气甚盛，显示士人具主动探询知识的动力，门人师生之间的界限相对模糊，也因此出现多方从学的有趣现象。

从本章讨论案例中，不仅可以看到薛、张、吕逝世时，陆门弟子以学生身份致祭。持守陆学的甬上四君子杨、袁、沈、舒，亦多与吕、朱等人往来论学，进而调整其学术观点。道学大儒尤乐于推荐后学给学友，如：吕祖谦向朱熹推荐刘尧夫、陈刚，向汪应辰推荐王遇，项安世也因曾逢的介绍，从学于张栻、吕祖谦与朱熹。时人甚至以同时受教于名儒为荣，如：陈亮盛赞潘友文从学于张栻、吕祖谦、朱熹三位"世所谓三君子者"，赵蕃赞潘友文的家学与师从是"斯文吕与张，用世故落落"，黄榦也说王遇居乡期间，不远千里授业于晦庵、南轩、东莱三先生之门。显然在当时，士人兼从多师被视为正常，师从并非鉴别学术流派的关键。

---

[1] 这一点陈来已有深论，见陈来：《朱熹哲学研究》，页 271—355。

陆九渊兄弟及其早期门人，对师生与从学的观念显得相当开放，正反映这一时期的学术气象。同理，在这种开放的论学风气下，陆九渊心学吸引众多追随者，成为道学阵营的后起之秀。由陆九渊早期门人师从发展，包括被视为传扬陆学的甬上四先生，都可以观察到不少陆门子弟，在师事陆九渊之前或同时，也是薛季宣、张栻、吕祖谦等人的学生。陆学远承孟子的尽心说，近取程颢心即是理的心学新说，倡导存心灭欲，与朱熹之说相抗。众多倾慕道学者闻而折服，因此成为道学新锐陆氏兄弟的早期门人，就此而言，陆九渊显然是师从观念相对开放风气下的受惠者。

其二，从陆门弟子的学习动向，可以发现他们多有由"兼学多师"转向"转益他师"的移步或转身现象，形成陆学发展的一大考验。往昔学界常将研究焦点集中于朱陆之争，对此趋向提出见解；有陆九渊晚年思想向朱熹倾斜，[1]或陆学门人实不乏赶热闹者等多种说法。[2]又或认为，陆九渊学说思虑细密且善演讲，学者易受感动，但若无坚实学识，又欠哲思慧心，则难以追随。本章诸节中常见陆九渊批评门人，如说石宗昭"骎骎有成路之兴，复迷于异说，至今茅塞，每为悼叹"，说高宗商"既自知资质偏驳，不废磨砻，亦复何忧，亦复谁御。然当知染习未尽，大体实不得为无伤也"，均显

---

[1] 黄彰健：《象山思想临终同于朱子：孙应时与朱子及陆象山往来书信系年》。陈来对朱陆学说异同、门人转向的发展过程，有很精辟的见解，参见陈来《朱熹哲学研究》一书的第四部分《朱陆之辩》，页271—355。
[2] 何俊：《南宋儒学建构》，页210。

示陆九渊门人在哲思境界难与之契合。① 这些说法各有其理由，但本章讨论可对现有论述有所补充。

关于陆门弟子转益他师，也就是陆学发展遭遇的挑战，可分为二阶段。第一阶段，挑战来自于吕祖谦及功利学派。吕祖谦出身名门，既承中原文献之家学，又与薛季宣、陈傅良、陈亮、叶适等浙东功利学派学友往来密切；加以吕祖谦任职太学、馆阁，凡此皆使其在乾道、淳熙朝居道学领袖地位；吕祖谦善于赏识人才，不仅陈亮、叶适、陈傅良、朱熹等人均曾受其提拔，身为太学生的陆九渊及其以太学生为主的早期弟子，尤直接受惠于吕祖谦。吕祖谦与功利派诸友主要活动地区在浙东，声势甚壮，陆门弟子活动地区亦多在浙东。再者，士人释褐入仕后，亦需借重这些实务观点与经验，推动政事，因此多从游于吕祖谦，乃至更广的浙东功利学派学者；从游受学不免受其影响，从而有转益师从的迹象。

在初期，陆九渊似不介意此现象。但吕祖谦逝世后，功利之说在浙东影响加深，逐渐引发陆九渊愤懑，着力批判功利之学，说："世人只管理会利害，皆自谓惺惺，及他己分上事，又却只是放过。争知道名利如锦覆陷阱，使人贪而堕其中，到头只赢得一个大不惺惺去。"② 此举激起吕、陆门人相互抨击。③ 对石宗昭祭吕祖谦文所述学术趋向，陆九渊尤深为不满，将与石宗昭往来书信封存，并题为

---

① 此说承匿名审查人之一提醒，谨此致谢。
② 陆九渊：《陆九渊集》，卷34，《语录上》，页412。
③ 陈来：《朱熹哲学研究》，页310。

"石应之公案"。不过，此时情况尚不严重；殆朱、陆关系紧张后，陆九渊更向高宗商强烈表达对石宗昭师从转向的批评。

第二阶段，挑战来自朱熹学说。淳熙七、八年（1180、1181），张栻、吕祖谦二位受尊重的道学大儒相继逝世后，朱熹奉诏到浙东赈灾，与浙东功利学派及陆九渊心学学者有密切互动。此时陆学在浙东发展正盛，从淳熙年间朱熹的评论，以及史浩退闲后，邀甬上四先生在四明推动陆学，两相结合，可见陆门盛况。然而与此同时，不论学术与政治影响力，朱熹都居优势。朱熹一方面与两派论辩，另方面则拔擢人才；陆门的孙应时、石天民兄弟、诸葛诚之、陈刚、刘尧夫、高宗商、潘友文、王遇、沈焕、胡搏等人，都分别与朱熹频繁论学、论政，从而产生学习转向。

从淳熙十年至淳熙十三年间，《曹立之墓表》一事激化朱、陆对立，原本仅是朱、陆个人学说异同，衍变为两学派之抗衡，陆学更因此受到第二波巨大挑战。对此一形势，除了杨、袁、沈、舒四人受邀明州讲学，在史浩协助下，有较强的凝聚力继续阐扬师说，成为发扬陆学中心，此外转向者不在少数。陆九渊对弟子问学乃至师从朱熹，特别敏感，因此绍熙元年（1190）致信高宗商、绍熙三年致信孙应时，均格外严厉批评石宗昭、高宗商与孙应时三人的师从转向，其失望之情与用词之苛，较之刘尧夫与陈刚的事佛出家犹重。可以说，因为此时的门人转益与学派竞合，道学发展初期的兼容并蓄逐渐转向对立、门户森严，且愈演愈烈。

嘉熙年间（1237—1240），袁甫所撰《鄞县学乾淳四先生祠记》，对此一发展有所批评。他说："四先生（案：指张栻、朱熹、吕祖谦、陆九渊）无二道，而学者师承多异，于是藩墙立，畛域分，所谓切己之实学，忠君孝亲之实心，经国济世之实用，睽离乖隔，不能会归有极，反甚于汉儒，可悲也夫……弟子之尊其师，当先识其师之道，大本必正，大旨必明，则道在是矣，奚必于一话言之间，一去取之际，屑屑焉较短量长，以是为能事哉。"①此一发展趋向，与北宋晚期道学发展轨迹颇有类似之处。②更重要的是，较之于明清《宋元学案》《明儒学案》等学案体著作以门派、师承分析学术脉络，这一趋向显示宋代道学发展师承多元，并非学案体著作或思考取径所能涵摄，是值得注意的现象。

第三，从孙应时与陆门学友的学术成长过程，也凸显出宋代太学扮演着智识与人际枢纽的角色。由本章讨论可以发现，陆门早期弟子中兼学或转益师从者，很多具太学生身份。北宋以来，朝臣屡屡检讨以科举考试拔擢人才的得失。历次改革都有主张，较之科举选人以文艺竞长短，决定个人仕途及官员录用而言，通过教育途径拔擢人才，更能兼顾才德、培养通才，有利于朝政推动。为了弥补科举取士之弊，宋廷广设学校，建立以教育循序晋用人才的途径；

---

① 袁甫：《蒙斋集》（"文渊阁四库全书"本），卷14，《鄞县学乾淳四先生祠记》，页16下。
② 学界前辈对北宋道学分途发展论述众多，可参见土田健次郎著、朱刚译《道学之形成》（上海：上海古籍出版社，2010），与关长龙《两宋道学命运的历史考察》（上海：学林出版社，2001）等著作。

在中央设置的太学，成为国家教育的最高学府，也是教育与任官结合的重要机构。北宋神宗新政，王安石推动太学三舍法；至崇宁年间（1102—1106），徽宗与蔡京拟以学校升级选拔完全取代科举制度，此一变革虽未实现，但由太学上舍取得官位者大增。到南宋，太学制度进一步发展，太学生有直接任官的机会，与较多科举解试的名额，因此在人才选拔上，太学的作用相当程度与科举制度等量齐观，吸引大量志在功名的平民士人争取入学。高、孝两朝的太学生总额虽不明确，但估计约在七百至一千人之间。①

以往学界研究宋代太学，较重视组织制度及其变化，且偏重太学与士人争取功名之间的关系，对其学术传播功能甚少措意。其实，宋代太学也是大儒传扬学说的重要场域，太学在道学发展中的角色，更值得学界深入探讨。太学由朝廷任命学养丰富的学者担任太学博士、学录、学正等学职，以循序渐进的教育检核制度教导、培养与选取人才。在南宋，太学虽也是士人入宦途的重要管道，但不同于科举纯由文艺竞试较数日之长短，而是与教育结合，学习时间较长。入太学士人虽也志在功名，但有更多机会与学职师长和同辈频繁交流。在学习过程中，师生易于凝聚为社群，共同追寻典范；太学遂形成多元且开放的人才养成所。

---

① 李弘祺与袁征在这一方面都有研究。见李弘祺：《宋代官学教育与科举》（台北：联经出版公司，1994），页59—115；袁征：《宋代教育：中国古代教育的历史性转折》（广州：广东高等教育出版社，1991），页101—188、315；林岩：《南宋学校取士诸问题考论》（待刊稿）。

　　孝宗初期，朝政相对稳定清明。吕祖谦任太学博士，以中原文献之家学，并继承伊洛之传，在太学宣扬道学理念，引领学术发展。① 众多学职者与太学生日夜相处，感受师友熏陶，彼此砥砺，激发问学热忱。本章所举孙应时、甬上四君子、石宗昭、石斗文、诸葛千能、胡拱、高宗商、刘尧夫、王遇等人，都是太学生，甚至连陆九龄、陆九渊也曾是太学生与学职人员，他们得力于太学而有机会结交同道。正如沈焕对四明诸友所说，"此天子学校，英俊所萃。吾曹生长偏方，见闻固陋，不以此时资明师畏友，廓然开之，何由自知不足？前无坚敌，短兵便为长技，大可惧也"，太学的环境刺激更强烈引发同道间的学习欲望，"五六年间，朋从日盛，相与讲明立身之要，务本趋实为不朽计"。② 在追悼沈焕文中，杨简也自述在太学"首见吾叔晦，阐正论，且辱告曰：'天子学校，四方英俊所萃，正当择贤而亲，不可固闭。'某遂从求其人，遂得从其贤游，相与切磨讲肄，相救以言，相观而善"。③

　　太学既是"资明师畏友"的理想场所，除了同学相互切磋之益，有志于问学者也积极寻求学习典范。学子不甚在意师从对象的年龄与身份，要在其学说能否引人入胜。王遇、石斗文与陆九龄同

---

① 参见王晓发：《中国古代学术传播途径探析：以宋代理学传播为中心的探讨》，收入《中华文明的历史与未来国际学术研讨会论文集》（保定：河北大学出版社，2010），页 227—228。

② 袁燮：《絜齐集》，卷 14，《通判沈公行状》，页 19 上。

③ 杨简：《慈湖遗书》（"文渊阁四库全书"本），卷 4，《祭沈叔晦文》，页 9 上。

年；石宗昭、高宗商与舒璘为陆九渊同年，但陆九渊另辟蹊径以阐述道学，直指本心，又善于讲说，学友莫不钦服，虽为同学、同年，众人仍拜之为师，凸显当时士人的求道意愿，与二程传道旨意略近。① 因此，太学汇集天下精英，虽以现实功名为目标，但得力于开放的学习环境及陆氏兄弟的独特魅力，让不以追求功名利禄为已足的同侪们，倾心师从，成为其门人；陆门师生关系殆为朱熹"道学"和永嘉学派之外的另一模式。②

然而，在宋代士人心中，作为精英聚集的最高学府，太学的作用不仅是知识追求，更是进入仕途的重要途径。诚如林骃所说："三岁大比，生于春官，由太学而进者居多。士之游太学，盖无一而非进身之阶也。"③ 宦途晋升需要长官的赏识与推荐，太学既是官僚养成所，对高官鸿儒而言，是识才、拔才之地，对太学生而言，则具有攫取知识与经营人脉的双重功能。太学兼及理想与现实、学术与仕途的环境，使其成为智识与人际的交流枢纽。在此处，名儒往来多而频繁，思想见解各有擅长，因此求取功名、问学寻道乃至

---

① 陈雯怡：《"承道"论述与"求道"传记：宋代"师友渊源"概念的发展与表现》。

② 此论点为魏希德之观点，见 Hilde De Weerdt, *Competition over Content: Negotiating Standards for the Civil Service Examinations in Imperial China (1127–1279)*. Cambridge, Mass.: Harvard University Asia Center, 2007, ch. 1, pp. 42–46。参见陈雯怡：《"承道"论述与"求道"传记：宋代"师友渊源"概念的发展与表现》。

③ 林骃：《古今源流至论·续集》（"文渊阁四库全书"本），卷 10，《州县学》，页 12 下。本资料转引自林岩《南宋学校取士诸问题考论》（待刊稿）。

追求生命价值，是不少太学生想同时达成的目标。在此目标下，师从多位硕儒，甚至转益他师，实则展现了太学生多元学习的主动性与主体性。乾道八年（1172），陆九渊中进士返回江西途中，众多太学同侪跟随受教，即是一例。两年之后，吕祖谦到会稽寻幽访古，也是这批太学生陪伴同游。其后，陆九渊也将这些道学追随者介绍给吕祖谦与朱熹，或由吕祖谦引介向朱熹请益受学。这说明这些太学生的学习环境、性质与态度，情况有别于受教单一老师，日后师从变异性也大。

除太学养成环境让这些陆学早期门人易于从学多师或转益，他们日后仕途也影响了陆学发展。太学生释褐后，或到他乡任官，或居乡待阙，各自寻求前途与事业发展机会，枝披叶散，太学时期共学砥砺条件不再，凝聚向学之力相对削弱。陆九渊虽然在学术思想上异军突起，但中举后仍长期在家教书待阙，[①] 难与吕祖谦、朱熹所拥有的政治资源相抗衡。况且，其兄九龄在思想上亦有转向朱、吕的迹象。[②] 因此，除杨简、沈焕、袁燮等人，在史浩延揽下至四明讲学，凝聚力较强而能持守陆学，[③] 不论在交游上或学术思想上，其余门人弟子均多有师从转向的情况。[④] 门人随着时势转变而抉择师

---

① 袁征：《宋代教育：中国古代教育的历史性转折》，页 289。

② 陈来：《朱熹哲学研究》，页 291—304。

③ 黄宽重：《宋代的家族与社会》，页 83—85。

④ 参见陈来：《朱熹哲学研究》，页 271—355；束景南：《朱子大传：多维文化视野中的朱熹》，页 463—606。

从，激起陆九渊不满，他的批评拉高了与功利学派和与朱学的对立论战；他指责弟子石宗昭、孙应时、高宗商等人背离师门，更强化道学派别之间的门户藩篱。这些指责、批判一直延续到陆九渊逝世，未曾停歇。从陆门早期弟子中，太学生比例偏高，以此为线索检视道学发展，有助于了解陆门弟子转益多师、不守一说的可能原因，以及南宋中期以降道学诸派竞合的发展过程。

这些士人追求兼顾仕进与问学，在养成期间所形成的学术社群一方面具有多元学习的理想色彩，另方面也有务实考量，因此有因应现实环境而向优势靠拢的趋向；当面对政治打压时，这样的游离性格更容易显现出来。吕祖谦、陆九渊相继逝世后，朱熹逐渐成为唯一的道学领袖，其后因卷入朝廷纷争，遂身陷庆元党禁的政治禁锢。韩侂胄惮于现实考虑，未以激烈手段对付道学党人，道学群体尚且幸存，[①] 但在氛围肃杀的党禁阴霾下，许多中低阶层道学追随者仕途受阻。[②] 此一政治现实，对部分道学中人不免形成压力，唯恐葬送前程，遂有回避师门或妥协权势的现象，石宗昭、项安世、杨子直、吴猎、王遇等人均属此类，因而招致朱熹或同道讥评。对此，下章将有详细论述。

---

① 何俊：《南宋儒学建构》，页 256—289。引田浩之说。

② 这类的例子很多，孙应时之外，曹彦约在嘉定元年《奏举柴中行李燔吴柔胜状》中指出，三人都卷入党禁中而"蹭蹬选调"或"亦遭论列"，是学禁的受害者。见曹彦约：《昌谷集》（"文渊阁四库全书"本），卷 8，页 16 上—17 下。本资料由童永昌先生提供，谨此致谢。

南宋中期道学与政治纠葛甚深，变动频繁，牵涉者众，为时又长。除少数人外，绝大多数道学追随者生平资料相当零散，搜集与整理甚为不易。为逐步突破此限制，本章继孙应时之后，以其早年从学陆九渊之学友为对象，爬梳各人师从与学思发展变化，期能以不同角度侧写此时期道学发展面貌，进而结合既有研究成果，提供观察南宋中期学术与政治发展之心得。由于资料十分零散，每位道学追随者的学习历程都是由片段资料拼凑而成，其成果定有其局限；相较于学界以大儒为对象所获致的丰厚成果，可能也缺乏整体性，只希望能以细致的个案梳理，补充或修正既有观点。更主要的用意则在提醒学界，过于偏重特定资料或角度，易于将复杂多样的人事，导向简单化、单一化结论，以致陷入思考误区；在名臣大儒之外，加强整理与探讨一般士人、中低阶层官员资料，对理解学术与政治的整体发展，有其重要性。

应变世变

庆元党禁前后孙应时学友的遭遇与应对

孝宗至宁宗朝之间，道学与政治纠葛甚深，形成南宋最为激越的政治风暴，庆元党禁更是这场风暴的肆虐高峰；不仅皇帝、执政大臣、官僚与大儒名宦无法置身事外，甚至连追随道学的一般士人都难以幸免。[①] 对所有身涉其中者而言，这场风暴都是生命的重要试炼，但各人因处境不同，回应变局的对策有别，从而影响日后仕途。若将这些应对之策置于其所处时空脉络中检视，可呈现出不同士人各自对政治冲击的承受与因应能力，不仅能够了解个别士人的仕宦生涯的曲折，也有助于重新理解此时期道学与政治的交互作用。

孙应时的五位学友——吕祖俭、项安世、石宗昭、周南、王柟——虽同是道学追随者，但在南宋中期政局中所扮演的角色不尽相同。在往昔研究中，因这五人对政治影响较轻，多居于从属角色。他们虽有《宋史》本传或墓志传记，但所载事迹生平仕历过于简略、片断，其余资料则十分零碎。相较之下，收录于孙应时《烛湖集》的书信资料内容则相对丰富，从中可见他们彼此对朝政变动

---

① 余英时教授以朱熹为中心，探讨庆元党禁以前道学与官僚集团之间的纠葛，有很精湛的诠释。学界对宁宗以后政局发展与道学被禁的复杂关系，研究成果也相当丰硕。然而，当前研究仍聚焦于名儒大臣之间的关系，讨论的范围不够全面，论述的内容嫌简略。

的关切、对现实处境的实时心境写照。无论是掌握南宋时局，乃至理解道学追随者的个人遭遇与应对之道，这些书信都是相当珍贵的一手史料。本章将由《烛湖集》收录相关文献出发，以个案方式深入探讨五人际遇，期能从个体角度投射出庆元党禁风暴中一般士人官僚的遭遇实况，揭显往昔侧重群体研究较不能企及的面向。唯受限于各人资料多寡不一，对于上述五人的讨论深度、篇幅与观察重点，或不尽一致。

一、直言贾祸：吕祖俭

吕祖俭，字子约，号大愚，父吕大器、兄吕祖谦，母曾氏为南宋初期著名的士大夫曾几（1084—1166）之女。[1] 淳熙元年（1174）九月，吕祖谦在陆门弟子陪同下游会稽，[2] 当时因父荫补监潭州南岳庙的吕祖俭可能随行，而结识孙应时、石宗昭。淳熙九年，吕祖俭任监明州仓期间，[3] 正值史浩在四明邀请居乡的陆门子弟沈焕、杨简与袁燮讲学，延聘孙应时、沈炳至东湖书院执教席，教其子弟。时

---

[1] 以上据《吕祖俭圹志》。见郑嘉励：《明招山出土的南宋吕祖谦家族墓志》，《唐宋历史评论》1（2015），页199。

[2] 吕祖谦：《东莱吕太史文集》，卷15，《入越录》，页231—232。另外，孙应时在庆元元年冬天所作《答吕寺丞书（五）》亦云："二十年前，每见兄讽咏，紫薇先生所赋张才叔诗。"参见《烛湖集》，卷7，页17上。

[3] 见《吕祖俭圹志》，郑嘉励：《明招山出土的南宋吕祖谦家族墓志》，《唐宋历史评论》1（2015），页206—207。

吕祖俭亦受邀与会，^①因此机缘而与孙应时建立深厚情谊。

吕祖俭为学深受兄长吕祖谦影响，也与秉持其他观点的学者多有往来。在接触陆门学者之先，吕祖俭早已认识朱熹，而且论辩激烈。乾道九年（1173），朱熹在吕祖谦引介下，以书札与吕祖俭交流。^②淳熙八年（1181），朱熹新任两浙东路常平茶盐公事，与吕祖俭及当时在四明的甬上四先生均有往来，^③此时朱熹似乎对他们尚颇有好感。大约同一时期，滕璘到明州赴任，朱熹即嘱他结交杨简、沈焕、袁燮与吕祖俭诸人："幸四明多贤士，可以从游，不惟可以咨决所疑，至于为学修身，亦皆可以取益。熹所识者，杨敬仲、吕子约；所闻者，沈国正、袁和叔，到彼皆可从游也。"^④

淳熙九年，吕祖俭任衢州法曹。同年九月，朱熹巡历到衢州常山，旋辞免新职江西提刑，并且在该地与吕祖俭和其他浙东学者聚会论辩。^⑤此后，朱熹对吕祖俭颇多批评。根据朱熹语录，他曾分别对比并凸显陆学与吕祖俭为学的问题："今江西诸人之学，只是要约，更不务博；本来虽有些好处，临事尽是凿空杜撰。至于吕子约，又一向务博，而不能反约。读得书多，左牵右撰，横说直说，

---

① 蒋义斌：《史浩研究：兼论南宋孝宗朝政局及学术》，页101—104；黄宽重：《政策·对策：宋代政治史探索》，页143。

② 束景南：《朱熹年谱长编》，页497—498。

③ 同上，页719。

④ 朱熹原著，陈俊民校编：《朱子文集·正集》，卷49，《答滕德粹（十一）》，页2247。

⑤ 束景南：《朱熹年谱长编》，页747、795。

皆是此理；只是不洁净，不切要，有牵合无谓处。"①朱熹甚至认为："吕家之学，重于守旧，更不论理。"②淳熙十一年（1184），朱熹协助吕祖俭整理、刊印吕祖谦著作，又刻其《大事记》于建阳；③在书信中也不假辞色批评吕祖俭专治《小序》而不读《诗》，认为这种读书方法，虽"更读万卷书，亦无用处也"。④同年，朱熹致孙应时信中也严厉批评吕祖俭之学。⑤总之，两人在学术上的论辩资料相当丰富，而且大多针锋相对。⑥

　　光宗继位后，吕祖俭短短数年之间数度改官。他多次面对光宗，直言陈奏时政，引起同道关切。尽管朱熹与吕祖俭学术见解有别、论辩激烈，但二人对时政的关怀、看法颇为一致，从政相互关切、支持，日后也相继因政治风暴而遭到贬斥。然而，吕祖俭性格急切，最终招致远比朱熹更为艰难、悲惨的祸难，成为宁宗时期受害最深的道学官员之一。

　　绍熙元年（1190），吕祖俭因郑侨（1169 年进士）、张杓、罗点（1150—1194）、诸葛廷瑞（1157 年进士）之荐，召除籍田令，将赴

---

① 黎靖德编：《朱子语类》，卷 120，页 2914。

② 黎靖德编：《朱子语类》，卷 62，页 1504。

③ 束景南：《朱熹年谱长编》，页 792—793。

④ 朱熹：《朱子文集·正集》，卷 48，《答吕子约（三）》，页 2165—2166。

⑤ 朱熹：《朱子文集·正集》，卷 54，《答孙季和（一）》，页 2543。

⑥ 朱熹：《朱子文集·正集》第 47、48 卷所收即两人论学之四十八封书信，此一数量仅次于朱熹与吕祖谦、张栻。甚至到吕祖俭被贬至庐陵、高安，二人仍有诸多论辩。参见市来津由彦：《吕祖俭与朱熹》，收入氏著《朱熹門人集团形成の研究》（东京：创文社，2002），页 396—429。

临安面对。次年三月，孙应时在遂安得知吕祖俭获得新职，甚为高兴，致函道贺，并询问吕祖俭面见光宗的时间，相信他"必能正学以言，端不饮西湖水而负朋友"。不过，孙应时深知好友吕祖俭急切激进的性格，特别在信中叮咛："但恐意或迫切，则气若躁扰，语亦拖沓。顷年见兄多如此，不知今何似耳。"[1]面对时，吕祖俭分别针对荒灾与时政提出建言，奏请光宗顺承天意以弭灾害，[2]批评立皇极安静之说将诬害一世。[3]吕祖俭极力抨击近臣竭力为"皇极之言"的苟且心态，认为"斯说之炽，将使朝廷之上，无复有面折廷争之风矣。……是斯说者乃诬害一世，君之陷阱，而为实祸蔽塞之根本也"，因此希望光宗"奖拔忠直以作新斯人，拒辟邪说以恢弘正论"。[4]这些建言都积极呼吁道学家应破除皇极之论。[5]绍熙二年（1191）八月，御史中丞何澹（1164 年进士）有"本生继母"周氏之丧，却以"不逮事"为名，上疏请台谏给舍议。此事在临安引发

---

① 孙应时：《烛湖集》，卷7，《答吕寺丞书（一）》，页 13 上。

② 黄淮、杨士奇编：《历代名臣奏议》（台北：台湾学生书局，1964，据永乐十四年〔1416〕内府刻本影印），卷 13，页 6 上—7 上。《全宋文》收录此文，题《承天奏》，见《全宋文》第 282 册，卷 6401，页 230—231。

③ 黄淮、杨士奇编：《历代名臣奏议》，卷 117，页 10 上—11 下；《全宋文》题《奖拔忠直作新斯人奏》，见《全宋文》第 282 册，卷 6401，页 233—234。

④ 黄淮、杨士奇编：《历代名臣奏议》，卷 117，页 10 上—11 下；《全宋文》第 282 册，卷 6401，页 233—234。

⑤ 余英时：《朱熹的历史世界：宋代士大夫政治文化的研究》下篇，第 12 章《皇权与皇极》，页 383—587。

争议，吕祖俭遂致书宰相批评何澹。[①] 同年冬天，宋廷欲任朱熹为湖南转运副使，宰相留正通过吕祖俭致函，挽其赴任，朱熹则以经界法不行，上章自劾并求辞任。[②]

绍熙三年（1192）冬，吕祖俭改除司农寺主簿。朱熹特函道贺，并关心轮对内容："对班在何时？今日极难说话，而在疏远，为尤难看得，且只收敛得人主心念，不至大段走作，是第一义。其他道理非不可说，只恐说得未必应急救病耳。"[③] 此时，孙应时甫赴四川任丘崟幕僚。他致书吕祖俭，告知兄长逝世与四川灾荒的消息，并打听朝廷政局变化与朱熹行踪。[④] 吕祖俭回信，提及自己即将轮对与在京诸友消息。孙应时大约在四年五月以后回信，除说明四川军政、西疆人情与自己东归的安排外，亦询问吕祖俭面对情况，"昨兄面对，必展尽惓惓，恨不得闻梗概也"，并为陈亮中第庆贺。[⑤]

俟吕祖俭任职司农寺时，光宗已不朝重华宫，缺定省之礼，引发廷臣对朝政忧虑，吕祖俭亦数度进谏。绍熙四年三、四月，吕祖俭针对过宫之事二度进呈奏状；[⑥] 后又以靖康之难与绍熙三年

---

① 脱脱总纂：《宋史》，卷 394，《何澹传》，页 12025；邓小南：《何澹年表资料简编》（未刊稿）。

② 朱熹：《朱子文集·正集》，卷 23，《辞免湖南运使状（一）》，页 846；束景南：《朱熹年谱长编》，页 1051。

③ 朱熹：《朱子文集·正集》，卷 48，《答吕子约（六）》，页 2168—2170。

④ 孙应时：《烛湖集》，卷 7，《答吕寺丞书（二）》，页 13 下—14 下。

⑤ 孙应时：《烛湖集》，卷 7，《答吕寺丞书（三）》，页 15 上。

⑥ 黄淮、杨士奇编：《历代名臣奏议》，卷 11，页 2 下—6 上、6 上—8 上。《全宋文》各题《请进书日过宫行礼奏》《乞谨事寿皇之礼奏》，见《全宋 （见下文

秋天四川泸州军乱为例，[1] 呼吁光宗与朝廷"舍夫颓惰旧习，为所当为"。[2] 是年冬，吕祖俭外放任通判台州，彭龟年与陈傅良均有诗相送。[3]

绍熙五年（1194）六月，孝宗逝世，光宗不能执丧。在赵汝愚、韩侂胄合谋下，宁宗顺利继位，但短期内政局骤变，朝野群情汹汹。孙应时甫自四川东归，致书身在台州的吕祖俭。在信中，孙应时关切吕祖俭在台州任官情况，再次提醒他收敛急切言行："如闻临吏卒仍或躁急怒骂，处赈济等事未免烦扰，虽未必然，然度器禀容，有未尽平者，当能徐察随改也。年皆长矣，身之不治，何以治人？久不相见，聊吐所怀，以来警诲耳。"[4] 此外，孙应时除提到茔葬长兄与吴挺死后的四川军政，更对政局纷扰表达忧心。虽然目前未见吕祖俭回信传世，但稍后他曾致信吕祖谦弟子也是乡人的景华，信中论及政局变动，吕祖俭的观察是："国家变故，重华上宾，当时

（接上文）文》第 282 册，卷 6401，页 222—230。

[1] 泸州军乱在三年七月，见脱脱总纂：《宋史》，卷 36，页 703；汝企和点校：《续编两朝纲目备要》，页 27—28。此事牵涉到四川制置使京镗与兴元都统制吴挺之争，引发宋廷重视四川吴氏势力的控御问题。

[2] 黄淮、杨士奇编：《历代名臣奏议》，卷 97，页 1 上—2 下；《全宋文》题《王业终难偏安奏》，系于绍熙四年，见《全宋文》第 282 册，卷 6401，页 231—233。确切轮对时间不见吕祖俭奏文，此从孙应时给子约第三信推断，应在三四月。

[3] 彭龟年：《止堂集》（"文渊阁四库全书"本），卷 16，《送吕子约赴天台倅（癸丑冬）》，页 14；陈傅良原著，周梦江点校：《陈傅良文集》，卷 4，《短歌送吕子约丞郡天台》，页 37。

[4] 孙应时：《烛湖集》，卷 7，《答吕寺丞书（四）》，页 15 下—16 下。

事孔艰之际，率土之清，尤剧哀摧。太上复以哀疚，欲就退闲。嗣皇奉太母之命，受禅登极，求忠谠，登贤俊，诚足以开治象。然旷畎惓惓之虑，殊未易忘。到此尤要当位群贤，尽血诚，屏私意，相与感通其故，以措天下于坚固不拔之地，否则诚可凛凛也。"①比对孙吕二人态度，显示吕祖俭对朝政人事掌握更为清晰，对政局发展较孙应时更为乐观。

宁宗即位后，赵汝愚为扩大政治势力网络，积极援引朱熹与道学官僚进入朝廷权力中枢，掀起一波人事更迭。②继朱熹之后，吕祖俭亦被召入京，出任太府寺丞，与道学同志共谋兴革朝政。当时朝臣多质疑宁宗继位过程的合法性，也关心宁宗与光宗间的嫌隙。③绍熙五年（1194）十月，朱熹在奏札中即对继位事表达关切："然自顷至今，亦既三月，而天变未尽消，地变未尽弭，君亲之心未尽欢，学士大夫、群黎百姓或反不能无疑于逆顺名实之际。"④闰十月月底，朱熹罢经筵侍讲前极言四事，亦重申："至于寿康定省之礼，则臣尝言之矣，而其意有未尽也。……则父子之间，上怨怒而下忧

---

① 时为七月二十八日。该信参见岳珂：《宝真斋法书赞》（武英殿聚珍版丛书本），卷 27，页 6 下—7 下；《全宋文》题为《覆景华书》，见《全宋文》第 282 册，卷 6402，页 244。
② 程志华：《学术与政治：南宋"庆元党禁"之研究》，页 74—75。
③ 参见李超：《南宋宁宗朝前期政治研究》，第一章《从内禅到党禁》，页 18—23。
④ 朱熹：《朱子文集·正集》，卷 14，《甲寅行宫便殿奏札（一）》，页 446。《续编两朝纲目备要》亦收录此文，然已经删节。见汝企和点校：《续编两朝纲目备要》，卷 3，页 43。

惧，将何时而已乎？……此又臣之所大惧也。"①吕祖俭也建言："陛下嗣位已阅三时，天性至情，固莫能间，而躬致色养，犹未有期。虽贵为天子，富有四海，将何以解此忧乎？……傥上皇气体日就康宁，既得时展定省之礼，以慰天人之心；复得同过重华，以弭万世之议；臣虽至愚，必知天灾可息于上，外患可销于下，自成祈天永命之功也。"②吕祖俭盼望宁宗展定省之礼，主动化解父子心结。

在绍熙皇位递嬗期间，边境情势似也有变、军心不稳。吕祖俭奏文论及这段时期宋金的紧张关系："自绍熙变故，有轻我心。彼之来者，陈币在馆，辞语不恭；我之去者，摧辱逼胁，不顾常礼"，传言金人积极动员，"括马签军，近淮积粟，治战舰于海道，遣大酋于汴京"。吕祖俭认为，这些传言"固难尽谓实然，第人情已觉动摇"，但宋使却回报不必担忧。吕祖俭对此深以为忧，呼吁朝廷"固不可以为无他而自宽，尤不可徒为张皇而自扰"，而要"明诏

---

① 朱熹：《朱子文集·正集》，卷14，《经筵留身面陈四事札子》，页461—462。《续编两朝纲目备要》亦收录此文，然已经删节。见汝企和点校·《续编两朝纲目备要》，卷3，页52。

② 黄淮、杨士奇编：《历代名臣奏议》，卷12，页29上—30下；《全宋文》题为《乞展定省之礼奏》，见《全宋文》第282册，页228—230。《历代名臣奏议》系于"庆元元年三月"，但与朱熹奏文联系，应在绍熙五年末，约与朱熹同时或稍后。此外，于庆元元年初，被召回任尚书郎的卫泾在《乙卯岁除郎上殿札子》也说："臣来自远外，窃闻之道路，咸谓车驾每过寿康，起居虽循常度，进见未如平时，侍膳问安，礼犹旷阙。"该文见卫泾：《后乐集》（"文渊阁四库全书"本），卷10，页22下—24下。另参虞云国：《宋光宗·宋宁宗》，页97—100。

二三大臣，坚强志意，审定规模，相与尽诚，戮力图回实政，布置实材，以为待敌之方。内而宿卫诸将，训饬其和辑士心；外而被边诸屯，申严其周视边备。复于重镇图任旧臣老将，俾为固圉之谋"。[①]这些论奏显示，吕祖俭初返临安的关注焦点在宁宗继位后的两宫问题与宋金关系。

　　不过，随着政争发展白热化，吕祖俭转而关切道学同志遭罢事，且将矛头直指韩侂胄，言论日益激切。绍熙五年（1194）闰十月月底，朱熹因御批除宫观而离朝，宰相赵汝愚乞留不允，道学官僚如陈傅良、刘光祖、邓驿、吴猎、孙逢吉、游仲鸿、楼钥等交章留之，皆不报，反而相继遭黜。[②]吕祖俭遂上奏力陈，朱熹去职、台谏外迁都是内廷近臣操弄所致，几乎明指韩侂胄即为幕后黑手："左右前后之人，地近情亲，巧于伺候，外示畏谨，阳若无他，黜陟废置，间得关预。"他建言，对此"惟念总揽权纲之要道，外廷情实固宜致察，内廷奸欺尤当深防"，时约庆元元年（1195）正月。[③]

---

① 黄淮、杨士奇编：《历代名臣奏议》，卷337，页1上—2下；《全宋文》题为《乞和辑士心深严边备》，见《全宋文》第282册，卷6401，页240—242。此时宋金关系与边备问题罕见记载。仅有《宋史全文》云绍熙五年十月壬子，宋"遣太常少卿曾三复贺金主正旦"，同年闰十月戊辰"金主遣使来吊祭"，没有细节记述。见李之亮校点：《宋史全文》，卷28，页1987、1990；另参《吕祖俭圹志》，见郑嘉励：《明招山出土的南宋吕祖谦家族墓志》，《唐宋历史评论》1（2015），页206。

② 王懋竑：《朱熹年谱》，页211—212。

③ 黄淮、杨士奇编：《历代名臣奏议》，卷293，页13下—14下；《全宋文》题《议论气节足以培根本支变故奏》，见《全宋文》第282册，卷（见下文）

庆元元年二月，赵汝愚罢右相，吕祖俭奏陈宁宗，批评激切："首相之去，岂为无罪？中旨直下，无复体貌，固非所以重股肱。讲席之臣，所谓耆艾者，片纸罢遣，视为常事；所谓旧学者，论及近幸，去之靡疑。至或台谏之官，或一旦而并迁，或以阙守而补外。御笔行下，复觉匆匆。"吕祖俭认为，罢黜赵汝愚相位，显示宁宗"既疑外廷，则腹心之谋，耳目之用，不容无所寄托。左右前后，地近情亲，……怙恃恩宠，招势弄权，旁若无人，浸无顾忌。若使其气焰增长，而威福集于私门，则观望趋附者浸多，向公尽忠者浸寡"。他盼望宁宗以宣和为戒，慎重处理黜陟废置之事，体貌大臣，师法仁宗规模，"用公议为予夺，庶几忠直者获用，顺从者自疏"。①

侯赵汝愚提举宫观，国子祭酒李祥与国子博士杨简再上疏留赵汝愚，又遭右正言李沐劾论。②吕祖俭义愤于这一连串整肃道学官僚的行动，以更激烈的言词批评台谏，并直指韩侂胄："李祥老成笃实，非有偏比，盖众听之所共孚者，今又终于斥逐。臣恐自是而后，天下有当言之事，必将相视以为戒，钳口结舌之风一成而未易

（接上文）6401，页239—240。明人姚文蔚（1592年进士）所编《右编补》（台南：庄严文化公司，1996，《四库全书存目丛书·史部》据万历三十九年〔1611〕刻本影印）亦收录这篇奏文，置于"近习"之部，见该书卷8，页63上—65上。

① 上奏时间约在庆元元年二月庚辰之前。黄淮、杨士奇编：《历代名臣奏议》，卷286，页26上—27上；《全宋文》题《请养忠直以壮士气奏》，见《全宋文》第282册，卷6401，页238—239。《右编补》亦收录这篇奏文，置于"礼臣"之部，见该书卷8，页59下—61上。

② 李之亮校点：《宋史全文》，卷29上，页1999—2000。

反，是岂国家之利邪？……今之所难，非在于得罪君父，而在于忤意权势。……恃权怙宠，摇撼外庭。臣恐事势浸淫，政归幸门，不在公室。凡所荐进皆其所私，凡所倾陷皆其所恶，岂但侧目惮畏，莫敢指言，……臣之私忧过计，岂独以缙绅之士遭罹谗谤而已，其所深虑者，陛下之势孤，而相与维持宗社者浸寡也。"吕祖俭建请复还李祥职任，更希望宁宗"兼听臣庶之邪言，开公正之门，绝私幸之路，委信大臣以正朝纲，容纳忠直以强国势，中心无为，销平偏论，以涵养天下和平之福"。[①] 然而，他的上奏并无作用，李祥、杨简等人仍遭罢黜。[②]

吕祖俭救援赵汝愚，亟论朱熹、李祥、杨简等人不当被逐，其诸奏章之根本更是抨击韩侂胄操弄朝政，因此吕祖俭自己不免也招致贬谪命运。庆元元年（1195）四月戊午，宋廷以吕祖俭朋比罔上为辞，送韶州安置。中书舍人邓驲（案：或作"邓驿"，1175 年进士）缴奏，指出吕祖俭罪不至贬，然御笔却回复："祖俭意在无君，罪当诛，窜逐已为宽恩。"[③] 接着，杨宏中等六位太学生伏阙上书，要求窜李沐以谢天下。宋廷以六人扇摇国事罪，下令编管，邓驲旋亦罢知泉州，"时知名之士，罢斥相继，人情汹汹"。[④] 吕祖俭不避

---

① 黄淮、杨士奇编：《历代名臣奏议》，卷 206，页 22 下—25 上；《全宋文》题《乞还国子祭酒李祥职任奏》，见《全宋文》第 282 册，页 235—238。
② 时为庆元元年三月甲寅。见李之亮校点：《宋史全文》，卷 29，页 2000。
③ 脱脱总纂：《宋史》，卷 455，《吕祖俭传》，页 13370。据《宋史全文》，时为庆元元年四月庚申，见该书卷 29 上，页 2000—2002。
④ 李之亮校点：《宋史全文》，卷 29 上，页 2002。

大祸，勇于抨击韩侂胄，袁燮视之为尽忠："方彭忠肃公（案：指彭龟年）之攻韩也，子约以为已甚。既而自攻之。友人石应之问其故，子约曰：'彼从臣，可以从容献纳；我小官，幸而获对，敢不亟尽忠乎？'其大节如此，门户于是乎有光矣。"①

幸而，经楼钥向宁宗谏言，宋廷于同年五月改吕祖俭吉州安置。吕祖俭被贬实出韩侂胄之意，楼钥时任吏部尚书兼侍读，趁进读吕公著元祐初所上十事之便，向宁宗陈述吕祖俭迁岭外之冤屈："如公著社稷臣，犹将十世宥之。前日太府寺丞吕祖俭以言事得罪者，其孙也。今投之岭外，万一即死，圣朝有杀言者之名，臣窃为陛下惜之。"宁宗问其因，廷臣才知吕祖俭之贬"不出上意"。韩侂胄得此消息甚为愤怒，欲阻之，人劝韩侂胄："自赵丞相去，天下已切齿，今又投吕祖俭瘴乡，不幸或死，则怨益重，曷若少徙内地。"②侂胄觉悟，乃于五月戊子改吉州安置。③

当时家居的朱熹关心道学友人的处境，尤其挂念远谪的吕祖俭。他曾致信吕祖俭："熹以官则高于子约，以上之顾遇恩礼则深于子约，然坐视群小之为，不能一言以报效，乃令子约独舒愤懑，触群小而蹈祸机，其愧叹深矣。"④朱熹也不断向友人门生询问吕祖俭的消息。时至庆元元年夏天，他致信向浯（字伯元）即

---

① 袁燮：《絜斋集》，卷8，《题吕子约帖》，页29。
② 脱脱总纂：《宋史》，卷455，《吕祖俭传》，页13370。
③ 李之亮校点：《宋史全文》，卷29上，页2002。
④ 脱脱总纂：《宋史》，卷455，《吕祖俭传》，页13370。

云："自四月初感风湿之气，足疾发动，一卧两月，屡至危殆。亟上告休之请，……时论一变，非复意虑所及，忠贤奔播，几于空国，而无君子矣。吕子约经由，曾进谒否？……今日之事，凡曾在赵子直处吃一呷汤水者，都开口不得。"[1]大约同时，朱熹致信章颖（1140—1218）也说："昨闻忠言正论，忤于群小，遂以口语翩然西归。……吾人私计，固应随处而安，但国论大变，日甚一日，令人忧惧，便觉无顿身处。不知上天至仁，何故生此等辈。使能诪张幻惑，以败人之国家也？……吕子约经由，曾相见否？诸贤尽去，几于空国矣。"[2]致时任吉水丞的弟子吴伯丰（必大）的二封信中，亦先后探问："入城曾见吕子约、程允夫、许、刘诸人否？有所讲论否？"[3]"杨子直为守，吕子约、刘季章、许景阳皆可与游。"[4]从这几封信都问及吕祖俭，可见朱熹对他的记挂。后来吕祖俭报书说："在朝行，闻时事，如在水火中，不可一朝居。使处乡间，理乱不知，又何以多言为哉？"[5]

孙应时对吕祖俭遭逢巨变亦至表震惊，除了劝诫、慰勉吕祖俭，

---

[1] 朱熹：《朱子文集·别集》，卷1，《向伯元（四）》，页5104；陈来：《朱子书信编年考证（增订版）》，页409—410。

[2] 朱熹：《朱子文集·续集》，卷5，《与章侍郎》，页4991—4992。系年依陈来：《朱子书信编年考证（增订版）》，页408。

[3] 朱熹：《朱子文集·正集》，卷52，《答吴伯丰（十六）》，页2435；陈来：《朱子书信编年考证（增订版）》，页392—393。

[4] 朱熹：《朱子文集·正集》，卷52，《答吴伯丰（十五）》，页2433。

[5] 脱脱总纂：《宋史》，卷455，《吕祖俭传》，页13370—13371。

也透露孙应时自己在政局骇浪中的困窘处境。庆元元年二月左右，孙应时初晋京官，为任新职而到临安，亦曾与吕祖俭碰面。孙应时清楚他对朝政的批评，却未料回乡不及二十天，即获知吕祖俭被贬韶州。是年冬，孙应时致信吕祖俭，说道："久欲附问，村居僻寂，杜门省事，不敢轻于便访，坐成相疏。"有关吕祖俭的消息，孙应时都是从友人处辗转得知，一直到吕祖俭抵庐陵，才致书问候，并劝诫老友："既别二十日，遂闻韶石之命，天威震动，海内剔息。旋审半途留舍庐陵，益验圣朝家法忠厚，而前日之事，明主本无成心于其间也。计惟感恩念旧。方当自力不懈，较变通于将来。其终能无毫发愧于前人光，然后即安焉。若夫矜于得名以忮其上，必非吾子约之所忍。狂生野人，往往不达大体，务崇私议以祸斯世，宜勿酬对，谅不待区区言也。"孙应时认为，吕祖俭得以改贬庐陵，出于宁宗恩意，希望他千万珍重，不要过于张扬。[①] 从这封信除了可以看到孙应时的劝慰，也能察觉孙应时作为丘崈幕僚与道学追随者，身陷赵、韩斗争所引发一连串的整肃骇浪中，等待新职期间只能"杜门省事"，不敢轻率访友的窘态。

吕祖俭被贬时，宋廷虽尚未祭出党禁之名，但已继赵汝愚、朱熹之罢后掀起整肃之风，以致亲旧朋友都不敢为吕祖俭饯行，只有吕祖谦弟子兼同乡汪大度（字时法，一作时发）慨然陪同。初贬韶阳途中，吕祖俭有感而赋诗："圣远道难继，事变如山连。……一

---

① 孙应时：《烛湖集》，卷 7，《答吕寺丞书（五）》，页 16 下—17 下。

朝忽南去，道里有余艰。"① 同时，也有二诗谢汪大度："汪氏诸郎子独贤，相从过岭过韶川。"② 及吕祖俭改吉州安置，大度亦辛苦相陪，跋涉到庐陵，协助吕祖俭安顿，"所以经纪其家者尤至"。③ 庆元元年（1195）七月十六日，朱熹致书向汪大度表达对他护送吕祖俭至谪所的敬意："别后不能一奉问，但闻裂裳裹足，远送迁客为数千里行，意气伟然，不胜叹服。"④ 同年冬天，孙应时给吕祖俭的信中，也向汪大度致意："时发汪兄同处不忍别。愿为道倾仰意。"⑤ 庆元二年十月，周必大致书吕祖俭也提到："汪时法计时通问。"⑥ 此后不久，汪大度返回金华，⑦ 而其行止在百余年后仍被传唱，王祎（1322—1373）赞誉他："可谓能尽朋友之道者矣。"⑧

---

① 见吴师道：《敬乡录》（民国《适园丛书》本），卷7，《道上有感》，页9下—10上。诗中"一朝忽南去"之"忽"，"文渊阁四库全书"本《敬乡录》（卷7，页14）作"落"。

② 见吴师道：《敬乡录》（《适园丛书》本），卷7，《韶阳之迁道中呈汪时法》，页9下。

③ 王祎：《王忠文公文集》（北京：书目文献出版社，1988，《北京图书馆古籍珍本丛刊》据嘉靖元年〔1522〕张齐刻本影印），卷17，《跋吕大愚帖》，页11上—12上。

④ 吴师道：《敬乡录》（《适园丛书》本），卷7，《朱熹与汪时法书》，页12上；束景南：《朱熹年谱长编》，页1212。

⑤ 孙应时：《烛湖集》，卷7，《答吕寺丞书（五）》，页17下。

⑥ 周必大：《周益公文集》，卷188，《吕子约寺丞（庆元二年十月）》，页14上—15下。

⑦ 见吴师道：《敬乡录》（《适园丛书》本），卷7，《送汪时法归金华》《送时法登舟》，页10。

⑧ 王祎：《王忠文公文集》，卷17，《跋吕大愚帖》，页11上—12上。

吕祖俭到吉州庐陵后，行动似乎相当自由。初到谪所时，吕祖俭勤于练身，每出必草履徒步，为逾岭之备，心情相对开朗。他致信朱熹，自认罪大责轻，念咎之余，复何所道，自言"因世变有所摧折，失其素履者，固不足言矣，因世变而意气有所加者，亦私心也"。①其后得当地豪绅王孚（字信臣）提供别馆居住，"有台榭花木之胜，而江山云物，晨夕万变，足以游目骋怀，尤过望不落寞耳"，身心安顿、读书穷理之余，吕祖俭与当地朋友交游，结交"名公卿才大夫，又能同其忧乐，不随世俗为俯仰"。②

庆元二年（1196）七月，宁宗生子，宋廷降"德音"，移置吕祖俭筠州高安。③吕祖俭到高安后不久，在汪大度协助下，居于大愚寺，遂自号"大愚"。他在高安的生活以读书为主，并与朱熹、周必大多所联络，与朱熹论学尤多。④朱熹与周必大辩论欧阳修（1007—1072）所撰范仲淹神道碑中所涉吕夷简（979—1044）问题，二人均曾与吕祖俭交换意见。⑤朱熹答复周必大曾云："又得吕子约录记所被教墨，参互开发，其辨益明。"⑥

① 脱脱总纂：《宋史》，卷455，《吕祖俭传》，页13370—13371。
② 朱熹：《朱子文集·正集》，卷84，《跋王信臣行实》，页4159。
③ 脱脱总纂：《宋史》，卷455，《吕祖俭传》，页13370；李之亮校点：《宋史全文》，卷29上，页2010。另参郑嘉励：《明招山出土的南宋吕祖谦家族墓志》，《唐宋历史评论》1（2015），页207。
④ 参见《朱子文集·正集》卷48所收书信；陈来：《朱子书信编年考证（增订版）》，页434 437。
⑤ 周必大：《周益公文集》，卷188，《吕子约寺丞（庆元二年十月）》，页14下。
⑥ 朱熹：《朱子文集·正集》，卷38，《答周益公（三）》，页1568。

　　然而，吕祖俭到高安后，体力已告不支。朱熹、周必大与孙应时等人都十分关切吕祖俭的健康问题。庆元二年（1196）十月，周必大回信吕祖俭提到"令似痁疾，必已无事"，已知他身体欠安。[①]从朱熹致吕祖俭书信，更可以充分了解当时吕祖俭的性格、健康情况，以及同道对他的劝诫："自顷承书，有专介存问之约，日望其至，忽得郭希吕书，闻尝感疾不轻，甚以为虑，而无从附问，但切悬情。……今幸平复，而又自能过意调摄，尤副所望。比日窃为体候益佳健矣。但来书以为劳耗心力所致，而诸朋友书，亦云读书过苦使然。不知是读何书？若是圣贤之遗言，无非存心养性之事，决不应反至生病，恐又只是太史公作祟耳。……况以子约平日气体不甚壮实，岂可直以耽书之故，遂忘饥渴寒暑，使外邪客气得以乘吾之隙，是岂圣人谨疾、孝子守身之意哉？今既能以前事为戒，凡百应酬，计亦例加节啬。然区区之意，于此犹不能忘言，更祝深以门户道学之传为念。"[②]朱熹劝吕祖俭以道学传承为念，莫因读书过劳而影响健康，关心之情溢于言表。

　　时孙应时知常熟知县，在庆元三年十一月前，他托新知南安军的友人赴任之便，带信给吕祖俭。信中关切生活起居之余，倒是鼓励吕祖俭闭门读书，并提醒他言语文字间宜谨慎，以免犯忌："念兄迁谪，未闻自便之报，中夜叹喟，耿耿不忍言也。不知兄去年以

---

① 周必大：《周益公文集》，卷188，《吕子约寺丞（庆元二年十月）》，页14上。
② 朱熹：《朱子文集·正集》，卷47，《答吕子约（二十六）》，页2158—2159。

何月到宜春（案：应为高安），比之在庐陵时，不无反落莫否？……
谪居无事，大可闭门读书，宁非造物之赐！体中尽强健否？此等境
界，当意气盛壮时能泰然处之不难，日月浸久，恶况满前，衣食婚
嫁之计日迫，真能使人精锐销恶，阴有创艾之意。惟着鞭自强，无
愧古人是望。然宾客书疏、语言文字之间，却须深自重也。区区忠
爱之私，因敢及此。"[1] 孙应时信中多隐晦之言，似乎担心在庆元整
肃之风正炽的时刻，吕祖俭的直言个性会再触犯时忌，也忧虑自己
身陷党禁阴霾。

　　庆元三年（1197）冬天，宁宗因南郊之祀而大赦天下，虽曾诏
移吕祖俭至徽州，但吕祖俭未行，不久就在庆元四年七月病死于
大愚寺僧舍。[2] 宋廷薄其罪，令归葬婺州武义明招山祖茔。[3] 吕祖
俭的死讯对道学师友震撼极大，是年冬天，年近七十的朱熹陆续致
信李壁（1159—1222）、晏渊（字亚夫）与储用（字行之，1184 年
进士）时，对此表达深切哀痛。致李壁信中，朱熹哀叹吕祖俭等
诸多师友相继谢世："熹今岁益衰，足弱不能自随，两胁气痛，攻
注下体，结聚成块，皆前所未有；精神筋力，大非前日之比。加
以亲旧凋零，如蔡季通、吕子约，皆死贬所，令人痛心，益无生意，

---

[1] 孙应时：《烛湖集》，卷 7，《答吕寺丞书（六）》，页 18。
[2] 参《吕祖俭圹志》，见郑嘉励：《明招山出土的南宋吕祖谦家族墓志》，《唐
宋历史评论》1（2015），页 207。
[3] 王柏：《王忠文公文集》，卷 17，《跋吕大愚帖》，页 11 下；郑嘉励：《明
招山出土的南宋吕祖谦家族墓志》，《唐宋历史评论》1（2015），页 208。

绝不能复支久矣。"① 致晏渊的信提到："衰朽疾病，更无无疾痛之日，明年便七十矣，区区伪学，亦觉随分得力，但文字不能得了，恐为千载之恨耳，蔡季通、吕子约、吴伯丰相继沦谢，深可伤叹。"② 给储用的信则担心，吕祖俭之死将对同道带来更大刺激："张、郑、黄、邓相继物故，吕子约前月亦不起疾，殊可伤悼，……诸迁客闻高安之报，想亦不免打草惊蛇也。'人生由命非由他'，此言虽浅，诚有味也。"③ 后袁燮在《题晦翁帖》一文中，也揭示朱熹痛失良友的哀伤："（吕祖俭）贬谪以死，晦翁痛伤之，与曾道夫帖，言之不置。"④ 道学学友多撰文吊祭吕祖俭，孙应时在祭文中特别提到，"平时友生，官守隔绝。奔问不时，我则有负。缄辞千里，笔与泪俱"，显然甚感亏欠。⑤ 次年三、四月间，孙应时致信朱熹说道："子约谪死可痛，然其死无愧矣。"⑥ 除了孙应时，彭龟年、杨简、楼钥也都有文吊祭。⑦

---

① 朱熹：《朱子文集·正集》，卷 38，《答李季章（四）》，页 1595；陈来：《朱子书信编年考证（增订版）》，页 468。

② 朱熹：《朱子文集·正集》，卷 63，《与晏亚夫（三）》，页 3139；陈来：《朱子书信编年考证（增订版）》，页 478。

③ 朱熹：《朱子文集·续集》，卷 6，《答储行之》，页 5020；陈来：《朱子书信编年考证（增订版）》，页 486。

④ 袁燮：《絜斋集》，卷 8，《题晦翁帖》，页 30。

⑤ 孙应时：《烛湖集》，卷 13，《祭吕子约寺丞文》，页 5。

⑥ 孙应时：《烛湖集》，卷 5，《上晦翁朱先生书（十一）》，页 16 上。该信为《烛湖集》所收录最后一封孙应时致朱熹书信。

⑦ 彭龟年：《止堂集》，卷 15，《祭寺丞吕子约文（戊午九月）》，页 17；杨简：《慈湖遗书》，卷 4，《奠吕子约辞》，页 9 下—10 上；楼钥：《楼钥集》，（见下文）

　　吕祖俭因宁宗初年的韩、赵政争而遭贬身死，韩侂胄死后终获平反。开禧三年（1207）十一月，宋廷诛杀韩侂胄；次月丙寅，即追赠吕祖俭为朝奉郎直秘阁，官其子一人。制词称："尔国之世臣，克济其美，在朕初载，擢寘周行，属时奸凶，浸窃威福，察微虑渐，抗疏指陈，可谓独立而不回者矣。朕虚己受人，乐闻谠论，而群邪蒙蔽，使尔流落以死，朕有愧焉。更化之初，亟加褒赠，凛然劲节，千古有光，昭示后来，尚知兴起。"[①]到嘉熙二年（1238）五月，宋廷赐吕祖俭谥号为"忠亮"，[②]并特命其孙吕宝之以官；自吕祖俭谪死，至其孙任官，前后"已四十二年矣"。[③]

二、名节难保：项安世

　　项安世，[④]字平父，一作平甫，号平庵；其家居处州括苍，后迁江陵。淳熙二年（1175），项安世中进士第，继中教官试，随之待阙居家。约在此时前后，吕祖谦经大舅曾逢（曾几长子）而结

（接上文）卷 84，《祭吕寺丞文》，页 1462。

① 蔡幼学：《育德堂外制》，卷 2，《吕祖俭赠直秘阁》，页 18。追赠时间，见李之亮校点：《宋史全文》，卷 29 下，页 2068—2069。

② 李之亮校点：《宋史全文》，卷 33，页 2228。而王祎则记载谥号为"忠"，见王祎：《王忠文公文集》，卷 17，《跋吕大愚帖》，页 11 下。

③ 王祎：《王忠文公文集》，卷 17，《跋吕大愚帖》，页 11 下。

④ 项安世生年向不可考。不过，据《陆九渊年谱》所录淳熙十年项安世的来信，其中提到"某……今年三十一"，据此推算，安世当生于绍兴二十三年（1153）。见陆九渊：《陆九渊集》，卷 36，页 494。该年谱为袁燮所编。

识项安世，再将他介绍给朱熹、张栻，[①] 自此项安世便与许多当世名儒学者多有往来，向张栻请学尤早。淳熙七年（1180）七月，项安世出任绍兴府教授。当时吕祖谦因疾请祠，在婺州修养，曾有书答项安世道："某往岁侍郎舅氏自荆南归，具道左右年虽少而志操坚正，下至诸表弟，人人敬慕，是时慨然有愿见之意。今春（七年）闻分教山阴，相距虽不远，又以病废无从会面为恨。……自张丈去世之后，至今心折。左右游从既久，讲绎必甚精详，然愿深思力践，体衣锦尚䌹之义，卑以自牧，驯致实光大之地，则吾道之幸。"[②] 可见项安世随张栻游从已久，颇为人知，而吕祖谦外舅可能是其中媒介。张栻逝世时，项安世即有诗吊挽，言词恳切，说明师生情谊甚笃。[③]

项安世到绍兴后，接触吕祖谦、陆九渊、朱熹、叶适等东南道学名儒。淳熙八年（1181），吕祖谦病逝，项安世转而从学于陆九

① 柳贯原著，柳遵杰点校：《柳贯诗文集》（杭州：浙江古籍出版社，2004），卷18，《跋江陵项平甫为李文定公作盘居诗》，页376—377。曾逢为吕祖谦外祖父曾几（号茶山）的长子，曾几的墓志由其弟子陆游所撰，见陆游原著，涂小马校注：《渭南文集校注》，收入钱仲联、马亚中主编：《陆游全集校注》（杭州：浙江教育出版社，2011）第10册，卷32，《曾文清公墓志铭》，页313—324。不过，吕祖谦至绍兴探外祖母多次。他在淳熙元年八月二十八日赴越，曾与其舅曾逢、曾逮聚会，当已获介绍知道安世，后在三年十月再赴外祖母家省亲。见杜海军：《吕祖谦年谱》，页143—145、192。

② 吕祖谦：《东莱吕太史别集》，卷10，《答项平甫》，页483；杜海军：《吕祖谦年谱》，页268。

③ 项安世：《平庵悔稿·后编》，卷3，《挽荆南帅张左司诗》，页19下—20下。

渊与朱熹。① 淳熙九年，项安世致书陆九渊，对朱、陆二人发扬道学，怀抱深切期待："安世闻陆先生之名，言者不一。往得交于傅子渊，警发柔惰，自此归向取师之意始定。奉亲之官越土，多见高弟及门子弟，愈觉不能自已。虽未得亲承于謦欬，然受沾渥亦已多矣。……一二年来，数巨公相继沦落，任是事者，独先生与朱先生耳。"② 同年，陆九渊回信项安世，解释孟子拔苗助长之意，特别强调"所以要讲论者，乃是辨明其未知处耳"。③ 不过，此后项安世与陆九渊论学资料不多，只见于淳熙十二年陆九渊给包扬信中提到"所报项平甫之言，乃明越间谬人妄说耳"，似乎颇有不满。④

相较之下，现存项安世与朱熹往来资料则较多。先是，项安世致书朱熹，说明学习心学所得。淳熙九年、十年（1183），朱熹回复二信，首先提到自己与陆九渊为学之方虽异，"但圣人指示为学之方，周遍详密，不靠一边。……则只恃一个敬字，更不做集义工夫，其德亦孤立而易穷矣。须是精粗本末随处照管，不令工夫少有空阙不到之处，乃为善学也。……伊川先生云，涵养须用敬，进学则在致知。此两句与从上圣贤相传指诀，如合符契。但讲学更须宽平其心，深沉详细，以究义理要归处，乃为有补。若只草

---

① 项安世因此被《宋元学案》同列入朱陆门人。全祖望说："项平甫来往于朱陆之间，然未尝偏有所师。"见全祖望：《鲒埼亭集·外编》，卷44，《奉临川先生帖子（二）》，页4上。另参赵伟：《陆九渊门人》，页162—164。
② 陆九渊：《陆九渊集》，卷36，页493。
③ 陆九渊：《陆九渊集》，卷5，《与项平甫》，页66。
④ 陆九渊：《陆九渊集》，卷7，《与包显道（一）》，页100。

草领略，就名数训诂上着到，则不成次第耳"。^① 接着提到自己与陆九渊的不同："今子静所说，专是'尊德性'之事，而熹平日所论，却是问学上多了。"^②

此时朱熹相当赏识项安世；淳熙十年，朱熹回信刘熵，曾提到自己向提举浙东刑狱张诏推荐项安世等人。^③ 同年四月，朱熹武夷精舍落成，项安世与诸友均有诗唱和。^④ 淳熙十三年，项安世在东南任官秩满而欲西归时，朱熹又有二信给项安世。其一，关于前章所述之曹建墓表事件，朱熹向项安世抱怨："骂坐之说，何乃至是？……朋友论议不同，不能下气虚心以求实是，此深可忧。"^⑤ 其二，则就项安世请教读书次第发表意见。朱熹批评近世学者过于强调博观却以内省为隘狭，认为更宜重省察工夫。^⑥ 十四年，朱熹致信尤袤（1127—1193），称赞"项平父向来绍兴，同官中极不易得，来教所谓可用之才，诚不易之论"。^⑦

---

① 朱熹：《朱子文集·正集》，卷54，《答项平父（一）》，页2549—2550；陈来：《朱子书信编年考证（增订本）》，页213。另参束景南：《朱子大传：多维文化视野中的朱熹》，页588。

② 朱熹：《朱子文集·正集》，卷54，《答项平父（二）》，页2550。另见陆九渊：《陆九渊集》，卷36，页494。时间当在淳熙十年。关于"道问学"，《四部丛刊·初编》的《晦庵先生朱文公文集》（上海：上海书店，1989，据上海涵芬楼藏明刊本影印）仅作"问学"，但明以后引述此语，均作"道问学"。

③ 朱熹：《朱子文集·续集》，卷4上，《答刘晦伯》，页4971。

④ 见束景南：《朱熹年谱长编》，页769。

⑤ 朱熹：《朱子文集·正集》，卷54，《答项平父（三）》，页2551。

⑥ 朱熹：《朱子文集·正集》，卷54，《答项平父（四）》，页2551。

⑦ 朱熹：《朱子文集·续集》，卷5，《答尤尚书》，4995。

　　在绍兴期间，项安世也结识数位莫逆之交，特别是同为陆九渊门人的同年进士孙应时。项安世执教绍兴府期间，孙应时先后出任黄岩县尉与教学东湖书院，地理相近，可能因此往来愈加频繁。淳熙十二年（1185）冬，孙应时北上海陵，项安世有诗相送，称赞他在黄岩尉任上表现"万人知"，能力已获肯定，"资考渐将京秩近"，期望他不以出任边疆的县丞为卑，并说"今日吾侪随利禄，高风千里断跻攀"。① 孙应时后亦有数诗相和，并分享任职边境的概况与感受。② 除了前述名儒与孙应时，项安世在浙东尚结识诸多学友，交游广阔。元人徐明善在《项廷实汝南类编》即说："平父所事者，朱、张、吕、陆，皆继孔孟之传者；所友者，杨敬仲、沈叔晦、吕子约、杨子直，皆渊源邹鲁、羽翼伊洛者。"③

　　孝、光之际，项安世因政局变动而屡易官职。淳熙十五年七月，获叶适等五人向宰相周必大联名推荐，项安世得与吴猎（1143—1213）一起被召入朝。张端义记云："孝宗末年，宰相奏试馆职。圣语云：'可求二远方人试。'吴猎，字德夫，潭州人。项安世，字平甫，荆南人。"④ 但到次年五月，周必大罢相，项安世与叶适、尤袤等均相继去国。⑤ 在项安世闲居期间，孙应时正赶赴四川，路过

① 项安世：《平庵悔稿》，卷8，《送海陵孙县丞三首》，页13。
② 孙应时：《烛湖集》，卷18，《和项平父送别》，页20。
③ 徐明善：《芳谷集》，卷下，《项廷实汝南类编》，页40下。
④ 张端义原著，梁玉玮校点：《贵耳集》，卷中，页32。
⑤ 束景南：《朱熹年谱长编》，页962。

其家，拜谒项安世家人。孙应时得见项安世早年入蜀所作诗篇，"备见当时蜀道出入景物，意度慨叹之余，益不胜喜"，感慨"吾辈头颅今各如此矣，而未知止泊处，各将奈何"，[①] 在日后致信项安世时，孙应时也感叹漂泊为官的无奈。

不过很快地，在孙逢吉与周必大举荐下，项安世再度被召回朝。绍熙二年（1191），荆湖南路提点刑狱公事孙逢吉（1135—1199）荐项安世出任馆阁。[②] 项安世馆职试表现优异，身在长沙的周必大甚为激赏。周必大不仅致书项安世，盛赞其文"谨读数过，意婉义深，学广文赡，叹服不已"；[③] 他也向孙逢吉赞扬项安世对策极佳，"要是学问文采气节参备，乃能如此"。[④] 绍熙三年十一月，周必大更向赵汝愚表示，"馆职岂易得耶"。[⑤] 在周必大力荐下，绍熙四年三月，项安世被任为秘书省正字。[⑥] 此时，孙应时身在四川，特致信祝贺项安世不仅可以举家返浙，与诸贤共事，展布才学，

① 孙应时：《烛湖集》，卷7，《与项大卿书（一）》，页18下。
② 楼钥：《楼钥集》，卷102，《宝谟阁待制献简孙公神道碑》，页1779。
③ 周必大：《周益公文集》，卷188，《项平父正字（绍熙四年）》，页4下。
④ 周必大：《文忠集》，卷192，《孙从之提刑（绍熙四年）》，页22下。案：明澹生堂钞本《周益公文集》作"要是学问采气结参備能如此"，见该本卷192，页19上。系年可参楼钥：《楼钥集》，卷102，《宝谟阁待制献简孙公神道碑》，页1779。孙应时在四川也向安世索取对策，可见安世表现甚佳。见孙应时：《烛湖集》，卷7，《与项大卿书（二）》，页19下。
⑤ 周必大：《文忠集》，卷191，《赵子直丞相（绍熙三年十一月）》，页28上。案：明澹生堂钞本《周益公文集》作"管职岂易得也"，见该本卷191，页25上。
⑥ 不著撰人：《南宋馆阁续录》，卷9，页1下。

希望能获读其对策奏文；孙应时更期望项安世能协助独任其忧的
"宗臣"赵汝愚；除祝贺与期许外，孙应时也提及了自身家中变故
和四川局势。^①

项安世任职秘书省，享馆臣之荣。光宗御制诗文，赐新进士陈
亮等人，项安世即曾得与同僚同和；^②同一时间，光宗以疾不过重
华宫，引发朝臣纷纭。对此，项安世一如众朝臣，进谏、吁请光宗
"即日就驾，旋乾转坤，在返掌间尔"，^③因不获报，遂有去意。五
年（1194）六月，孝宗驾崩，光宗无法执丧，朝廷上下极为惊恐，
包括宰相留正等人均相继出京，项安世亦在此列。周密（1232—
1298）记云："中外人情汹汹，以祸在旦夕。近习巨室，竞辇金帛
藏匿村落。而朝士中如项安世等遁去者数人，如李祥等搬家归乡者
甚众，侍从至欲相率出城。"^④

绍熙五年七月，宁宗继位，对项安世与诸多同道而言，情势
一度好转，不久却又急转直下。该年八月，项安世与吴猎俱迁校
书郎。^⑤项安世应诏，向宁宗建议"省费"，首先论及兵费，次则

---

① 孙应时：《烛湖集》，卷7，《与项大卿书（二）》，页19下—20上。
② 不著撰人：《南宋馆阁续录》，卷5，页4下。
③ 脱脱总纂：《宋史》，卷397，《项安世传》，页12088。
④ 周密原著，张茂鹏点校：《齐东野语》（北京：中华书局，1983），卷3，页
39。《宋史·项安世传》则云安世遗书宰相留正而求去。
⑤ 脱脱总纂：《宋史》，卷397，《项安世传》，页12088。《楼钥集》提到"若
械之声名发于上庠，猎之才略著于剧具，安世之节概又士论所推"。见楼钥原
著，顾大朋点校：《楼钥集》，卷37，《秘书省正字颜械秘书郎项安世吴猎并校
书郎》，页701。另见不著撰人：《南宋馆阁续录》，卷8，页28下。

为官掖用度。① 同月，朱熹奉召入京，任焕章阁待制兼侍讲，项安世有诗相迎，并与永嘉诸儒及在朝名贤如陈傅良、叶适、姜夔（约1155—约1221）、张镃（1153—？）多有交游。② 然而，闰十月十九日，朱熹除宫观，项安世上疏乞留不成，③ 与史院同僚李壁、叶适、汪逵、楼钥、黄由（1181 年进士）等人，饯别朱熹于灵芝寺，④ 并作诗相赠。项安世叹曰："十亩寒林一树梅，自妍自笑已堪哀。朝来更被风吹却，拟遣春从底处回。野外篱边烂漫香，晚风孤影美霓裳。飞花满地无人管，却趁春泥上燕梁。"⑤

庆元以后，项安世卷入党禁风暴，职任更屡有变更。朱熹去官后，项安世虽然为其饯行，但并未被牵连，反而升迁他职，并受委要事。绍熙五年（1194）十一月，项安世以校书郎兼实录院检讨官，⑥ 于十二月奉命撰祭淑妃张氏文。⑦ 然而，庆元元年（1195）五月，项安世被劾，外任池州通判。⑧ 朱熹在给蔡元定的信中说，项安世

---

① 脱脱总纂：《宋史》，卷 397，《项安世传》，页 12089。

② 束景南：《朱熹年谱长编》，页 1148—1149、1180。

③ 脱脱总纂：《宋史》，卷 397，《项安世传》，页 12089—12090。

④ 束景南：《朱熹年谱长编》，页 1189—1191。参见余英时：《朱熹的历史世界：宋代士大夫政治文化的研究》下篇，页 228—246。

⑤ 项安世：《平庵悔稿·后编》，卷 6，《闰月二十一日作落梅花（是日有旨晦庵宫观）》，页 19 上；束景南：《朱熹年谱长编》，页 1189。

⑥ 不著撰人：《南宋馆阁续录》，卷 9，页 27 下—28 上。

⑦ 不著撰人：《南宋馆阁续录》，卷 5，页 1 下。

⑧ 姜夔有诗相送，见姜夔：《白石道人诗集》（上海：上海书店，1989，《四部丛刊·初编》据江都陆氏刊本影印），卷上，《送项平甫倅池阳》，页 14。《南宋馆阁续录》则作"通判池州"。见不著撰人：《南宋馆阁续录》，卷 8，（见下文）

外任"必是理会道学公事"。① 项安世在池州时，周必大被罢居家，因编刻欧阳修全集亟须添补资料，曾函请项安世，雇人就近向珍藏欧阳修书简的汪逵抄录。② 庆元二年（1196）六月，项安世被降两官放罢，理由是"适当危疑之时，怀私自营，不顾君上，委之而去；逮其事定，相继复来"，追究项安世不当于孝宗驾崩时离京。③ 不久，项安世改知重庆府，又为言者劾去。④ 到了庆元三年春，项安世终因道学伪党之名罢归江陵。此时，孙应时人在常熟，得知项安世罢官归乡，十分意外，致信安慰："得兄池阳之报，尚以慰意，寻复知蹭蹬周章如许（案：指改任知重庆府及被罢），岂胜耿耿之怀，天时人事有所必。至诸贤顾不早自镜见，无复追论。"又云："念兄业误庭闱，挈数百指来，谋徙家漂泊，展转竟复西还，老人得不邑邑动心耶！每欲寓一纸问讯，遇便捉笔，叹息复止，此心可印，亦不待言。即兹春晚，远惟杜门奉亲。"⑤ 最后项安世以校书郎身份，被列入伪党的党籍碑中。

<hr />

（接上文）页 28 下。脱脱总纂：《宋史》，卷 397，《项安世传》，页 12088。时为庆元元年五月。当孙应时至临安谋新职，曾与安世相聚，见孙应时：《烛湖集》，卷 7，《与项大卿书（三）》，页 20 下。

① 朱熹：《朱子文集·续集》，卷 2，《答蔡季通（一）》，页 4939。

② 周必大：《周益公文集》，卷 188，页 5 上—6 上。

③ 徐松辑：《宋会要辑稿》，《职官》73 之 65。

④ 孙应时：《烛湖集》，卷 7，《与项大卿书（三）》，页 20 下。

⑤ 孙应时：《烛湖集》，卷 7，《与项大卿书（三）》，页 20 下；陈来：《朱子书信编年考证（增订本）》，页 405。

　　自党禁兴起，宋廷政局骤变，官员任罢无常。项安世深感压力，怕受牵连，刻意与师友保持距离，招来朱熹不满。庆元二年（1196），黄榦曾对朱熹说："先生（案：指朱熹）去国，其他人不足责，如吴德夫（案：指吴猎）、项平父、杨子直（案：指杨方）合乞出。"朱熹对曰："诸人怕做党锢，看得定是不解恁地。且如杨子直前日才见某入文字，便来劝止，且攒着眉做许多模样。"[①] 庆元四年底，蔡璉诬告赵汝愚定策时有异谋，韩侂胄拟借此兴狱，欲捕与汝愚有关系的彭龟年、曾三聘、徐谊、沈有开、叶适、项安世等送大理寺。[②] 项安世因此杜门不出，回避旧故师友，再遭朱熹批评。是年冬，朱熹时年六十九岁，复信李壁时写到，"杨子直得祠又遭驳，项平父闻亦杜门不敢见人，其他吾人，往往藏头缩颈，不敢吐气，甚可笑也"。[③] 次年，朱熹直接致信项安世，表明"熹老病死矣，无复可言。今漫遣人去下致仕文字，念公平生故人，不可无数字之诀。时论一变，尽言者得祸，求全者得谤，利害短长之间，亦明者所宜审处也"。[④] 庆元六年，项安世卧病江陵，从友人包扬处获

---

① 黎靖德编：《朱子语类》，卷 107，页 2669。另见朱熹：《朱子文集·续集》，卷 1，《答黄直卿》，页 4902。
② 樵川樵叟：《庆元党禁》，页 26；汝企和点校：《续编两朝纲目备要》，卷 5，页 87—89。
③ 朱熹：《朱子文集·正集》，卷 38，《答李季章（四）》，页 1596；陈来：《朱子书信编年考证（增订本）》，页 467—468。另参束景南：《朱子大传：多维文化视野中的朱熹》，页 969。
④ 朱熹：《朱子文集·正集》，卷 29，《与项平父书》，页 1123。

知朱熹为建昌人吴伸、吴伦兄弟作社仓记与相关诗作，并得知朱熹死讯，感念吴氏兄弟为朱熹推动社仓之余，写下"读之心折，……临笔汪然涕泗交下"的沉痛哀诗。[①]

开禧北伐期间，项安世转为韩侂胄所用，遂摆脱窘境，重新任官；同门好友吴猎亦然。绍兴三十一年（1161），吴猎在长沙受业于张栻。淳熙五年（1178）七月，刘焞（1151年进士）出任荆湖北路安抚使，张栻特向他推荐吴猎。[②] 项安世与吴猎同门，数度一同获荐迁官，二人感情亦佳。[③] 党禁期间，二人同列党籍遭罢，却双双在韩侂胄发动对金战争后复任。开禧二年（1206），韩侂胄发动北伐，吴猎首先获用，统帅荆渚。当时项安世丁忧在家，后亦起知鄂州。好友张镃作《满江红·贺项平甫起复知鄂渚》相赠，云"说项无人堪叹息，瞻韩有意因恢复。用真儒，同建太平功，心相属"。[④] 这阕词显示项安世党附韩侂胄，赞成北伐，因而重新任官。宋师溃于淮汉，项安世亦主动联系韩侂胄，遂得任户部员外郎、湖

---

① 项安世：《平庵悔稿·后编》，卷4，《寄题吴氏社仓》，页28下—29上；另见束景南：《朱子大传：多维文化视野中的朱熹》，页1401—1405。

② 见魏了翁：《重校鹤山先生大全文集》（上海：上海书店，1989，《四部丛刊·初编》据上海涵芬楼景印乌程刘氏嘉业堂藏宋刊本重印），卷89，《敷文阁直学士赠通议大夫吴公行状》，页2上。系年参见胡宗楙编，李春梅校点：《张宣公年谱》，收入吴洪泽、尹波主编：《宋人年谱丛刊》第10册，页6323。

③ 胡宗楙编：《张宣公年谱》，页6263。

④ 张镃：《南湖集》（"文渊阁四库全书"本），卷10，页17下；曾维刚：《张镃年谱》（北京：人民出版社，2010），页235—236。

广总领，并率兵解德安之围，建立功勋。①

开禧三年（1207），吴曦叛变，项安世与吴猎同时被命赴四川任职。吴猎首先受命为宣抚使，后以宣谕使入蜀；项安世则随之权宣抚使，升太府卿。随后安丙诛吴曦，金帅完颜匡（1152—1209）约吴曦攻襄阳计谋幻灭，荆湖各地宋兵亦稍阻金兵侵犯，宋西南疆域的局势渐趋稳定。②情势好转，激起项安世对北伐的信心，兴奋写下《凯歌》词，流露对前景的乐观："今年三月三，乐事今古稀。嘉陵江到武昌口，此时此日同清夷。北人不敢恃鞍马，西人不敢凭山溪。德安有高悦，匹马穿重围。入城助守胆如斗，出城决战身如飞。……襄阳有赵淳，默坐谁得窥。……兴安有安丙，谈笑戮吴曦。……鄂州有老守，头白尚能诗。上言吾君善委任，下言吾相能指麾。国家九九八十一万岁，璘雒褒蘘休狂痴。"③张镃亦赋《水调歌头·项平甫大卿索赋武昌凯歌》相赠，有"畅皇威，宣使指，领全师，襄阳耆旧，请公直过洛之西"相和，期其凯旋。④这些诗词显示项安世对扭转局势的期待。然而，旋踵情势再变。开禧三年十一月，韩侂胄被杀，宋金谋和，项安世北伐之志落空；不久，项安世与吴猎又因部属反目，吴猎诉于朝，导致项安世坐免落直龙图

① 脱脱总纂：《宋史》，卷397，《项安世传》，页12090。

② 参见黄俊彦：《韩侂胄与南宋中期的政局变动》，页224—225。

③ 见项安世：《平庵悔稿·后编》，卷2，页15。

④ 张镃：《南湖集》，卷10，页15上；另参曾维刚：《张镃年谱》，页235—236。

阁、湖南转运判官，并降为奉议郎，[①] 未上遭罢。次年，也就是嘉定元年（1208），项安世即逝世，享年五十六岁。

三、仕途转折：石宗昭

石宗昭是乾道八年（1172）进士，大约在乾道九年获任台州司户参军。该年薛季宣去世，石宗昭与从兄石斗文等人共同撰写祭文，即系此官衔。[②] 叶适曾列出王枘于淳熙三年（1176）出任台州推官时所结交的官员，其中包括石宗昭，[③] 此时他应任台州司户。[④] 约在淳熙八年，石宗昭任无为军军学教授，后因史浩的推荐而改知长洲县，又得赵汝愚荐举而擢任舒州。[⑤] 淳熙十五年，叶适等人联名推荐三十四人，石宗昭亦在其列；[⑥] 石宗昭可能因此得召试馆职。[⑦] 淳熙十六年闰五月，除秘书省正字。[⑧]

---

① 见蔡幼学：《育德堂外制》，卷1，《项安世落直龙图阁》，页19下—20上；卷2，《项安世降奉议郎》，页1下—2上。制词指"尔往以材选，经营上流。而宣威之臣，与中执法，历陈尔过。朕疑于用舍之际，盖久而后决焉。尔休于家而言者不置，且谓尔纵下为虐，岂朕所望于儒者哉！尚体隆宽，毋忘自省"。
② 见薛季宣：《浪语集》，卷35，页9上。
③ 叶适：《叶适集·水心文集》，卷23，《朝议大夫秘书少监王公墓志铭》，页459。
④ 李楫修，莫旦纂：《成化新昌县志》，卷12，页14上。
⑤ 莫旦纂：《成化新昌县志》，卷12，页14上。
⑥ 叶适：《叶适集·水心文集》，卷27，《上执政荐士书》，页555—556；周学武编：《叶水心先生年谱》，收入吴洪泽、尹波主编：《宋人年谱丛刊》第11册，页702。
⑦ 莫旦纂：《成化新昌县志》，卷12，页14上。
⑧ 不著撰人：《南宋馆阁续录》，卷9，页326。

　　光宗朝期间，石宗昭曾遭卷入宋廷高层人事纠葛。绍熙元年
（1190）五月，石宗昭任校书郎，[①]曾有书信告知孙应时；[②]但当年末，
孙应时却突闻石宗昭"去国，已而拜守滁之命"。[③]二年，黄榦致
信朱熹，也提到石宗昭"以王党见逐"，外放知滁州。[④]时宰相留
正假手何澹，逐去以参知政事王蔺为首的势力；黄榦之言显示石宗
昭去国与此有关。[⑤]绍熙二年三月，孙应时在赴任知遂安县途中，
致信石宗昭。孙应时本想至石家与石宗昭话别，并亲吊石斗文，但
又怕耽延行程。信中，孙应时对石宗昭去国感到不解与无奈："尊
兄在朝时，上下调护之功，固不少，不知此出于静中追念，亦复有
遗恨否。人生祸福，本无可关防避就，一进一退，不能大为斯世重
轻，是则志士所甚惧耳。"[⑥]此后到庆元元年（1195），石宗昭历宦资
料不详。

　　庆元元年，石宗昭奉召入朝后，似乎刻意与道学阵营保持距离。
当年，陈傅良与刘光祖等人奏请留用朱熹与赵汝愚不成，反在宋廷
掀起一连串人事动荡，诸多亲善朱赵之人均遭罢黜；[⑦]反观石宗昭，
却在该年二月受命出任度支郎官，六月又任枢密院检详文字兼实录

① 不著撰人：《南宋馆阁续录》，卷9，页326、344。

② 孙应时：《烛湖集》，卷5，《与石检详书（一）》，页18上。

③ 同上，页18。

④ 黄榦：《勉斋集》，卷4，《与晦庵朱先生书》，页6上。

⑤ 见束景南：《朱熹年谱长编》，页1018—1019。

⑥ 孙应时：《烛湖集》，卷5，《与石检详书（一）》，页18下—19上。

⑦ 汝企和点校：《续编两朝纲目备要》，卷3、4，页51—60。

院检讨官。[①] 虽然石宗昭入京任职缘由现已无可详考，不过韩侂胄先于绍熙五年（1194）十一月兼枢密院都承旨，[②] 京镗则于庆元元年（1195）四月知枢密事，[③] 二人很有可能与石宗昭受擢入朝有关。

庆元二年，石宗昭以枢密院检详文字直华文阁出任淮南都运兼提刑。[④] 是年春初，他曾致函问候孙应时。孙应时约于九月前复函，用字遣词相当谨慎隐晦，先是自述在常熟"劳苦自其定分，……此外恐不免罪，而何敢求知。不唯不敢，亦非所存"，隐约透露身陷党禁的纠葛。孙应时也提到，自己已经听说石宗昭可能出任淮南东路漕臣，认为如今石宗昭"事任既重，尽心其职，可以报国而及民者。方大人各有志，势难尽同，自靖而已。遑多议乎"！[⑤] 同年，朱熹回复石宗昭早先来信，感叹自己老病且面临党禁："犹恨党锢之祸，四海横流，而贤者从容其间，独未有以自明者，此则拙者他日视而不瞑之深忧也。富贵易得，名节难保，此虽浅近之言，然亦岂可忽哉！"[⑥] 字里行间似乎对石宗昭颇有微词。结合孙、朱的书信，可隐约推敲出石宗昭政治立场可能已经有所移转。根据《成化新昌县志》的石宗昭小传，石宗昭在淮南任上丁父忧，后官至福

---

① 不著撰人：《南宋馆阁续录》，卷9，页28上。

② 汝企和点校：《续编两朝纲目备要》，卷3，页53。

③ 同上，卷4，页60。

④ 孙应时：《烛湖集》，卷5，《与石检详书（二）》，页19上。

⑤ 同上，页19上—20上。

⑥ 朱熹：《朱子文集·正集》，卷54，《答石应之（二）》，页2547。

建提刑。^①石宗昭卒年不明，但当在开禧二年（1206）前。^②

　　尽管石宗昭因学术、政治立场转向而招致不少批评，但在他生前与死后，仍有士人敬重、推崇他的学术与事功。刘宰为其同乡好友钟颖（1159—1232）撰写墓志铭，文中曾称述石宗昭学术，说："庆元初，（宰）以郡掾事故转运使检详石公宗昭于仪真。石问学之粹，盖余所仰以为师表者。见其言在淮西时，君（案：钟颖）奉亲来，相与讲学甚久，余以是知君师友渊源，非苟于为学者。"^③在另一位友人钟将之（1127—1196）的墓志铭中，刘宰也说："（钟将之）在滁阳（案：任滁州通判），郡守石公宗昭常从吕太史、朱侍讲游，析理精甚。石虽以父行视公，公不以齿自负，相与讲切，至穷日夜，故理益明。"^④好友孙应时在吊挽诗中，除了述说石宗昭关切自己在常熟的遭遇，"勤勤慰我穷"之外，更表彰石宗昭在两淮的建设："芹泮青灯夜，山亭皂盖春。重更双使节，总为两淮民。德意人人浃，工夫事事新。帝城车马外，才此寄经纶。"^⑤

---

① 莫旦纂：《成化新昌县志》，卷12，页14上。

② 孙应时：《烛湖集》，卷16，《挽石应之提刑》，页9。应时死于开禧二年，则应之当在二年前。又，卷15（页20）《和答潘端叔见寄》，有"顷过周叔和，见故人石应之诗，及诸贤和篇"。

③ 刘宰：《漫塘文集》，卷31，《故知建昌军朝议钟开国墓志铭》，页28上；另见黄宗羲原著，全祖望补修：《宋元学案》，卷77，《知军钟先生颖》，页2607。

④ 刘宰：《漫塘文集》，卷30，《故通判滁州朝散钟大夫墓志铭》，页9上；另见刘宰：《京口耆旧传》（"守山阁丛书"本），卷5，页15上。

⑤ 孙应时：《烛湖集》，卷16，《挽石应之提刑》，页9。

四、因人升陟：周南

周南，字南仲，平江人，娶黄度之女。① 根据叶适所撰墓志铭，周南自幼喜读书，十五六岁（乾道八、九年，1172、1173）即不屑于学科举时文，"常以世道兴废为己重负"，"顿悟捷得"，文词"瑰丽精切，达于时用"。② 淳熙晚期，周南入太学，③ 因而与刘宰、朱晞颜（字景渊，1163—1221）相交甚契，三人并为绍熙元年（1190）进士。

自十五六岁左右，周南即从学叶适，前后十余年；④ 中第之前亦曾向朱熹请益，⑤ 深受道学影响。周南的为学倾向反映在中第时的殿试对策，指出光宗为小人蒙蔽，误解道学、朋党与皇极，而皇极之说影响尤大："陛下若有意乎舜禹取善之事，则于今莫急于

① 刘宰：《漫塘文集》，卷11，《回周马帅（虎）》，页18下—21上；卷29，《故潮州通判朱朝奉墓志铭》，页14下—17下。在周南文集亦可见他与刘宰、朱景渊互动资料，见《山房集》（"文渊阁四库全书"本），卷5，页14下—18上、20下—27上诸文。
② 叶适：《叶适集·水心文集》，卷20，《文林郎前秘书省正字周君南仲墓志铭》，页383。
③ 周南：《山房集》，卷5，《姑苏衔冤录跋》，页8上。文中提到周南进太学后，蒙孙逢吉"教诲成就之赐"，而根据楼钥所作孙逢吉神道碑，孙在淳熙十五年九月迁国子博士。见楼钥原著，顾大朋点校：《楼钥集》，卷102，《宝谟阁待制献简孙公神道碑》，页1778。
④ 叶适：《叶适集·水心文集》，卷12，《周南仲文集后序》，页219。
⑤ 朱熹文集有四封给周南的信，见朱熹：《朱子文集·正集》，卷60，页2934—2936。另外，朱熹给其他人的书信，也提到周南屡有书信请教致意。见朱熹：《朱子文集·正集》，卷56，《答方宾王（十五）》，页2701—2702；《朱子文集·续集》，卷3，《答蔡季通（二）》，页4962。

破庸论以收善人。若使'皇极'之说不明，而'朋党'、'道学'之人皆拒之而不敢用，则人才至于沉废，而天下之善，无因至于陛下之前矣。"①这一对策在道学人士间引起极大回响，朱熹特别致信称赞："后乃得见廷对之文，切中时病，深以叹服，益恨相去之远，不得会聚，以讲所闻也。"②由于策文强烈批评执政官僚，后周南由第一人降为一甲十五人，时人怀疑是当时同知枢密院事葛邲向光宗进言所致；③此传闻导致道学官员在日后劾罢已成为宰相的葛邲。④

周南中第后，于庆元二年（1196）任池州教授，然而不久，周南即受岳丈黄度牵连而被罢。先是在宁宗即位之际，黄度被召任御史，旋改右正言。⑤庆元三年，黄度得罪韩侂胄，以赃罪降罢；周南受其牵连，于该年七月十三日罢池州教授。⑥同年年底，周南与

---

① 周南：《山房集》，卷7，《庚戌廷对策》，页12上。

② 朱熹：《朱子文集·正集》，卷60，《答周南仲（一）》，页2934。又见余英时：《朱熹的历史世界：宋代士大夫政治文化的研究》下篇，页552—564。

③ 叶绍翁撰，沈锡麟、冯惠民点校：《四朝闻见录·乙集》（北京：中华书局，1989），《光皇策士》，页61。

④ 参见余英时：《朱熹的历史世界：宋代士大夫政治文化的研究》下篇，页334—337。

⑤ 脱脱总纂：《宋史》，卷393，《黄度传》，页12010—12011；又见朱熹：《朱子文集·正集》，卷38，《答黄文叔》，页1605—1606。

⑥ 周南上任与被罢时间，见于他在池州留下的摩崖石刻。赵绍祖辑，刘世珩校刊：《安徽金石略》（台北：新文丰出版公司，1977，《石刻史料新编·第一辑》据《聚学轩丛书》本影印），卷4，页11上—12上。

黄度双双列入"伪学逆党"之籍。[1] 朱熹得知此事，为周南抱屈："周南仲竟不免，近日方见报行章疏，甚可笑也。"[2] 孙应时亦有诗相送，慰勉他"丈夫千载事，莫待鬓霜侵"。[3] 池州教授罢任后，周南一度任常州军事推官，[4] 因丁父忧而未赴，自此乡居八年。

周南丁忧、乡居期间，似乎甚少主动与时贤往来，其传世著作《山房集》只有读书与撰作应酬文字的资料。[5] 庆元五年（1199）三月，孙应时在常熟县任上，致信周南，引介任平江签判的乡友莫子纯与曾在郡学读书的虞贯卿。信中还提到，绍熙三年（1192），孙应时由苏州赴蜀，途中诸友在曾天辅官舍相聚，至此已经八年，如今"兄归简出，仆缚吏事，一见未能，而尺书亦复阙然不通"。孙应时同情周南处境："年来时论犹咎向来未已，使吾南仲亦不见容。高明固自安之，不乃微动，尊老怀抱，不能无邑邑否。"[6] 此外，孙应时亦有诗相和："少日诸公后，流年两鬓斑。世情春水泮，行路

---

① 见汝企和点校：《续编两朝纲目备要》，卷5，页83—84。
② 朱熹：《朱子文集·续集》，卷3，《答蔡季通（二）》，页4962。陈来将此函系于庆元四年（见《朱子书信编年考证（增订版）》，页483），但衡诸周南在三年七月被罢，则此函宜在三年秋冬间。
③ 孙应时：《烛湖集》，卷3，《送高南仲之华亭》，页5下。
④ 见黄宗羲原著，全祖望补修：《宋元学案》，卷55，页1809—1811。
⑤ 周南：《山房集》，卷5，《书僧仲殊诗词真迹后》，页14上；同卷，《书垿丛录跋》，页7下—8上。周南居家主要阅读"靖康以来杂记"，抄成《书垿丛录》。相关资料殆列于《山房集》卷8《杂记》中。另外，周南在这段时间尚作墓志铭与圹志各一篇，即《山房集》卷5之《朱晞冀墓志铭》《郭子东圹志》。
⑥ 孙应时：《烛湖集》，卷7，《寄周正字书》，页24下—25下。

太行艰。何计分珠履，空怀对玉山。风期知不浅，逸驾恐难攀。"自况处境之余，也有互勉之意。①

韩侂胄为酝酿北伐，解除党禁，而部分名儒更因支持北伐，重获起用。在继叶适、黄度之后，周南也受荐入京，一度被赋予要务。但是，由于和战形势变化不定，宋廷人事更迭频繁，周南在开禧与嘉定时期仕途数度起落，任罢无常。首先在嘉泰二年（1202），叶适奉召赴京，荐用黄度等人；②师长任官，可能促使周南再获官职。虽然日后叶适在周南墓志铭中，不断强调周南并未参与筹议开禧北伐，但周南很可能选择党附韩侂胄，支持开边。约在开禧元年（1205），周南担任吏部架阁文字。开禧二年，韩侂胄有意用周南为枢密院机速房，以掌机要；但是，周南认为北伐之举是"发狂必死之药"，③乃力求补外，因而改任干办浙东常平司，并结识当时担任浙东安抚使、后为宰相的钱象祖。

开禧三年，周南再因叶适之荐，被召试馆职。先是，开禧二年四月，宋廷追夺秦桧"申王"之爵改易谥号，即由周南撰作敕文，述秦桧和议之罪，借以压制反战言论。④叶适顺势荐周南宜为

---

① 孙应时：《烛湖集》，卷 16，《高南仲自云间归退轩，盖明府以四诗送之末章专以见及，南仲索和，遂次其韵，盖君德常侍郎之子》，页 16。

② 脱脱总纂：《宋史》，卷 434，《叶适传》，页 12892；周学武编：《叶水心先生年谱》，收入吴洪泽、尹波主编：《宋人年谱丛刊》第 11 册，页 112。

③ 叶适：《叶适集·水心文集》，卷 20，《文林郎秘书省正字周君南仲墓志铭》，页 382。

④ 周南：《山房集》，卷 2，《秦桧降爵易谥敕》，页 4 上—5 下；汝（见下文）

文字官，朝廷遂召试馆职。[1]周南所撰策文篇幅甚长，但主张议和以保国基，主守反战之意甚明："今寇深于曩日，而谋杂于两端，规模未定，更代徒劳，得非当守之时，未免歆羡于战；狃和之说，遂并与守而忘之与？……曷若以守为本，以和为权，置战于不可轻用，使人皆得以效其智能耶！"[2]该年五月，周南获除秘书省正字。[3]及韩侂胄被杀，周南反对函韩侂胄之首以求和。[4]周南先后主议和、反函首，无不引起前后执政不满。约在开禧三年（1207）年底，周南适母丧，遂丁忧家居。嘉定元年（1208）同知枢密院事丘崈死，周南有诗吊挽。[5]

嘉定三年，周南免丧，复任正字。在任馆职谢启中，周南简要回顾自己仕宦际遇："伏念某虽极人之艰厄，尝为世所记怜，一昨废弃于党锢之初，甄收于禁解之后。故府联名于文部，书林接

（接上文）企和点校：《续编两朝纲目备要》，卷9，页161。又卫泾与周南皆为平江人，二家联婚的关系至为明显，周南除娶黄度之女外，亦娶卫泾之姊卫琮，卫泾次女嫁周南之子周深源，周南的长女嫁卫泾的儿子卫朴。参见邓小南：《宋代士人家族中的妇女：以苏州为例》，收入氏著《朗润学史丛稿》，页279—317；又见同书，页414—447。

[1] 唯吴子良谓周南代亲家卫泾撰用兵诏，叶适因而荐南仲，此说有误。案："北伐诏"实为李壁所撰，见《全宋文》第293册，卷6684，页374。吴子良：《荆溪林下偶谈》（"文渊阁四库全书"本），卷3，《水心荐周南仲》，页5下—6上。

[2] 周南：《山房集》，卷7，《丁卯召试馆职策》，页48。

[3] 不著撰人：《南宋馆阁续录》，卷9，页2下。

[4] 周南：《山房集》，卷2，《乞经理边事札子》，页16下—19下；同书，卷3，《与庙堂讲论和书》，页1上—4上。

[5] 周南：《山房集·山房后稿》，《丘都督枢密挽章》，页6。

迹于俊躔。虽未霑涂辙之清华，已屡费朝廷之收挽。而某始求外禄，席未暖而丐归。旋迫内艰，舟遇风而引去。"[1] 不久，周南再因武断乡曲、尝以田赂苏师旦而被劾罢。[2] 周南未能免除劾罢命运，或与以下两事有关。一是，三年（1210）十二月，周南曾与同僚"乞进《会要》"，[3] 希望朝廷将《会要》参用典故，并与宝训、玉牒并进；时人向来讳言光、宁二朝政治变动，周南此举显然触动了宋廷敏感神经。二是，周南本是卫泾姻亲，又与钱象祖互动良好，但这时二位前任宰职俱已罢任，周南在朝中奥援不再。周南归乡后，多读书、作杂记、经营家园，[4] 与友人刘宰交游，[5] 与韩淲（1159—1224）有诗唱和。[6] 嘉定五年六月，周南出吊友人，返途因风受阻，

---

① 周南：《山房集》，卷3，《服除再除馆职谢启》，页13上—14下。

② 叶适所作墓志铭云周南被指贿赂苏师旦而遭劾、被罢，不过《宋会要》则有文件说明周南因"居乡武断"而与另外两位秘书省官员陈舜申（1184年进士）、林至一同被罢。见叶适：《叶适集·水心文集》，卷20，《文林郎秘书省正字周君南仲墓志铭》，页382—383；徐松辑：《宋会要辑稿》，《职官》73之10。

③ 周南：《山房集》，卷2，《同陈正字傅校书王秘监乞进会要札子》，页19下—20下。

④ 周南：《山房集》，卷4，《玩芳亭记》，页4上—5下。

⑤ 见刘宰：《漫塘文集》，卷2，《送黄子弘归吴门》，页28下—29上；同书，卷6，《通田辂院》，页1；同书，卷10，《通潭帅余侍郎》，页20上—22上；同书，卷11，《回周马帅（虎）》，页18下—21上；同书，卷29，《故湖州通判朱朝奉墓志铭》，页14下—17下；同书，卷35，《故常州开国寺丞孔公行述》，页1上—7下。

⑥ 韩淲：《涧泉集》（北京：线装书局，2004，《宋集珍本丛刊》据乾隆翰林院钞本影印），卷3，《呈周南仲推官并呈滕计度贤良》，页18下—19上；同书，卷6，《同周兄南仲游沧浪》，页11下；同书，卷14，《周南仲正字挽诗》，页27下。

以大自然变幻为题，著诗感叹世局反复，抒发自己无奈且不平静的心情："无事人千古，逃荣茗一瓯。川灵工阅世，翻覆几时休。"[1] 嘉定六年，朝廷再萌复起之议，然周南力辞；九月十五日，因食蟹骤病死，享年五十五岁。周南岳父黄度也在同年逝世，叶适为二人撰作祭文与墓志。[2]

五、人事牵绊：王柟

王柟，字木叔，号合斋，温州永嘉人。全祖望称王柟"少与永嘉诸公同学"，而《宋元学案》则将他列入以薛季宣为首的《艮斋学案》。[3] 另有些资料指出，至迟在王柟中第出仕后，亦与甬上四先生之一的舒璘有所往来。[4]

乾道二年（1166），王柟中进士第；大约在乾道五、六年间，任婺州推官，[5] 为其仕宦之始。淳熙三、四年（1176、1177）间，王柟任台州推官，是他开展多元人际关系的重要阶段。根据叶适所作墓铭，此时王柟直属长官是尤袤，同僚有楼钥、彭子复、石宗昭，

---

[1] 周南：《山房集》，卷1，页10。

[2] 叶适：《叶适集·水心文集》，卷28，页577—578；同书，卷20，《文林郎前秘书省正字周君南仲墓志铭》，页381—384；同卷，《故礼部龙图阁学士黄公墓志铭》，页393—397。

[3] 见黄宗羲原著，全祖望补修：《宋元学案》，卷52，页1700—1701。

[4] 参见陈晓兰：《南宋四明地区教育和学术研究》，页120。

[5] 楼钥在乾道六年随其舅汪大猷使金途经婺州，曾与其兄楼锷（1160年进士）、王柟与周汝能见面。见楼钥：《楼钥集》，卷120，《北行日录下》，页2123。

与同乡石墪、应恕、林宪之等人，僚友经常相聚，"颇依朋友箴切，不随吏文督迫，名一时胜会，远近传之"。[①] 淳熙六年（1179）七月，孙应时任台州黄岩县尉，也与王梣交往。淳熙七年，王梣任满，孙应时曾致文道别，并赋诗表达不舍："名贤去莲幕，一群惨不悦。"二人相识虽不久，但情谊甚厚，所谓"感君一见初，信我眉睫间"。[②] 在台州，王梣与后居相位的钱象祖关系更为密切。叶适云："（王梣）在天台，与钱丞相象祖甚相厚"；[③] 又说"钱丞相象祖，戚家子，有淳行，尤慕公，尝笋履到门，公亦为折屐倾尽"。[④]

台州离任后，王梣相继教授黄州、任义乌县丞、摄东阳县令，沉浮州县二十余年。叶适身为同乡后进，又曾从学王梣，因而推扬他的学行。淳熙十五年，叶适向宋廷推荐三十四人，王梣即列名其中。[⑤] 约在绍熙四年（1193），王梣改知绩溪县，为免民田受水旱之灾，曾筑新塘六十八、堨六，直到明代中叶仍为该地士民所乐道。[⑥]

---

① 叶适：《叶适集·水心文集》，卷 23，《朝议大夫秘书少监王公墓志铭》，页 459。

② 孙应时：《烛湖集》，卷 14，《送王木叔推官满秩》，页 17 下─18 上。

③ 叶适：《叶适集·水心文集》，卷 12，《王木叔诗序》，页 220─221。

④ 叶适：《叶适集·水心文集》，卷 23，《朝议大夫秘书少监王公墓志铭》，页 459。

⑤ 叶适：《叶适集·水心文集》，卷 27，《上执政荐士书》，页 555。

⑥ 叶适有文记之。见叶适：《叶适集·水心文集》，卷 9，《绩溪县新开塘记》，页 148─149。叶适撰文，时为庆元元年五月，但文中说"毕二年为塘六十八堨六"，证明梣约于绍熙四年任知县。而传世的徽州府志与绩溪县志，自《嘉靖徽州府志》以降，皆记载王梣"嘉定中"任绩溪县令，显然有误。见何东序修，汪尚宁等纂：《嘉靖徽州府志》（北京：书目文献出版社，1988，《北京图书馆古籍珍本丛刊》据嘉靖四十五年〔1566〕刊本影印），卷 5，页 39 上。

庆元党禁期间，王栐因与钱象祖交好而未受其祸，反而入京为官。庆元元年（1195），韩侂胄等人为了排除赵汝愚的势力，发动党禁、压制道学。庆元二年，叶适即遭监察御史胡纮所劾，降两官被罢。[1]此时，钱象祖得利于党附韩侂胄，先于庆元元年三月以权工部侍郎兼知临安府，该年年底入朝除工部侍郎，[2]次年迁任吏部侍郎，[3]在庆元三年、四年之间历任工部尚书与兵部尚书，[4]升迁甚速。在钱象祖的力荐下，王栐则入京任监进奏院，并结识邓友龙，[5]旋改任太府太常寺主簿等职。[6]

---

① 脱脱总纂：《宋史》，卷 434，《叶适传》，页 12891—12892。

② 潜说友纂修：《咸淳临安志》，卷 48，页 7 下。

③ 徐松辑：《宋会要辑稿》，《礼》49 之 70。

④ 徐松辑：《宋会要辑稿》，《礼》49 之 86；同书，《礼》49 之 89。根据《嘉定赤城志》的记载，钱象祖任吏部侍郎后，受擢为工部尚书、兵部尚书，接着出知建康府，"再除兵部尚书"。《赤城志》宣称根据"国史"。见黄䴢、齐硕修，陈耆卿纂：《嘉定赤城志》（北京：中华书局，1990，《宋元方志丛刊》据嘉庆二十三年〔1818〕临海宋氏刊《台州丛书》本影印），卷 33，页 21。然而，《宋会要辑稿·礼》49 之 86 虽云钱象祖在庆元三年七月二十六日的官职是工部尚书，《礼》49 之 89 却称象祖为"权兵部尚书"，时为庆元三年十月三日。尤有甚者，《宋会要辑稿·礼》34 之 39、《礼》34 之 75、《选举》12 之 23，又称钱象祖在庆元四年二月与三月的官职是"权工部尚书"，未审何故。而《宋会要辑稿·礼》57 之 21、《选举》12 之 23，称刘德秀在庆元三年八月、四年三月为兵部尚书，但《礼》49 之 88—89 又称德秀为礼部尚书，记载十分混乱。对于钱象祖，目前暂取《嘉定赤城志》的记载。

⑤ 叶适：《叶适集·水心文集》，卷 23，《朝议大夫秘书少监王公墓志铭》，页 457、459。根据《庆元党禁》，邓友龙在庆元五年四月已任监进奏院。不过，《续编两朝纲目备要》卷 6 则系于庆元六年四月。见樵川樵叟：《庆元党禁》，页 24 上；汝企和点校：《续编两朝纲目备要》，卷 6，页 101。

⑥ 叶适：《叶适集·水心文集》，卷 23，《朝议大夫秘书少监王公墓志铭》，页 457。

当党禁渐弛之际，王枏却被劾为伪党而补外。庆元四年（1198）年底，钱象祖出知建康府，[1]次年七月，王枏被认为是"虚伪之徒"，"坐伪学，罢知江阴军"，[2]是党籍名单确立后，续被指为伪学者。王枏在江阴颇有善政，曾开渠贯通漕运，并鞭巫撤祠，破瘟神之祭。[3]此后，王枏曾回京任大理丞、礼部员外郎；接着又再外放，于开禧年间提举江东常平茶盐兼知池州。[4]王枏在江阴善政或有助其回朝任官，但一连串官职变化实与钱象祖的升降关系密切。嘉泰四年（1204）四月，钱象祖出任同知枢密院事；[5]开禧元年（1205）四月，又为参知政事。[6]然而，象祖并不赞成韩侂胄北伐，最终在开禧二年三月被罢，并遭到给事中邓友龙的攻击，一度"送信州居住"，后于该年七月知绍兴府。[7]王枏在池州治事，也遭到朝廷阻挠。当时宋廷急谋开边，却疏于修城备边，而且"置池州不问"，王枏募钱修城竟不被允许，只得就力所能及疏浚城壕、抽补江兵守池。此时邓友龙力促开边北伐，希望王枏襄助，称可得高位，王枏劝以

---

① 马光祖修，周应合纂：《景定建康志》，卷14，页32上。

② 叶适：《叶适集·水心文集》，卷23，《朝议大夫秘书少监王公墓志铭》，页457；余英时：《朱熹的历史世界：宋代士大夫政治文化的研究》下篇，页378—381。

③ 叶适：《叶适集·水心文集》，卷23，《朝议大夫秘书少监王公墓志铭》，页457。

④ 同上，页459。

⑤ 徐自明原著，王瑞来校补：《宋宰辅编年录校补》，卷20，页1326。

⑥ 同上，页1328。

⑦ 同上，页1331—1332。

勿草率从事，以免"国与身将俱不利"。[①]

孙应时自己深受党禁牵连，因此对王柟自庆元晚期以来官职罢复无常，颇多感触。庆元五年（1199），孙应时致书祝贺王入京任官，写道："去冬（庆元四年）应微之来，能言近况，甚喜。寻闻大臣汲引，出于至公，遂登朝列，士无间言，益以为喜。"[②] 所言大臣正指钱象祖。此时是孙应时知常熟县的最后一年，处境相当艰难，故而也在信中提到"某守愚安分，只似昔时，发白目昏，老境侵矣。受县最剧，随力支吾，幸不得罪于民，而为代者所捃，新使君非素知，以此留，未得去，……到都当求见"；[③]孙应时或许有意借着致贺，寻求王柟帮助。嘉泰元年（1201）秋，王柟外任江阴，孙应时再次致信，对仕途荣枯之骤与时局之敏感着墨颇深，甚至担心好友受自己连累："前年冬杪，自吴得归，过都不敢相闻，当悉此意。不谓兄久亦不容于朝，幸非指仆为累。然料其实，所以奉累多矣，能不追悔否也。抑遄有专城之荣，又似适足为福。"[④]孙应时文字言语中清楚显现道学士人身处变动频繁的政治环境之心境与遭遇。

开禧北伐失败后，钱象祖执政，王柟再度返回临安。开禧三年（1207）四月，钱象祖入朝出任参知政事，并于十一月兼知枢密院

① 叶适：《叶适集·水心文集》，卷23，《朝议大夫秘书少监王公墓志铭》，页458—459。
② 孙应时：《烛湖集》，卷7，《与王秘监（一）》，页21下。
③ 同上，页21下—22上。
④ 孙应时：《烛湖集》，卷7，《与王秘监（二）》，页22。

事;①韩侂胄被诛后，钱象祖旋于同年十二月获任右丞相兼枢密使。②与此同步，王柟则在嘉定元年（1208）初回到临安，③陆续担任吏部郎中兼枢密院检详文字、国子司业，至六月任秘书少监兼国史实录院编修、检讨官、侍立。④对于曾经党附韩侂胄的官僚如邓友龙等人，新的执政团队多采报复性贬斥。王柟虽与宰相钱象祖关系密切，但对此深不以为然。据叶适所载："韩侂胄死，缘坐窜流衢、信，道中不绝，至无檐夫可雇。公归未暖席，即奏言：'权利所趋，如肉在鼎，朵颐染指，何世无人！追仇既多，复怨必甚，蔡确新州，可为永鉴。兹曼未已，非朝廷福。'"⑤王柟的意见在当时应非空谷跫音，真德秀曾与闻其事，也颇为认同王柟。真德秀日后追忆："因思更化初，方大治权臣反党，公独恳恳以泰道包荒为言，……使公得位与时，尽行所志，则其均调消息之功，必能深为国家元气之助。"⑥显然，王柟的看法并没有被采纳。

随着钱象祖罢相，王柟最终仍然补外，从此再未回朝任官。嘉定元年十月，钱象祖任左丞相；同年十一月，右丞相史弥远丁母忧

① 徐自明原著，王瑞来校补：《宋宰辅编年录校补》，卷20，页1340。

② 同上，页1348—1349。

③ 真德秀：《西山先生真文忠公文集》，卷35，《跋王秘监文集》，页28下—30上。

④ 叶适：《叶适集·水心文集》，卷23，《朝议大夫秘书少监王公墓志铭》，页459；不著撰人：《南宋馆阁续录》，卷7，页12上；卷9，页31上。

⑤ 叶适：《叶适集·水心文集》，卷23，《朝议大夫秘书少监王公墓志铭》，页459。

⑥ 真德秀：《西山先生真文忠公文集》，卷35，《跋王秘监文集》，页29下。

后，钱象祖遂独居相位。不过，这只是昙花一现，钱象祖在下个月即罢相，"除观文殿大学士，判福州"。^①王楠则先在该年十一月被罢为主冲佑观，^②改知袁州，不果行；后改知赣州，因与提刑官不合，被毁于朝，复主管冲佑观。嘉定十年（1217）五月，王楠卒，年七十五，叶适作有挽词。^③对于王楠多次因钱象祖之助而入朝，也受其牵连而遭罢免，叶适曾有解释："然揣摩者私料公厚钱甚，媚忌者因挤公以撼钱。"嘉定元年年底，钱、王两人先后罢降，叶适记云："公既去，钱愧悔曰：'吾本以能薄望轻，不敢白用王君，疑似难明。今反累之，何尸此位为！'因固求罢。故钱以公退，公不以钱进也。"叶适更感慨，王楠囿于政治环境骤变而难展长才："公四调官，方脱侍左，三入朝犹在散地，虽事多违己，而志不舍命，虽道欲成名，而天不与时。"^④

王楠富文采、擅政务，学行亦皆可称，颇获宋人与后世学者推崇。如陈宓（1171—1230）称王楠："立朝奏疏，犯人所不敢言；

---

① 徐自明原著，王瑞来校补：《宋宰辅编年录校补》，卷20，页1358；汝企和点校：《续编两朝纲目备要》，卷11，页202；徐松辑：《宋会要辑稿》，《职官》78之67。以上三种资料，皆将此事系于嘉定元年十二月一日，《宋史》则系于十二月三日。见脱脱总纂：《宋史》，卷39，页751。

② 叶适：《叶适集·水心文集》，卷23，《朝议大夫秘书少监王公墓志铭》，页459；不著撰人：《南宋馆阁续录》，卷7，页12上。

③ 叶适：《叶适集·水心文集》，卷6，《王木叔秘监挽词》，页62；同书，卷28，《祭王木叔秘监文》，页583。

④ 叶适：《叶适集·水心文集》，卷23，《朝议大夫秘书少监王公墓志铭》，页459。

在外惠政，亦皆班班可纪。坎壈老而不悔，真有忠文之风。"① 在南宋中期的永嘉学者之间，王柟文字可说独树一格。刘克庄（1187—1269）评云："义理至伊洛，文字至永嘉，无余蕴矣。止斋、水心诸名人之作，皆以穷巧极丽擅天下，合斋之文，独古淡平粹，不待穷巧极丽，亦擅天下。自止斋、水心一辈人，皆尊事之……"② 全祖望则着眼其学其文，评道："先生少与永嘉诸公同学，及仕于台，寮属如尤遂初、楼攻媿以及彭子复、石应之辈，皆相砥砺，崖峭孤特，不轻徇物。尤工于文，所著有《王秘监诗文集》共二十卷。"③ 可惜王柟诗文著作几乎没有传世。④

六、小结

孙应时的五位学友吕祖俭、项安世、石宗昭、周南与王柟，虽仅吕、项与周三人于庆元三年（1197）列名党禁名单中，但其实五人均受道学群体与官僚群体纠葛斗争波及，从光宗朝起，罢用无常、荣枯骤变。

---

① 陈宓：《复斋先生龙图陈公文集》（北京：线装书局，2004，《宋集珍本丛刊》据清钞本影印），卷10，《跋永嘉王秘监柟合斋集》，页18。
② 刘克庄著，辛更儒校注：《刘克庄集笺校》，卷99，《王秘监合斋集》，页4157。
③ 见黄宗羲原著，全祖望补修：《宋元学案》，卷52，《秘监王合斋先生柟》，页1701。
④《全宋文》自《樵隐词》卷首与《皕宋楼藏书志》抄引一篇署名为王柟的题词，但编者认为该文系属伪作。见《全宋文》第280册，卷6350，页201—202。

综观孙应时与五位学友的仕历曲折，首先可见性格与人际关系对士人宦途的影响。对一般士人而言，科举虽是追求仕宦的重要一步，但此后左右未来发展的因素仍多，诸如家世、师从与人际关系，各有其重要性。如吕祖俭出身贵胄家族，又是名儒吕祖谦的胞弟与追随者，凭其家世与个人资质，在吕祖谦逝世后持续传扬家学，也得与当代名儒大臣建立广泛关系。因此，吕祖俭虽以荫补入官，未居显宦，却直接涉入道学与执政官僚集团的斗争中，角色积极。吕祖俭性格耿直、急躁，易于得罪当道而仕途受挫，虽因家世庇护而免受重罚，却成为党禁时期受祸最深者之一。然而，吕祖俭也因贬死赢得时贤推崇，到理宗朝更蒙朝廷赠谥号而惠及子孙。

好友孙应时的仕途与人生境遇，则与吕祖俭形成对照。孙应时出身寒门，必须靠父教与个人努力，力争上游。就读太学时，孙应时致力于举业及道学，广植人脉，谋求学宦兼顾；出仕后，在履宦中阐明道学理念，推动教化。当道学势力尚盛，孙应时获朱熹、史浩与丘崈欣赏推荐，循序晋升京官。可惜宁宗即位后，师长或逝或贬，奥援顿失。孙应时虽未遭列党籍，但所知常熟县政情复杂，他在党禁阴影下处境艰难。为保全职位，他低调行事，与师友保持距离，并转而寻求新执政核心张孝伯及赵彦逾之助，心境转折备尝艰辛。即便如此，孙应时仍受官长刁难，终难逃劾罢命运；直到史弥远掌政权后，才得以平反。孙应时处世作风谨小慎微，为求保身而不得已转向求援，与吕祖俭差异极大。

项安世与石宗昭的情况又与吕、孙不同。项、石二人均出身地方望族，虽同为陆九渊门人，但与吕祖谦、张栻、朱熹、叶适、陈傅良、陈亮等当代名儒均有交往，也获当朝宰执留正、赵汝愚、周必大赏识，人脉颇广，因此能侧身政治精英养成的馆阁之职。他们怀有经世致用之志，在不同政局中，都能与当朝大臣、名儒共参朝政，因此虽先后卷入政争，但遭遇与吕祖俭不同。石宗昭先卷入光宗初年的政争，后因韩侂胄、京镗所荐，在庆元党禁期间不仅未受牵连，反被拔擢入京，而与道学党人保持距离。项安世在仕途上的变化更为曲折，他受周必大、赵汝愚之荐，入京任馆职，与朱熹互动频繁，也深陷党禁波澜；但项安世后因仕宦受挫，遂与道学士人保持距离，以图保全。到韩侂胄弛党禁、倡言恢复，项安世转身归附，并出任边防要务，态度积极，甚至赋《凯歌》词支持韩侂胄开边政策。

周南与王柟在党禁期间的处境相似。周、王二人家境大约介于石、项与孙应时之间；二人都与叶适关系密切，周南则是黄度的女婿，千丝万缕的道学人际网络让两人列名党禁。及韩侂胄倡言恢复，周南因与卫泾、钱象祖及叶适之故，被召入京参与枢要；韩侂胄死后，又受钱象祖与卫泾之累而被黜。王柟以文才见重于世，与叶适有师生情谊，没有明显的道学背景。他在台州时结识钱象祖，受其青睐，因而在党禁期间未受整肃，反而入京担任要职。后钱象祖违抗韩侂胄的恢复之策，王柟受其牵连遭罢；韩侂胄死后，又因钱象祖迅速失势，王柟再也难展长才。

其次，从五人对政局变化的个人回应，可检视庆元党禁期间政治集团之间的对立性问题。光宗以来，道学与官僚两个群体相互攻讦，以争夺政局主导、影响皇权决策，士人因而在不同时期、不同程度地卷入了学术与政治的纠葛，影响参与者升任降罢的仕途荣枯。在此脉络下，道学与官僚两个群体的对立印象深刻主导着后人对庆元党禁的论著模式。[①] 其实，在这场政治变局中，无论是主动参与或被动涉入者，细究其人生境遇与宦途沉浮，可以发现个人命运与群体关系，并非传统研究刻画出的前后一贯、二元对立，反而是不同个人为因应政局变化，通过各自的人际网络，采取了多元的回应对策，其情况相当复杂。

宁宗继位以后，孙应时奥援尽失，为保守官位而委屈求职，后转而寻求赵彦逾与张孝伯支持，即为显例。此外，也如本章所述，道学士人中既有在党禁时期仍态度一贯的吕祖俭，也有如石宗昭、项安世者，为求摆脱党籍禁锢而因势转向支持韩侂胄北伐；也有如周南、王柟二人，宦途起落系于朝中奥援钱象祖之进退。凡此皆说明，无论选择持守、转向或顺势，其经历与结果显然与各人所能拥有的人际资源密不可分。为因应环境改变，缔结多元人脉是维系或开拓政治利益的重要策略，因此个人固难有永久坚持的原则，群体间也未必存在始终一致的对立。从这个角度看，庆元党禁前后道学与官僚群体之间的人际关系是富有弹性的。除本章论及的吕祖俭、

---

① 参见程志华：《学术与政治：南宋"庆元党禁"之研究》，页 99—123；黄俊彦：《韩侂胄与南宋中期政局的变动》，页 75—178；高纪春：《道学与南宋中期政治》（保定：河北大学博士论文，2001），页 62—76。

项安世、石宗昭、周南、王枏之外，叶适、吴猎与何澹等人其实也都有相同倾向。

庆元党禁固然是政治斗争，更是思想路线之争。当权者除了铲除政敌，也要求一般官员对道学表态，要求应举士人不得习伪学，以为钳制异己的手段。如此一来，绝大多数士人官员，特别是道学追随者，遭逢的压力自是巨大无比；[①] 当政治压力难以抗拒时，部分人不免向现实妥协。黄榦先在曾兴宗行状中，对"伪学之禁兴，一时学者讳名其师"深表不满，转而表彰曾兴宗对朱熹执礼之勤、吊哀守丧之情与志学之专。[②] 后在《董县尉墓志铭》中，黄榦又说："伪学之禁方严，有平日从学而不通书问者，有讳言其学而更名他师者，有变节改行，狂歌痛饮，挑达市肆以自污者，有昔尝亲厚，恨不荐己，而反挤之者，至其深相爱者，亦勉以散遣生徒为远害计。诸生虽从学，亦有为之摇动，欲托辞以告归者。"[③] 黄榦感叹，"先师没十有六年，交游凋落，后生无所师承，而为言将绝"。嘉定十六年（1223），曹彦约在《跋东阳郭氏石洞书院记》中，更生动陈述士人面对党禁的不同态度。他指出石洞书院记是叶适所作、楼钥所

---

① 虞云国：《宋光宗·宋宁宗》，页 147—148。关于此时通过科举衍生出道学与官僚多重纠葛与影响，可参见魏希德著、胡永光译：《义旨之争：南宋科举规范之折冲》（杭州：浙江大学出版社，2015），第 5 章《朝政与科举标准》，页 129—167。
② 黄榦：《勉斋集》，卷 37，《肇庆府节度推官曾君行状》，页 13 下—14 上。
③ 黄榦：《勉斋集》，卷 35，《董县尉墓志铭》，页 16 下。本资料承郑丞良博士提供。

书、朱熹所题，在当时被视为"三绝"；但到了庆元四年（1198）以后，情况丕变，"党论方炽，士大夫恐挂名三公间，若将浼己。（郭）希吕独于此时，不以冷暖随世道，取三公于摈弃中，而曰'吾欲为门户重'"。[1]从黄榦与曹彦约所举事例，可知一般士人面对政治环境的态度转变。

再者，庆元党禁期间道学群体的遭遇与应变，也呈现不同层级的士人官员面对政治冲击的承受力与应变力。从南宋中期道学与官僚的纠葛，到卷入韩侂胄、赵汝愚斗争所形成的庆元党禁，将许多与道学有关的名儒大臣乃至一般道学追随者都卷入激烈政争中。其中极端者，有如赵汝愚、吕祖俭等人贬死异乡之例，但一般而言，韩侂胄等执政官员对待异议者，目的多在迫其离开京城，阻绝他们继续发挥政治影响力，并未意图赶尽杀绝。此外，掌权者也借控制科举应试内容，钳制异议，在士子养成过程中引导政治风向，以求釜底抽薪。

在这场政治斗争中，硕儒宰执如朱熹、留正、周必大、叶适、楼钥等，多拥有难以撼动的学术地位或家世背景，让执政阵营顾虑手段过激反引发巨大反弹。因此，除赵汝愚客死，这些异议政治或学术意见领袖虽被迫离开权力核心，返乡闲居，但受政治斗争的冲击较为和缓。相较之下，中低层士人官员所受冲击显得更为强烈。他们既非世家大族，在学术上也只是追随者，既无家族经济后盾，也

---

[1] 曹彦约：《昌谷集》，卷17，《跋东阳郭氏石洞书院记》，页14。

缺乏丰裕的社会资源应付罢官的政治风险。在承平时期，与中高层官员的人际关系是这些中低层士人官员仅有的宦途资源，无论基于情谊或现实，他们格外珍视经营。然而，一旦政局动荡，朝政风向急遽更迭时，这种关系立即转为负担，甚至危及仕途发展，对个人与家族都会带来巨大的压力。因此，庆元党禁期间，部分士人多方开展关系或回避旧有渊源，以分散风险、趋吉避凶，自然是可以理解的事实。

总之，南宋中期士人面对现实的政治变动，对应方式多元而复杂，不能简单看待。在探究此时期道学与执政之间的纠结时，除了注意彼此尖锐抗拮、僵硬对立之外，也应关注背后隐晦存在的彼此调整、妥协与改变，才能更完整体现历史样貌。

青史播芳

孙应时的平反与《烛湖集》

第七章

在概括认识中低阶层道学追随者如何在南宋的政局动荡中因应世变后，重新将讨论焦点拉回到孙应时的生命历程。

庆元六年（1200），孙应时遭劾罢后，只求保全祠禄以安家，从此闲居六年。然而自嘉泰二年（1202）起，朝政在数年之间又多次急遽转变。为筹谋开边北伐，韩侂胄遂而调整庆元以来打压道学的政策，党禁氛围逐渐松绑；韩侂胄酝酿北伐，促成孙应时两位昔日贵人重获大用——张孝伯晋位宰辅，丘崈复出坐镇边防要地，二人都曾在孙应时仕途发展中鼎力相助。韩侂胄主导的开禧北伐以失败告终，最终导致中枢递嬗，南宋走向史弥远执政专权的局面；而整起事件的酝酿与结局，以及丘崈、张孝伯与史弥远三人，实为孙应时获得平反与身后褒荣的关键。

《四库全书提要》对《烛湖集》篇章评述孙应时与史弥远二人关系，认为："又史弥远受业于应时，集中与弥远诸书，皆深相规戒。迨弥远柄国，超然自远，无所假借，甘沦一倅而终，其人品尤不可及。"① 四库馆臣评述可做两种诠释：一是虽然孙应时弟子史弥远掌柄国政，但孙应时并不攀附权贵，仍然清高自持，自甘浮沉宦海，最终仅任通判。一是史弥远虽大权在握，却没照顾恩师，让孙

---

① 孙应时：《烛湖集》，《提要》，页1下。

应时以通判为人生终点，史弥远显然不是知恩之人。然而，如杨武泉所论，史弥远在韩侂胄死后才掌权"柄国"，当时孙应时早已逝世年余，何得"超然自远，无所假借，甘沦一倅而终"？[①] 因此，讨论孙应时与史弥远二人的关系，仍应回归孙、史二人所处时代脉络中检视。

在孙应时生命历程的尾声，本书将借由爬梳孙应时与史弥远二人互动，观察基层士人官员的人际网络及其学宦发展的密切关联。本章也将丘崈纳入二人师生因缘发展的历史场景中，呈现孙应时参与丘崈治蜀引发的效应如何左右孙应时个人仕途荣衰，以及嘉定朝以降宋廷四川边防策略的措置。

一、开禧北伐与丘崈起复、史弥远执政

（一）解党禁，谋开边

庆元年间，宰相京镗与何澹主导"伪学"之禁，以攻击赵汝愚及其支持者。在二人相继逝世、罢官后，张孝伯等人力劝韩侂胄松弛党禁，以免将来受到报复。韩侂胄遂于嘉泰二年（1202）追复赵汝愚、朱熹官职，起用诸多被指为道学党人而去职、被贬的官员，并恢复周必大、留正的官衔。[②] 随后于嘉泰三年，韩侂胄又陆续调

---

① 杨武泉：《四库全书总目辨误》（上海：上海古籍出版社，2001），页221。王孙荣亦稍有论及史弥远与孙应时的关系。参见王孙荣：《孙应时》，收入余姚市历史文化名城研究会编：《姚江名人（古代编）》，页202—207。

② 见李心传：《道命录》，卷7下，页17。

整了宰辅人事与边防部署。当年十月，张孝伯擢升同知枢密院事，次年四月又兼参知政事；①《建炎以来朝野杂记》则详细记载当时各个军事重镇的部署异动："嘉泰三年冬，虏中盗起，增戍积粮，又焚襄阳榷场，盖惧朝廷乘其隙也。朝廷闻其事，即起张肖翁参政帅淮东，程东老枢密帅淮西，……又起丘宗卿侍郎守四明，以防海道，起辛幼安大卿帅浙东。"此次布防措置并未全数落实，上述人选多有代换，唯独保留辛弃疾与丘崈，但分别改"守京口"与"以直学士院代典留钥"。对于这一系列安排，李心传断言"开边盖自此始"。②

嘉泰四年（1204）四月，年近古稀的丘崈居乡十年后再次复出，获任知建康府事兼充江南东路安抚使马步军都总管、行宫留守司公事。③据说韩侂胄认为丘崈"可属大事，引与共赴功名，深相结纳"。④从辛弃疾与丘崈在两次不同的边防布置都位居要津、镇守屏障临安的江淮看来，丘崈起复实与韩侂胄酝酿北伐因而起用具统兵经验、有恢复之志的文臣有关。然而，就时局观察与北伐立场而论，现有史料所呈现的丘崈态度均显保守。据《宋史·丘崈传》所

---

① 徐自明原著，王瑞来校补：《宋宰辅编年录校补》，卷 20，页 1325—1326。
② 李心传原著，徐规点校：《建炎以来朝野杂记·乙集》，卷 9，《嘉泰开边事始》，页 651—652。关于韩侂胄与庆元党禁、开禧北伐纠结的复杂问题，朱东润在《开禧北伐前后陆游的政治立场和他在作品中的表现》一文（《学术月刊》1957 年 9 月，页 82—91）有相当深刻的评析。
③ 马光祖修，周应合纂：《景定建康志》，卷 14，页 33 上。
④ 徐自明原著，王瑞来校补：《宋宰辅编年录校补》，卷 20，页 1336。

载，当韩侂胄闻金人派任平章宣抚河南而积极备战，丘崈认为"金
人未必有意败盟，中国当示大体，宜申警军实，使吾常有胜势。若
衅自彼作，我有辞矣"，但韩侂胄无意接受。[1]《宋史》记载与《宋
宰辅编年录校补》所引《丘崈行状》相近；此外叶适在丘崈死后五
年（嘉定六年，1213）所写祭文，对于丘崈起复后的经历也只委婉
说道"蚤历方隅，声实甚重。晚登将相，乃不尽用"，也与《丘崈
行状》类似。[2]考量丘崈死于北伐失败之后的嘉定元年，当时宋金
正谋议和，宋廷更重惩首议用兵的韩侂胄，或许碍于政治氛围，有
关丘崈记载必须回护他对开禧北伐的实际态度，然而无论边防部
署、战争期间与善后事宜，丘崈实际上都扮演相当重要的角色。

（二）北伐挫败，吴曦叛变

开禧二年（1206）四月，韩侂胄对金不宣而战，展开北伐军事
行动。他以邓友龙为御史中丞、两淮宣抚使，主导东线战事；西线
则以程松为四川宣抚使，吴曦为宣抚副使；襄阳一带则有薛叔似为
兵部尚书、湖北京西宣抚使。韩侂胄更追夺秦桧爵位，要求礼官改
谥，借以宣言其主和之罪。尽管战事之初宋军稍有斩获，但东线战
事很快就在宿州遭遇严重挫败，韩侂胄因此在六月罢免邓友龙，改
以丘崈为刑部尚书、两淮宣抚使。丘崈至扬州部署诸将，使江上正
规军分守江淮要害，弃守已经占领的城池，将东线军队撤回淮南的

---

① 脱脱总纂：《宋史》，卷398，《丘崈传》，页12111。
② 叶适：《叶适集·水心文集》，卷28，《祭丘枢使文》，页575。

盱眙，以保全两淮为要务。

由于战况屡变，金朝军队节节进逼，并发动外交攻势，丘崈开始调整对应时局的做法，因而再度遭罢。先是开禧二年（1206）十一月，宋廷擢丘崈为签书枢密院事，督视江、淮军马，提高他的权威；但因淮东多处溃败，战情逆转，而金朝统帅亦有罢兵通和之议，丘崈遂发动军前议和，引来韩侂胄不快。[①] 次年一月，韩侂胄罢丘崈枢密院之职。[②] 黜落制词对丘崈颇有批评："由留钥就建行台，登诸丞弼之联，畀以江淮之寄，正资筹化以畅威灵，顾弛张呼吸之几，系得失屈伸之势。然而意在坚守，而懦将或轻于退归；谋在约和，而强敌反滋于侵掠。虽闻克捷，宁补创残；载阅封章，每深引咎。"[③] 丘崈虽遭罢黜，但东线战事确因议和而趋缓；不过此时，吴曦却占据兴州，叛宋降金，使整个北伐行动陷入危机。

吴曦是吴挺之子，兴州吴氏的第三代代表人物。绍熙四年（1193）五月吴挺逝世，吴曦不仅不能奔丧，而且只能在四川之外任官，无法接手家族势力。当时丘崈任四川宣抚使，治蜀手段刚猛，加以临安政争，宋廷改以相对和缓的赵彦逾接替丘崈。赵彦逾为化解地方势力与蜀帅、朝廷的矛盾，并确保朝廷仍可掌控四川情势，

---

① 参见史美珩：《是奸相还是能臣：史弥远历史真相研究》（太原：山西人民出版社，2010），页62—63。

② 徐松辑：《宋会要辑稿》，《职官》74之24；徐自明原著，王瑞来校补：《宋宰辅编年录校补》，卷20，页1339。

③ 蔡幼学：《育德堂外制》，卷1，《丘崈落端明殿学士》，页8下—9下。

因此一反丘崈将利州东西路合并的做法，建议分阃。宋廷故于庆元二年（1196）九月在兴州置利州西路安抚使，令兴州都统制兼充。[①]这一政策确保了兴州都统制在川西维持旧有权力格局的可能性；同时，吴曦也处心积虑谋求返蜀，再振家声。韩侂胄谋筹北伐时，由于吴曦附和其事，韩侂胄遂不顾廷臣反对，于嘉泰元年（1201）七月任命吴曦为兴州驻扎御前诸军都统制，兼知兴州、利州西略安抚使，让他统领家族旧部，肩负西边防线。[②]吴曦到任后，立即上章劾罢副统制王大节，自掌兵权，完全承接吴氏势力。[③]及北伐行动将发，韩侂胄任吴曦为四川宣抚副使兼陕西河东路招抚使，许便宜行事；为使四川事权专一，甚至令总领财赋所隶宣抚司，而正使程松与副使吴曦亦得节制。至此，吴曦既领有六万兵卒，又得节制财政，具有相当程度的军、财、民政自主权。

北伐失利，金廷一面以重兵进逼、一面诱降，吴曦终在开禧二年（1206）十二月降金，随后自称蜀王。前线宣抚使程松闻吴曦叛变，旋即奔逃，其余四川官员也多半逃遁，或至多拒吴曦召命，鲜少起兵相抗者。韩侂胄虽以书劝抚吴曦，或谋由长江中游调兵西讨，但吴曦对宋廷怨恨极深，而四川地势险要易守难攻，宋廷一度无可

① 徐松辑：《宋会要辑稿》，《职官》41 之 115。关于南宋对利州路分合的变化及政策考虑，何玉红有全面分析，见《南宋川陕边防行政运行体制研究》，页 200—209。

② 脱脱总纂：《宋史》，卷 475，《吴曦传》，页 13811—13814；同书，卷 394，《何澹传》，页 12024—12026。

③ 黄俊彦：《韩侂胄与南宋中期的政局变动》，页 317—318。

奈何。然而，早先赵汝愚主政而丘崈掌蜀时，曾在吴曦阵营中酝酿反吴势力，以分化其运作。这项伏笔在此时发挥效用，反吴势力抬头，造成内部分裂，致其心腹安丙结合下层武将李好义、杨巨源，于开禧三年（1207）二月二十九日刺杀吴曦。吴曦僭位自立，前后仅四十一日即告结束。

吴曦叛变虽然短暂，但几乎宣告北伐失败，而且严重损害了韩侂胄的政治权威。吴曦得以返蜀重振家业，全因韩侂胄一意孤行、鼎力成全，而且赋予西边战线之重任所致。在开禧二年四月，吴曦已经与金人交通，甚至早有蜀地官员、将领预言他将叛变。吴曦叛变不仅标志宋廷北伐行动的全面溃败，也对中枢政治造成深远影响。[1] 虽然内外情势对韩侂胄极为不利，宋金战事确已在吴曦死后走向和缓，韩侂胄本有机会停损，但金朝以"缚送首议用兵之臣"为罢兵条件，韩侂胄因而怒辍和议，执意再度用兵，遂重新展开新一波人事调动与军事部署。最后，开禧三年十一月三日，韩侂胄被杀，北伐行动彻底瓦解。

（三）丘崈起复猝逝，史弥远渐掌中枢

开禧北伐因韩侂胄被杀而告终，南宋于内局势不稳、人情未安，对外与金和战未定，镇淮军队更是漫无军纪而有变乱疑虑。宋廷希望倚重丘崈威望，为江淮战局善后，遂于开禧三年十二月再度任命丘崈为资政殿学士、通奉大夫、江东安抚使，兼知建康府事；次年，

---

[1] 黄俊彦：《韩侂胄与南宋中期的政局变动》，页 324—341。

即嘉定元年（1208）正月五日，又任命他为江淮制置大使。^①丘崈
大加整顿江淮军队，创淮西武定军，以稳定江淮局面。^②

当时的签书枢密院事兼权参知政事卫泾（？—1226）曾致信丘
崈，从中清楚可见宋廷对丘崈的倚重："相公以累朝耆德，宜即归
庙堂，以副厉精更化之意。主上以敌情叵测，和议未定，欲少借威
名德望为诸将素所归属者镇付之，姑畀留钥以须要任，使敌人闻风
震叠，坐销氛祲。"^③值得注意的是，卫泾在信中提到丘崈具有入朝
位列宰辅的资历与威望，只是宋廷以借重他的威望镇抚边事为急切
要务。丘崈行状也记载，早在开禧二年（1206）年底，当他以签书
枢密院事督视江淮军马，地位已然比拟宰辅，所谓"恩礼悉视执
政"。^④卫泾之语或非客套，俟嘉定元年六月宋金达成和议，宋廷
即召丘崈赴临安，七月命丘崈任同知枢密院事。

然而，丘崈因病未至，八月四日因疾薨逝，年七十四岁。宁
宗辍朝以示哀悼，赠丘崈资政殿大学士、金紫光禄大夫，谥忠定。^⑤
丘崈之友人周南得知死讯即撰作哀诗："曩时威凤览辉初，独对丹
霄耸万夫。千载阜陵嗟见晚，百年乔木有神扶。只将囊底安江左，

---

① 马光祖修，周应合纂：《景定建康志》，卷14，页34上。
② 李心传：《建炎以来朝野杂记·乙集》，卷17，《丘宗卿创淮西定武军》，
页811。
③ 卫泾：《后乐集》，卷14，《留守制置丘枢密札》，页25下—26下。
④ 徐自明原著，王瑞来校补：《宋宰辅编年录校补》，卷20，页1338。
⑤ 脱脱总纂：《宋史》，卷398，《丘崈传》，页12109；徐自明原著，王瑞来
校补：《宋宰辅编年录校补》，卷20，页1353—1354。

不见天中运斗枢。圣主恩深臣命薄，悔今强敌尚逋诛。""淮水尘清小使归，坏梁俄叹哲人萎。江山收泪还风景，草木知名怖鼓旗。生惜勋庸专管葛，死余忠信压边陲。南州十月停砧杵，料得闻丧处处悲。"①诗中对于丘崈未及入朝深感惋惜，也是诸多丘崈友人共同的感怀。②

丘崈受到倚重而再任方面，甚至一度将入枢府，意味着宋廷正逐渐形成新的执政结构。当时宋廷主政者以钱象祖（自参知政事授右丞相兼枢密使）为核心，执政包括卫泾（自签书枢密院事除参知政事）、雷孝友（自御史中丞除参知政事），枢密院则有史弥远（自礼部尚书除同知枢密院事兼太子宾客）、林大中（自吏部尚书除签书枢密院事）。③丘崈既逝世，宋廷改任娄机同知枢密院事。④不过，钱象祖主政只是昙花一现，可说是南宋中期政治在韩侂胄式微后，往史弥远专权执政的过渡。史弥远在嘉定元年（1208）正月改除知枢密院事；六月，卫泾被罢后，史弥远又兼参知政事，十月再升为右丞相兼枢密使。史弥远虽然在十一月丁母忧去位，但十二月钱象祖即罢相。⑤根据《宋史》记载，史弥远丁忧，太子奏请"赐第行

---

① 周南：《山房集·山房后稿》，《丘都督枢密挽章》，页 6。
② 卫泾：《后乐集》，卷 19，《祭丘枢密文》，页 3；叶适：《叶适集·水心文集》，卷 28，《祭丘枢使文》，页 575。
③ 徐自明原著，王瑞来校补：《宋宰辅编年录校补》，卷 20，页 1347—1350。
④ 同上，页 1355。
⑤ 同上，页 1350—1352、1355—1358。

在，令就第持服，以便咨访"，① 几乎可以认定史弥远早已被视为主
政人选。次年二月，宁宗遣内侍趣史弥远还行在，五月正式起复史
弥远为右丞相兼枢密使，② 南宋自此进入史弥远掌控朝政的时代。

二、孙应时与史弥远

独掌南宋中晚期朝政的史弥远，是孝宗朝宰相史浩之子，也是
宦途左支右绌的孙应时的授业弟子。淳熙十一年（1184），孙应时
受聘讲学东湖书院，虽然只有短短两年，但此后孙应时与史弥远及
其幼弟史弥坚仍然鱼雁往返不辍。不仅《烛湖集》中多有孙应时致
两位学生的书信与诗文，孙应时致史浩书信也经常提到二人，特别
是史弥远。这些资料说明了孙应时与史弥远的亲近关系，也呈现出
孙应时自始即以宰辅之器期许史弥远。开禧北伐以前，孙应时仕途
屡遭磨难，当时史弥远职任不高，无从援助业师；不过史弥远日后
位高权重，很可能是孙应时获得平反与身后褒荣而终能流芳后世的
关键人物。

（一）《上史越王书》中的史弥远

史弥远字同叔，小名觉老，③ 生于隆兴二年（1164），是史浩第

---

① 脱脱总纂：《宋史》，卷414，《史弥远传》，页12417。
② 徐自明原著，王瑞来校补：《宋宰辅编年录校补》，卷20，页1361—1363。
③ 史弥远出生时，史浩梦见与他交情甚深而逝世不久的禅僧智连（号觉
云，？—1163）入堂，因而将史弥远小名取为觉老。见蒋义斌：《史浩研究：
兼论南宋孝宗朝政局及学术》，页90—91。

三子，为继室周氏所出。当时史浩第一次罢相，闲居四明，两年后又得幼子史弥坚（字开叔）。据说年过知命的史浩老年得子，对二子深为器重，而且格外肯定史弥远。① 史弥远兄弟在青年时代即因父荫而仕官，弥远十三岁即任京秩，十六岁补承事郎。淳熙八年（1181），十八岁的史弥远转宣义郎，铨试第一，调建康府粮料院。同年，史浩罢侍读，辞归乡里，史弥远可能因此改调置于明州的沿海制置司干办公事，以便就近照顾老父。次年，史弥坚亦得补承事郎，授监绍兴府支盐仓。②

史弥远兄弟以荫任官，职任甚轻，史浩很可能因此亟欲子弟争取科举。他在家乡明州建立东湖书院，延请孙应时等人任教，开启应时与史弥远兄弟的师徒因缘。淳熙十一年史弥坚时年十九岁，娶孝宗胞兄赵伯圭之季女；次年，弥坚添差两浙转运使干官，并得长官丘崈赏识，特疏论荐。③ 不过，史弥坚始终没有中第。史弥远则于淳熙十四年与乡人王居安并登王容榜进士，时年二十四岁，史浩则是八十二岁。绍熙元年（1190），宋廷授史弥远为大理司直，使之赴临安任官；同年，史弥坚差浙东安抚司干官，适其生母陆氏死，返家守丧。绍熙二年，史浩奉召进京，面见太上皇孝宗与光宗，

---

① 马泽修，袁桷纂：《延祐四明志》（北京：中华书局，1990，《宋元方志丛刊》据延祐七年〔1320〕修、咸丰四年〔1854〕《宋元四明六志》本影印），卷5，页10下。

② 见小林晃：《史弥坚墓誌銘と史弥遠神道碑：南宋四明史氏の伝記史料二種》，《史朋》43（2010年12月），页2。

③ 同上。

其间孙应时曾数度致书，信中经常提到诸位史家子弟，尤其多与史弥远有关。当时史弥远于前一年获命大理司直，身在临安；史弥坚虽也在绍熙元年新任浙东安抚司干官，却因生母陆氏逝世而丁忧在家。该年二月，孙应时得知宋廷命守臣安排史浩赶赴京师，致信史浩时问及随行的陪同家人："不审扶持剑履成命谁属？或只太社实当之否？"①这里的"太社"就指已任太社令的史弥远。根据《宋史》，史弥远在绍熙元年任大理司直，二年迁太社令，②执掌郊社局。借由孙应时的这封信，可知史弥远在二年年初即已担任此一新职。

　　同年三、四月，孙应时抵达遂安后，致信史浩报告赴任过程，书中再次问及陪同史浩觐见的直敷文阁史弥正与史弥远："大府钧眷庆问日至，敷文郎中谅当随入赐见，泊千五三哥太社亟拜宠渥。某未克各上状，敢附见微悃。"③史弥正是史浩次子，根据《宋会要》，史弥正原以"直秘阁、新权发遣福建路提刑"，然于绍熙二年正月月底"以偏亲年老，乞奉祠禄"，宋廷因此"除直敷文阁"，并使之主管建宁府武夷山冲佑观。④显然史弥正此时尚在临安。

　　该年十二月间，孙应时致信已返乡的史浩，除了报告遂安政绩与冷世光将知严州，请史浩代为问候史弥大、史弥正，还特别提到史弥远在太常寺任官备受称赞："太社令在曲台有贤誉，同列皆一

① 孙应时：《烛湖集》，卷6，《上史越王书（四）》，页4上。
② 脱脱总纂：《宋史》，卷414，《史弥远传》，页12415。
③ 孙应时：《烛湖集》，卷6，《上史越王书（七）》，页6下。
④ 徐松辑：《宋会要辑稿》，《职官》54之41。

时之选，必有亲炙之益，良可喜也。"①史弥大是史浩长子，仕至礼部侍郎；淳熙十二年（1185）"以敷文阁待制奉祠"。②此时，史浩长子、次子都已居乡，唯有史弥远、史弥坚仍然任官，特别史弥远出身进士，载誉有加。

约绍熙三年（1192）六月，孙应时赴蜀前，特别向史浩解释答应入丘密幕的理由，信中再度提到史弥远："千五三哥太社近尝得通问，久未迁何也？"③孙应时或因史弥远陪同史浩觐见，又听闻史弥远在太常寺颇有能声、受人称道，颇感意外他尚未迁官，为他抱屈。其实，史弥远约在此时已迁太常寺主簿，并娶潘畤之女潘友松为妻，时年二十九岁。④不过，孙应时很快就知道史弥远的最新近况，在《烛湖集》所收录孙应时致史浩的最后一封信中，孙应时提到离开遂安后，曾北上临安与史弥远见面，并获史浩转来的信件："千五三哥太社召为北园之集，坐间始获钧翰，手书细字，精明照人，有以仰见寿康之未艾。"⑤时在绍熙三年七月以后不久。

从孙应时给史浩信中提到史家弟子的讯息，除了进一步说明孙应时在东湖书院的二年间，与史氏父子建立深厚情谊，并得以借之重构史弥远宦历外；更重要的是，这些书信呈现出，史弥远在史家诸子弟中尤其前景可期，受到孙应时看重。

---

① 孙应时：《烛湖集》，卷6，《上史越王书（八）》，页6下—7下。
② 杨万里原著，辛更儒笺校：《杨万里集笺校》第8册，卷112，页4297。
③ 孙应时：《烛湖集》，卷6，《上史越王书（九）》，页8下。
④ 黄启江：《南宋六文学僧纪年录》，页202。
⑤ 孙应时：《烛湖集》，卷6，《上史越王书（十）》，页8下。

（二）孙应时与史弥远兄弟的诗文往来

除了在致史浩书信中，经常提起史弥远等史家子弟，孙应时尚有不少与史弥远兄弟直接往来的诗文。淳熙十二年（1185）底，孙应时离开东湖书院，前往海陵任职，即曾寄诗史弥远兄弟，表达离别之感与期许："千顷东湖风月中，去年厌看藕花红。可惊云水将身远，不得琴书与子同。四海人才尊一老，百年门户到三公。传家报国诸君事，心地勤收汗马功。"① 此外，《烛湖集》收录三首诗、三封信致与史弥远，二信给史弥坚，孙应时也曾在一封给张孝曾的信中推荐弥坚。

绍熙三年（1192）五月，孙应时决定应丘崈之邀入蜀，曾致函史浩说明自己的想法，也回信给丁忧在家的史弥坚，嘉许他陪侍父亲、恪尽孝道，读书不懈："开叔虽以私制少淹脁仕，然得日夕师相之侧，承颜顺色，以尽子道，退以余暇，致力于学，乃天所以进开叔之器业为大受之基也，更惟勉之"，并在信中告知赴蜀的决定。② 庆元三年（1197）秋，孙应时在知常熟任上，写信给时任衢州添差通判的弥坚，一方面说明自己在常熟的情况，一方面则赞扬弥坚的贤能："开叔胸中所存不浅，近且能进学不已，今时诸人爱重开叔者不过曰佳子弟耳。唯仆之期望贤友大不止此，开叔盖亦自知之矣，勉之。"③ 信中显示史弥坚得时人佳评，但孙应时对他的了

---

① 孙应时：《烛湖集》，卷18，《寄史同叔开叔》，页18上。
② 孙应时：《烛湖集》，卷8，《与史开叔书（一）》，页11下—12上。
③ 孙应时：《烛湖集》，卷8，《与史开叔书（二）》，页12下—13上。

解更深，有更高的评价与期许。次年，张孝伯的从弟孝曾接任浙东提刑，孙应时向张孝曾介绍数名可以咨询的地方官员，其中即包括史弥坚，赞之"谨厚力学，于吏事不苟"，当非徇私内举。①

尽管如此，孙应时与史弥远的关系更为密切。不仅前述应时给史浩信中多次提到史弥远，从《烛湖集》所收诗文看来，在史家弟子之中，孙应时寄与史弥远的诗文最多，其中所论事项也更为具体，而且颇涉家常。淳熙十三年（1186），在海陵的孙应时给史弥远一信，述说远赴边境任官的寂寞心情，缅怀教学东湖的岁月，并规诫弥远致力读书、怀抱大志，向北宋著名父子相臣看齐："太傅以盛德大忠，功在社稷，天人所相，年位尊高至此，诸友雍容少年，坐以显贵，天下望之真神仙也，努力学问茹素清苦，不为富贵之气所移，通知国家源流，习朝廷宪度，讲太傅宰相事业，不愧韩范诸大家，于以报称君父，其志念当倍切于衡门瓮牖之士乃可。"②虽然此时史弥远尚未中第，孙应时显然对他寄予厚望，期许史弥远有朝一日能官拜宰辅。

淳熙十四年，史弥远中进士第。绍熙元年（1190），史弥远赴临安任大理司直。在家守丧的孙应时有诗相送，诗中不仅满溢褒扬与期待，并以北宋宰相名门勉励史弥远："天壤王郎子，芝兰谢傅家。班行想风采，诗礼倍光华。万里鞭先着，连城玉未瑕。公余闲

---

① 孙应时：《烛湖集》，卷8，《张提刑（李）〔孝〕曾书》，页23上。
② 孙应时：《烛湖集》，卷8，《与史同叔书（一）》，页3下—4上。

斋阁，黄卷有生涯。""相国三槐位，郎君叠桂枝。谈经天禄阁，指日凤凰池。道术千年绪，功名百世期。中朝范吕氏，端的有余师。"①绍熙三年三月左右，孙应时担任遂安县令满一年时，曾回信史弥远，首先说明遂安僻远，通书不易，因而迟复，接着勉他力学，"旦夕宜有登瀛之宠"，并因弥远岳母李孟琰（李光之女）逝世而有所慰问："潘兄家祸如此，何以堪计，同叔情怀亦为不佳也。"②

庆元五年（1199），孙应时在常熟即将任满，由于县务受到长司刁难，处境艰难，担心无法通过考课，乃致函时任枢密院编修官的史弥远，请他就所知提供警示："某矻矻尘土为养从禄，无功及民，日自负愧，偶幸未抵罪戾，此去再周甲子，可以脱去，未保能善后不耳，凡有所闻，切望见警。"同时也称赞、鼓励史弥远："以师相子有贤称，浸浸为时用，不患无显官贵仕，唯愿益养器业，以扬先烈。"③然而，孙应时虽然通过考课，却因交接问题而遭劾罢。此时史弥远资历仍浅，并无力挽回孙应时遭到罢官的命运。

此后，孙应时虽然罢官，仍与史弥远维持诗文往来。庆元六年，史弥远由宗正丞出知池州，可能道经余姚，孙应时再作送别诗："弄

---

① 孙应时：《烛湖集》，卷16，《送史同叔司直造朝》，页3下。

② 孙应时：《烛湖集》，卷8，《与史同叔书（二）》，页4下—5上。潘时死于淳熙十六年，享年六十四岁，其妻李孟琰"后公三年卒"，即在绍熙三年。因此可见，所谓潘家之祸即指潘文叔、恭叔兄弟之母，潘时之妻逝世。见朱熹原著，陈俊民校编：《朱子文集·正集》，卷94，《直显谟阁潘公墓志铭》，页4543。史弥远于此时娶潘时之女潘友松。

③ 孙应时：《烛湖集》，卷8，《与史同叔书（三）》，页5。

水亭无恙，青溪古画图。民风最淳朴，郡计足枝梧。汉玺行褒召，潘舆且燕娱。平生故人意，未改岁寒无。""人地维垣后，功名治郡初。细寻循吏传，少辍子云书。铃阁闲无奈，江山兴有余。由来形胜地，保障定何如。"[①] 以池州的风土民情与宽裕财政予以慰勉，并希望史弥远的施政能够以循吏为典范。

罢官居家后，孙应时常赴四明访友，曾下榻史弥远的"筠轩"。应时曾因此作诗赠予弥远，序文即记此事："予顷至鄞中，常馆同叔之筠轩，修篁交阴，奇石中峙，清风爽致，袭人肌骨。今年夏又假榻数夕。尝得小诗以示同叔，因其通书，写寄池阳郡斋。"[②] 序文不仅透露应时相当满意筠轩的环境，似亦表示史弥远不在家中之时，他也可以自在地进出筠轩。

从上述书文看来，孙应时与史弥远关系十分亲近，诗文之外，应时经常出入弥远之庭园或宅邸，更可以感受他们的深厚交谊。

三、平反与身后褒荣

（一）平反与逝世

韩侂胄转变政策以后，善于调护、消平党论[③]的张孝伯晋位枢

① 孙应时：《烛湖集》，卷16，《送史同叔知池州》，页4下。
② 同上，页4下—5上。
③ 刘宰在林复之墓志铭中指出张孝伯出任知枢院事时，曾为其部属的林复之，即致书以调护时事自任的张孝伯，请他消除党论，"张公识其意，一时消平党论，激仰人物之功为多"。见《漫塘文集》，卷30，《故知潮州侍左林郎中墓志铭》，页10下—17下。

府，丘崈亦任方面，是孙应时命运转折的契机。嘉泰三年、四年（1203、1204）之际，韩侂胄首次部署边防，丘崈被任命为知庆元府、沿海制置使，孙应时即致信祝贺："恭承先生一卧十年，固已浩然与世相忘。而自公论既明，朝野中外无不以安石不出为叹。"对于丘崈即将担任的官职，应时则提到："今兹优诏强起，至再至三。先生亦幡然以未尝一见主上，不欲偃蹇坐违君命，遂以趣装南来。此于出处之际，寔当天下之大义，无可复疑。……若先生不果留中，来镇东海，即容扁舟迎拜上虞、余姚之间，一吐十年之远悃。"① 由此看来，丘崈似有居朝堂的机会；此信充分流露出孙应时对丘崈再获起用的振奋之情。

嘉泰四年四月，时丘崈改知建康府、张孝伯兼参知政事已过两月，孙应时致书丘崈，说明自己处境好转："昨以磨勘，叨转一秩。六月旦，祠官已满。"② 在闲废多年后，孙应时终获朝廷"察其无罪，特与改正"。③ 楼钥在孙介、张氏的墓铭提到，孙应时"闲废累年，方权臣用事，不肯附丽求进"，族党颇以为劝，其母尝云"使吾儿失节以为养，不知粗粝之为甘"，有意强调孙应时并不攀附韩侂胄。④ 不过，时局转变确实利于孙应时，尤其张孝伯执政后的救援，

① 孙应时：《烛湖集》，卷7，《上丘文定公书（十二）》，页10下—11下。
② 孙应时：《烛湖集》，卷7，《上丘文定公书（十三）》，页12下。
③ 语出《祖开补官省札》，见《烛湖集·附编》，卷下，页16上。
④ 见楼钥：《承议郎孙君并太孺人张氏墓志铭》，收入《烛湖集·附编》，卷下，页11上。

是孙应时获得平反的直接助力。孙应时致函张孝伯，不仅表达感激之意，也追述自己的仕宦生涯与受困过程，对于人生转折满怀无限感慨："至于治剧之三年，窃亦尽心于百姓，横遭罗织，端有照临，久而卒挂于微文，皆云可矣。然且骤腾于缴论，意或使之公朝，一付于无私，薄命再镌而何愠。幸归蓬户，私咏兰陔，萧条菽水之不充，寂寞郊原之独往，事益久而既定，怀欲诉而尚差，姑妄意于祝釐，忽迎门而拜赐，山川安在，便如五峰双练之游，釜甑不空，奚啻一壶千金之济，是何特达，出自矜存。"对孙应时而言，自己能豁然雪冤，都是张孝伯所赐，"夙所知怜，念其前枉之甚明，岂使盛时之终弃，肆从奏拟，稍示洗湔"。[1]

然而，张孝伯却在嘉泰四年（1204）八月罢政，[2]不久逝世。孙应时在祭文中以自己的坎坷仕途为脉络，深刻而感性地叙述了孝伯的提拔照拂，乃至雪冤救命的过程："呜呼！士感知己，或轻一死，公之知我，又非他比……我宰琴川，公使过吴，采之道路，归腾荐书……我坐拙疏，不为身谋，受代辞行，掇怒郡侯。公居法从，力救不可，罗织炎炎，危于死祸……昭我素心，全我终身，望我国士，别我众人。我不自意，何以得此，胡能有报，期于没齿。公还自西，一拜仪刑，契阔三年，莫同死生。维公盛德，不可悉数。"[3]

----

① 孙应时：《烛湖集》，卷 2，《谢执政启》，页 13 下—14 上。
② 有资料指出，张孝伯被罢，与他认为北伐窒碍难行有关。见汝企和点校：《续编两朝纲目备要》，卷 9，页 162。
③ 孙应时：《烛湖集》，卷 13，《祭张参政文》，页 4 下—5 上。

张孝伯逝世后，丘崈仍然见用，宋廷也在开禧二年（1206）任命孙应时为邵武军通判。只可惜，孙应时未及赴任便病重逝世，享年五十三岁，结束了艰辛的宦海生涯。

（二）蜀政功绩重获肯认

孙应时逝世后，南宋政局急骤变动。先是四川发生吴曦叛变与被杀，继之韩侂胄被杀，开禧北伐失败；而史弥远则在韩侂胄倒台后，骤致高位，独相执政。在政局转换的过程中，宋廷从处理四川问题开始，逐步表彰孙应时的功绩。

开禧三年夏、秋，宋廷陆续检讨吴曦叛乱，一方面惩治叛乱分子，[①]一方面表扬不顺吴曦的四川有功人员，进阶资品，并犒赏可观的银帛数量。[②]早先韩侂胄为部署开禧北伐，一反宋廷原有压制四川吴氏的边防措置，却促成吴曦乘势叛变。这样的结果虽然证明了宋廷对四川吴氏的防范确有必要，但直到韩侂胄失势被杀后，朝野才重新肯定绍熙年间丘崈与孙应时消弭吴氏独霸蜀地的规划。尤其，北伐行动彻底崩溃后，丘崈善后得宜，但在嘉定元年（1208）八月丘崈未及登宰辅之位而骤逝，让他的功绩与声望再达高峰，宋廷朝野对丘崈与孙应时四川边防贡献的积极评价，无疑就此定调。

---

① 宋廷处置吴氏家族成员的文件，可见徐松辑：《宋会要辑稿》，《刑法》6之45—48；另见王智勇：《南宋吴氏家族的兴亡：宋代武将家族个案研究》，页237—249。

② 李心传：《建炎以来朝野杂记·乙集》，卷10，《诛曦将士共转三十万官资》《诛曦犒银帛数》，页659—660。

丘崈死后，时为签书枢密院事的楼钥撰挽词，称他："初拟文翁化，谁知怀远图。庙谟专制阃，世将易兵符。养虎竟遗患，断蛇由不殊。宁同死诸葛，空恨失吞吴。"又云："处事拘挛外，锄奸谈笑中。几年亡主将，全蜀赖唯公。畏爱盾衰日，清和夷惠风。屡书终不尽，诗意亦何穷。"①丘崈行状也明确指出他在四川的部署"革世将之患"，但因"权臣复以兵权畀吴氏，驯致逆曦之变"。②

对于早已逝世而家道中落的孙应时，宋廷则在史弥远丁忧至起复之际，予以表扬。首先是户部侍郎沈诜、刑部侍郎蔡幼学、给事中曾唤、吏部侍郎黄度、兵部侍郎戴溪、工部侍郎汪逵，共同奏请表彰孙应时的学问与为国弭患的忠诚，乞请甄录其后人。根据《烛湖集·附编》所收录省札，六人所上状文如下：

> 孙应时问学深醇，行义修饰，自游太学，已为士友所推。登科以来，栖迟州县，爱民洁己，声誉蔼然。故同知枢密院事丘崈任四川制帅日，辟为幕属，会吴挺疾，制帅遣应时至兴州审查军情，未几而挺死，应时即白制帅定议，差统制官权管本军，檄四川总领杨辅兼利西安抚，令本军听其节制。又为制帅草奏，乞别选帅材，以代吴氏。朝廷从之，以张诏为兴州都统，一方晏然。应时亲书奏检，犹藏

---

① 共四首，录二首于此。楼钥：《楼钥集》，卷86，《丘文定公挽词》，页1492。
② 徐自明原著，王瑞来校补：《宋宰辅编年录校补》，卷20，页1336。

其家。其后权臣专政植党，受逆曦厚赂，复令归兴州管军，果启僭谋，几失全蜀。虽皇灵远畅，天讨遂伸，然使朝廷坚守前议，不以西兵复付吴氏，则逆曦之变，自可潜弭。其安危利害，岂不大相绝哉！应时能裨赞制帅，虑患未然，以汉宣奖徐福之事论之，使应时尚存，固宜特加擢用。不幸应时赋分奇薄，自制属改秩，试邑常熟，已满三考，守臣以私意捃摭，竟坐台评，降官废弃。既而公朝察其无罪，特与改正，仅授邵武通判，未赴而死，泽不及子，家道穷空，缙绅皆悼惜之。今公道方开，一善必录，诜等切以为不可使应时之家，独有曲突徙薪，无恩泽之恨；欲望庙堂特赐敷奏，将应时优与甄录其后，以为体国效忠者之劝。

值得注意的是，蔡幼学《育德堂奏议》所收录的同一份状文，在"缙绅皆悼惜之"与"今公道方开"之间，多了"逆曦既诛，应时之母张氏尝投匦自列前事，而权臣掩讳纵遣，逆曦之罪匿而不行"之语。据此，可知在开禧三年（1207）年中左右，孙应时的家人已向朝廷提出请求，希望表彰孙应时对蜀政的贡献；然而，当时韩侂胄仍然用事，为了削减吴曦叛变对他的政治生命的损害，韩侂胄并无意承认应时的功绩。①

嘉定二年（1209）二月二十一日，沈诜等人的奏请有了结果：

---

① 蔡幼学：《育德堂奏议》，卷6，《白政府乞为孙应时推恩状》，页20下。

"三省同奉圣旨，特补一子（即祖开）下州文学。"[1] 州文学即州文字参军，为宋代十等散官之第九等，从九品，其官衔系所除州名。[2] 这个事件虽是所谓"嘉定更化"拨乱反正的一连串举措之一，也表示宋廷对四川吴氏势力政策转变的深切反省。对照嘉定元年（1208）九月，楼钥撰写孙介与其妻张氏墓志铭时，文中尚未提及宋廷表彰孙应时在蜀功绩；但到嘉定二年二月，平反却能泽及孙应时，或与史弥远有关。此年年初，史弥远虽然尚未正式起复任相，却已得宁宗信用，掌握实权。

（三）《宝庆会稽续志》孙应时小传与《烛湖集》出版

先是孙应时在蜀功绩重获宋廷肯定褒扬，接着，《宝庆会稽续志》也将孙应时生平事迹收入该书《人物志》，进而促成孙应时著作的整理出版，因而有《烛湖集》传世；这一连串事件或与史弥远对昔日师长孙应时的反馈有关。

《宝庆会稽续志》（以下简称《续志》）是接续《嘉泰会稽志》（以下简称《嘉泰志》）所续编的绍兴府方志。历来书目文献都著录《续志》作者为张淏，《续志》所收作于宝庆元年（1225）三月自序即题署以张淏之名。不过事实上，传世诸本还包括许多成书后续增补的资料。如卷二所列安抚、提刑、提举题名延续至于理宗最后的景定五年（1264），[3] 卷六的进士题名也持续增补至景定三

---

[1] 见《烛湖集·附编》，卷下，页 14 下　16 下。

[2] 龚延明：《宋代官制辞典》（北京：中华书局，1997），页 615。

[3] 张淏纂修：《宝庆会稽续志》，卷 2，页 29 上、42 上。

年。① 卷五《人物志》前序指出，旧志所载人物多属高级官僚，忽略了"行义""博洽"之人，且其中李光传记多误，因此新志多所增补，增加赵宗万、吴孜、齐唐、华镇、姚宽、姚宏及李光等人。② 其实，在李光传记之后，《人物志》所收人物小传还有王厚之、陆游、黄度、莫子纯、俞亨宗、潘畤和孙应时七人。另外，《续志》的目录列有七卷（第七卷为《杂记》与《拾遗》），③ 但正文却有八卷，第八卷《越问》为嘉定五年（1212）郡人孙因所撰，共十五章三千九十五字。④ 由此可见，《续志》是在张淏初编的基础上不断增补，明显超出原有规模与篇幅。更重要的是，自陈振孙《直斋书录解题》以降，各种书目文献都著录《续志》为八卷，据此可推知，自南宋传世至今的《续志》已非张淏原作。⑤

除各项题名，宋代新增内容中多属绍定元年（1228）前，显与当时担任知府的汪纲关系密切。汪纲先于嘉定十二年十二月任两浙东路提点刑狱；⑥ 十四年十二月任安抚使兼知绍兴府；直到绍定元年十二月赴京任职，在绍兴府任职前后十年。他在绍兴府的各项建设

---

① 张淏纂修：《宝庆会稽续志》，卷6，页17下。
② 张淏纂修：《宝庆会稽续志》，卷5，《人物》，页1上。
③ 张淏纂修：《宝庆会稽续志》，目录，页2上。
④ 张淏纂修：《宝庆会稽续志》，卷8，《越问》，页3。
⑤ 陈振孙原著，徐小蛮、顾美华点校：《直斋书录解题》（上海：上海古籍出版社，1987），页247。《续志》宋刻本曾一度亡佚，明人也曾于正德年间再行访求、搜罗，增补内容。见瞿镛：《铁琴铜剑楼藏书目录》（光绪三、四年〔1877、1878〕间常熟瞿镛罟里家塾刊本），卷11，页7下。
⑥ 张淏纂修：《宝庆会稽续志》，卷2，页24上。

与作为，在《宝庆会稽续志》各卷中多有详细记载；同时孙因所作《越问》亦多颂赞汪纲之语。有鉴于此，钱大昕（1728—1804）很早就提出《续志》与汪纲的关联。[①]《续志》卷五《人物志》增补的人物，尤其可能出自汪纲的主导，特别是潘畤与孙应时。孙应时之侄孙祖祐的《烛湖集》跋文是相当重要的证据：

> 宝庆丙戌（二年，1226）岁，越帅集撰大卿汪公纲，修《会稽续志》，采之乡评，载先叔父小传于《人物门》，仍访问遗文所存若干。

这段史料明确点出，在张淏书成并于宝庆元年撰写自序之后，汪纲继续"修《会稽续志》"。潘、孙二人长期在地方任职，宦迹并不显著，小传论及他们的"行义学识"，切合《人物志》序文标举的准则。其中，孙应时小传在增补杨简所撰的《圹志》之余，还加上叶适于嘉定七年（1214）为其侄祖祐的世友堂所撰写的诗文，强调"行义"的面向。值得注意的是，潘、孙二人都是道学门徒，并且都与史弥远关系密切。潘畤与朱熹、张栻、吕祖谦等道学家渊源甚深，而且是史弥远岳丈；孙应时也从学于陆九渊、吕祖谦、朱熹之门，更曾执史弥远兄弟教席。汪纲应深谙此中人际脉络，而将潘、

---

① 钱大昕著，杨勇军整理：《十驾斋养新录》（上海：上海书店出版社，2011），卷 14，页 317。

孙二人列入《人物志》。

至于《续志·人物志》前序没有提到的其余五人（王厚之、陆游、黄度、莫子纯、俞亨宗），则有共通特征，而若将前序所及人物并列观之，则可构成一连串遭秦桧、韩侂胄迫害的正人君子名录。陆游小传提及他忤抗秦桧，黄度与莫子纯则反对韩侂胄；其余三人的小传虽无这类记载，不过俞亨宗亦有忤韩事迹，王厚之与黄度则名列党禁名单；前序所提到的人物如李光、姚宽、姚宏、齐唐、华镇等人，也均曾因反对秦桧而遭不同程度的迫害。《续志》尤其强调李光反抗秦桧的事迹。李光生平事迹已见于《嘉泰志》，但《续志·人物志》序文则主张《嘉泰志》"李光事尤多舛误"，"故悉为是正而别见于兹"。《嘉泰志》李光传不过八百余字，《续志》则增至近两千字，大幅增加他与秦桧角力的细节。这种差异与侧重对抗秦桧的事迹，应不单是正误而已。陆游则是另一个特殊的例子。他与四明史家往来频繁，但陆游曾被认为党附韩侂胄，《续志》似乎有意为他掩盖。[①] 整体看来，除了与四明史家关系密切的潘畤、孙应时，《续志·人物志》意欲表彰被秦桧与韩侂胄迫害的正人君子的事迹，这与宁宗、理宗之际的宋金情势和史弥远主政的论调着实相互呼应。

孙应时著作的搜集整理与《烛湖集》出版，亦与汪纲和《续

---

① 张淏纂修：《宝庆会稽续志》，卷5，《人物志》，页1，关于陆游与韩侂胄的关系，参见前引朱东润《开禧北伐前后陆游的政治立场和他在作品中的表现》一文。

志》的《人物志》有关。正如孙祖祐跋文所示，在汪纲续补《人物志》时，孙家将辑集诗文荟萃为十卷，供作绍兴府修志的参考。[①]继而，时任浙西提举常平的孙应时弟子司马述"笃念平昔游从之谊，取而锓诸木"。在此过程中，孙祖祐将淳熙十二年（1185）孙应时"在东湖书院，手著《问思录》稿五十条、《通鉴摘义》稿三十条，为《经史说》稿一卷，祖父雪斋行状、墓铭，先叔父圹记，及《会稽续志》小传、从弟祖开补官省札为附录一卷"，重新抄辑，附于《烛湖集》。整个《烛湖集》的编辑与出版在宝庆三年（1227）完竣，由司马述撰序，[②]孙祖祐作跋。[③]孙祖祐在跋文提到，至于"其余诗文存稿，与门人所记《论语》《孟子》诸经口义，篇帙尚多，又当汇次为续集"。[④]《问思录》《通鉴摘义》及《论语》《孟子》诸经口义，当为孙应时在东湖为史弥远兄弟讲授之内容。像孙应时这样一个出身贫寒、长期在地方任职、浮沉基层的官员，竟然能先获得朝廷平反，继而与名贤大儒同列名于南宋重镇绍兴府的方志人物志中，最后又能在地方官长与后人合力下，将生前诗文汇为文集出版。前因后果现虽已无更详细具体资料可供参证，但在汪纲编写、征集的背后，可以想见孙应时旧日弟子、当朝宰相史弥远应当有相当的影响。

---

① 孙祖祐：《原跋》，收入《烛湖集》，页18。
② 司马述：《原序》，收入《烛湖集》，页1上—2上。
③ 孙祖祐：《原跋》，收入《烛湖集》，页18。
④ 同上，页18下。

四、小结

在史料不足的情况下，要讨论孙应时与史弥远的关系并不容易。史弥远是南宋史上的争议人物，向来与秦桧、韩侂胄及贾似道相提并论，被视为宰制南宋政权的邪恶"权臣"，负面形象深植人心。史弥远虽不至如其他三人被列入《宋史·奸臣传》，但同时期士人、《宋史》本传，乃至后世史家都认为他独揽宁宗、理宗二朝朝政长达二十六年，主持、促成与金和议政策，矫诏立理宗以致酿成济王案，是掀起晚宋政争的主要因素；而他压制清议，独断朝纲，与对付金蒙和山东忠义军失策，更被认为须对南宋亡国负重大责任。《四库总目提要》关于《烛湖集》评词即反映后人对史弥远的负面评价，此评断迄今不变，其间虽偶有翻案之论，史弥远奸臣形象仍难扭转，[①] 从而直接影响了后世对其为人施政，乃至南宋晚期政局的客观评估。[②] 在这样的情况下，或许值得探问：如果孙应时的诗文整理与《烛湖集》出版，不是成于史弥远掌权时期，而是在其逝世乃至历史地位定调后，则孙应时与史弥远的书信或其他资料，会呈现什么样貌？又或者，若无《烛湖集》，单靠其他孙应时传记资料，该如何了解孙应时与史弥远的师生情缘，以及这段师生关系

---

① 史美珩：《是奸相还是能臣：史弥远历史真相研究》。

② 笔者曾撰文呼吁学界重视南宋中晚期研究，提出的八个重要议题中，即建议仔细研究史弥远，并做出妥适的评价，作为了解南宋中晚期政治发展的重要基础。黄宽重：《"嘉定现象"的研究议题与资料》，《中国史研究》2013 年第 2 期，页 191—205。

所带来的转变和意义？

纵观孙应时一生，赴东湖书院担任史浩子弟教席的二年间，无疑是他人生的重大转折。孙应时不仅因此与史浩及史弥远、史弥坚互动密切，尤有甚者，在东湖书院，他既得与当时名宦、大儒、高僧交往，扩展人际关系，又得以精进多元学术，这段经历成为孙应时学宦发展的助益与资本。只是当孙应时正待开展仕进之途时，史浩已老，而史弥远兄弟尚致力于开拓自己的前程。史家父子在积极面未能襄助孙应时平步青云，在消极面也无力化解政局骤变下孙应时所面临的困局。反倒是与史氏有密切往来的丘崈，在出任四川安抚制置使时邀孙应时入幕，让孙应时突破仕进的困境，孙应时也协助丘崈达成压制吴氏势力的朝廷使命。

孙应时在蜀功绩一时受韩侂胄破坏，进而酿成吴曦叛变，对宋廷的内政外交均造成巨大冲击。在乱事弭平、与金和议后，宋廷为避免地方势力再起，于肃清吴氏残余势力后，再度肯定、落实丘崈早年的治蜀之策。史弥远当权后，宋廷借检讨四川政策，表扬中年早逝、家道中落的孙应时；汪纲更通过编修《会稽志》的机会，将远非高官名宦的孙应时载入《续志》的《人物志》中，进而促使孙氏家属搜集、编辑孙应时诗文，出版《烛湖集》，让孙应时事迹及其著作得以传世。从事实发展过程看来，史弥远的态度与意向理当发挥一定的作用。

结语 第八章

孙应时的生命故事

孙应时及其学友养成于南宋承平时期，然而在日后的学问与仕途发展中，却遭遇政治与道学复杂纠葛的急遽变动。他们的因应之道各自不同，因而分别谱写出曲折多变的个人生命故事，也交织出南宋历史场景中多数士人的命运图像。

赵宋政权渡过南迁初期的内外交迫，经历战火洗炼，终能与金缔和，使政局趋于平稳，进而有余裕重新开科取士，拔擢人才，重振文教建设。整个社会在休养生息之后，家族不论贫富贵庶，无不试图通过教育，追求举业、谋取功名，创造翻转命运的机会。可以说，孙应时是南宋政局稳定后推动文教与科举政策下的受惠者。在安定的大环境中，孙应时靠着家族三代耕耘与个人努力，以寒门之身，经由太学入仕，为家族创造起家的机运，为个人揭开仕途新里程。在太学期间，孙应时接触道学理念，更开启他师从道学名儒、追求生命价值的道路；兼顾学问与仕途遂成为孙应时理想人生的追寻目标。

不过，孙应时的出身却让他在耕耘学宦时，倍显艰辛与曲折。在求学业儒过程中，孙应时凭借着个人才学、父亲栽培与传道授业之机，克服家境的困难，建构起乡里人际网络，为余姚孙氏家族创造了起家契机。只可惜贫穷的家境以及不喜攀求的父教，让他在人际面的社会资源远不及四明史浩、楼钥、袁燮乃至其他世家大族的子弟。然而，南宋社会是个讲究关系的人情世界，这在以荐举决定官员升迁的宋代职官体制中，尤为明显。缺乏家世与社会资源的寒士，若希望仕途顺遂，除了靠自身才学、努力，更必须留心经营人际关系，争取官长支持。即便如此，宋代官僚体系员多阙少的现实仍让孙应时待阙候用之日多、真除实任之日寡，经济负担沉重。为弥补待阙期间职俸不足的窘境，孙应时先在家乡余姚和四明史浩家教授谋生；后为改善家计，更积极争取官职，甚至艰苦跋涉，远赴宋金边境的海陵任官，或毅然赴四川担任幕僚。

除了仕途路遥遥，道学学派之间的竞合也让孙应时在师从道学的历程中，迭有变异。宋代为弥补科举考试偏重文艺取人之弊，在京师设置太学，延请名师施教，希望通过教育选拔精英人才，太学遂成士人追求仕进兼而培养治事能力与学术理念的场域。南宋中期，道学延续北宋晚期发展，而有吕祖谦、张栻、朱熹、陆九渊等名儒出现，各自阐发理念、诠释经典，追随者众。名儒之间彼此尚能相互兼容，学术活动十分热络活跃。此时太学聚集众多追求典范的才俊之士，因而三年的太学生涯成为孙应时兼顾学宦发展的奠基时期。

在太学相对开放的环境下，孙应时和许多陆门子弟先后从学于张栻、吕祖谦和朱熹等人，甚至有转易他师的现象；却也逐渐遭遇学派间互相批评、各立藩篱，道学追随者因而陷入尴尬处境。不过，道学群体间的分歧与摩擦，多属义理见解层次，在朝政上仍同心协力，与近习、官僚抗衡，标举、落实道学理念。孙应时在遂安推动政务时，不论是讲学、立学祠、复学校、举行乡饮酒礼等，都在实践道化的理念；在史浩谒见孝、光二帝时，也恳言请其建议朝廷，停止打压道学。这时的孙应时处在学派分离、官僚攻讦下，依旧是积极推动教化的道学成员，其积极的表现和乐观的心情，与余英时教授笔下朱熹等道学群体在孝、光之际的际遇与作为，正相呼应，说明道学群体在学术上虽存在门派竞逐，在政治上则相互支持，谋共创得君行道的志业。

从遂安县令到出任丘崈幕僚期间，是孙应时开展宦途的重要阶段，也是他具体实践道学理念，却真切体认到学宦难兼的时刻。为突破乡里人脉的囿限，孙应时必须以自身的才能开拓仕进坦途；从太学入仕，乃至在黄岩、史浩家，都让他结交有志一同的学友同僚，及朱熹、楼钥、史浩、丘崈等名宦硕儒，对他致力学术与仕途的发展都有裨益，使他能在几经波折之后，出任独当一面的遂安县令。孙应时珍惜这得来不易的机会，因此勤于政务，以实际行动宣扬道学理念，和师友共同标举并勇于捍卫道学价值，表现他谋兼顾学宦的强烈企图心。然而，县政庶务繁杂，使他疲于应付，为了支撑家计，只能选择以追求仕进为主要目标。此时孙应时除了执守道学理念外，实质上已放弃学业上的精进。通过孙应时，可以窥见士人若出身寒门，在家族乃至社会资源不足之时，面对官场的激烈竞争，就只得选择以职涯为未来发展方向。孙应时毅然接受丘崈的招聘，远赴四川担任其幕僚，就是明证。四川的经历使他得摆脱选人，晋升京官，甚至死后获致褒扬，得以留名青史。因此，从遂安到四川之行固然曲折多变，却是孙应时一生中最顺遂且富有意义的时期。

然而，政局骤变接踵而至，孙应时的人生也随之由高峰坠落。从孝宗逝世到宁宗继统，南宋政局变动甚巨；随后赵汝愚与韩侂胄相争不下，更进一步将道学群体卷入这场漩涡。在孝宗朝，党派冲突如涟漪乍兴旋灭，氛围相对包容；以韩侂胄为主的新执政官僚主政后，一改包容作风，朝政对立激化。庆元党禁便是主政者以逆党之名对道学士人展开大规模的政治整肃，在政坛掀起惊涛骇浪。孙应时的许多师友都被冠上逆党之名而遭罢黜；孙应时本人虽未涉党禁，但原先支持甚力的师长或死或罢，奥援尽失，使他和学友直接面临政治的压力。在常熟知县任上，地方豪强盘踞错节，让他在县政处理上左支右绌，备受煎熬；道学党羽的阴影，更使他陷于孤立无援的困境中。为了因应现实环境以保全职位，孙应时一方面与师友保持距离，一方面不断寻求各级长官谅解、支持，甚至转而求助于新执政核心张孝伯与赵彦逾。此一转变，虽能化解一时的困局，却未必长期有效；孙应时最后还是因财赋交接等问题被劾罢，直至韩侂胄筹划开边才获平反，而否极泰来之际，孙应时却又骤然而逝。

孙应时的曲折一生投射出南宋中期同世代士人的生命故事。孙应时虽出身贫寒的士人家族，因受惠于宋廷的科举政策与相对发达的普及教育，才得以跃升官宦之家，进而追求学宦兼备；但在道学与政治纠葛且多变的环境中，仕历曲折。在南宋中期，和孙应时背景、遭遇与变化相似的学友不少，也有同样丰富、曲折的生命故事；由于《烛湖集》保留丰富的文献资料，可以谱写他曲折多变的一生。本书借着他的文集，进一步描绘他和学友的生命史，来刻画那个世代追随道学的中低阶层士人官僚共同的生命历程。

用书信谱写生命图像

孙应时是南宋中期中低阶层士人官员，也是道学追随者。在政治与道学纠葛的南宋星空中，孙应时只是绽放微弱光芒的渺小群星之一，在显宦名儒巨星闪烁争辉下，很难注意到他和众多同道学友的身影。孙应时与同时期诸多学友相较，事迹经历并不显著，何以今日我们仍能谱写他精彩跌宕的一生？这得益于其著作《烛湖集》在特殊政治与社会机缘下得以较完整保留下来。

《烛湖集》有着丰富多样的内容，这些内容记录的虽然只是平凡士人的学宦奋斗史，却也能从这样的角度去透析当时道学追随者面对政治变动所受的冲击和立身处世之道，可以说是了解孙应时和那个世代的一扇窗。通过《烛湖集》不仅可以清楚看到孙应时的生命图像、他与学友的互动以及时代际遇，更能从中对南宋中期政治文化的发展与变化有较完整的认识。从中低阶层士人如孙应时的生命故事，可以看到在少数名宦大儒如巨星相互争辉的光芒下，也闪烁着众多微小的星光，共谱繁富多姿的星空，而不是在黑夜笼罩时，空旷的大地只见探照灯式的巨大光束，此外一无所有。

《烛湖集》所收书信展现了如孙应时这样的中低阶层士人官员

的处境与观点，是相当珍贵而值得发掘的研究资料。在南宋文集中，书信类资料分量颇重，其表述方式与文体亦相当多样。一般而言，书、启、简、表等书信资料，有别于人物传记、序跋、题记等公开性的文字，私密性的成分较高，士人之间彼此传达对环境变化、职务升迁的意见与感受，较之其他史料更为深切、真实而直接。通过书信，人们能更充分掌握当时士人的人际关系与具体想法，对个人乃至群体可以有更全面的认识。目前，文集书信材料的重要性已受到学界的普遍重视，在研究上也有具体成果。书中所举余英时教授利用朱熹书信讨论道学群体在孝、光、宁三朝追求得君行道的努力与政争情况；许浩然利用《文忠集》中的书信资料，探索周必大在高、孝、光、宁四朝的人际关系与政治发展；平田茂树教授以魏了翁书信分析理宗朝政治与学术的纠葛、士人交流与生活状态；以及王瑞来以杨万里借书启为子侄亲友争取举荐书、祈求升迁等事例，都是利用广义书信类资料立论，以补旧说不足，开拓新的研究视野。不过，这些论著是专以名儒大臣的书信资料，就特定专题或特定时间进行研究，讨论范围比较短暂、片面，并未将书信与个人生命史有所联结，进行长期、多角度的观察。

孙应时《烛湖集》所收录书信，则呈现出另一种样貌。首先，通过书信，我们可以看到中低阶层士人如孙应时更丰富而完整的生涯起落。除了孙应时广泛的人际网络，更可以从《烛湖集》中勾勒出孙应时入仕后随着政治环境变化，所经历不同阶段的职涯、心情处境与转折。通过这些书信，我们得以描绘出一个出身贫穷的士人，凭借自身努力与因缘际会，追求学宦兼顾的理想，以及在现实环境中无法遂愿的挫折，乃至在政局变动的驱迫下，为寻求新助力在心情与动作上所做的调整。

其次，从追随道学中低阶官员的角度看问题，与名宦大儒视角有所不同。例如他与史家父子的关系、对史浩复出的期待、对史弥远仕进的关切，夹在朱陆之间关系的微妙变化、政局变动前后与丘崈关系与心情的转折，以及对政局频繁变动的期待与焦虑，乃至为摆脱纠葛，寻找新奥援的卑屈态度等，这些随时局而变化的书信内容，可以看到一个士人官员通过书信，表达他真切的看法与心情，其关切的议题、方式与心情，都与朱熹、周必大、杨万里、魏了翁等人侧重讨论朝廷大政与人事纠葛的书信内容，有明显的不同。

更值得重视的是，从《烛湖集》的书信，我们可以看到孙应时的学术倾向、行事风格，以及对时局观察的具体内容。例如在庆元党禁前后，他通过书信向吕祖俭、丘崈、朱熹等师友表达对时局变动的看法，即能添补往昔对庆元党禁认识的不足。从庆元党禁期间他对学友处境的关切，更看出他是从现实的角度，去劝慰身陷困境的学友的，而非对其进行道德性的批判。在孙应时的一生中，吕祖俭的家境性格与他相差甚大，却能结为至交，相知相惜。孙应时曾向朱熹坦承，自己在学问上受祖俭影响，虽遭到朱熹批判，仍不以为意；亦曾祝贺并分享吕祖俭面对的喜悦，也劝诫祖俭改变急切的气势与躁扰的态度。吕祖俭因严词批判韩侂胄而遭贬庐陵，应时有二封信，劝他闭门读书，低调行事，避免多言肇祸，这些文字都可看到他真诚待友的态度。^①好友石宗昭在庆元党禁期间，政治态度转变，被任为淮南转运副使，因此遭到朱熹讥评。当时孙应时身在常熟，处境虽然艰难，仍致信劝慰石宗昭尽心其职"以报国而及民"，对外界的批评"自靖而已"，不必太在意。^②对项安世的政治转向一事，孙应时也是抱持同情与谅解的心情，而不是责备。甚至对周南与王柟在开禧、嘉定政局骤变之际，官职任罢无常的处境，也寄予谅解。凡此都看到孙应时对处境相同的学友抱持的态度，与黄榦等人高悬道德标准，显有差别。

近年来，大规模的人物传记数据库在研究上所发挥的功效，逐渐受到学者的肯定。以资料库或集体的人物传记讨论人际关系与社会网络，能建构较完整的人际网络，在研究上具有优势；不过若要观察网络中个人之间的互动关系，必须落实在具体的事例中，才能呈现彼此的亲疏远近与情谊浓淡。我们从孙应时书信的内容所看到的，不只是数据、数量所表现的表象关系或频率；更是字里行间所显现的亲疏之分，以及这种亲疏关系随着时序推移的转变。这些面向呈现了人与人之间的温度，也就是根本的人性，并不是从数据库所得到的数据、数量所能展现的。同样的，书信所传达的真实感情在一般史籍或个人传记也难以窥见，这正是这类史料的价值所在。

---

① 孙应时：《烛湖集》，卷7，《答吕寺丞书（五）》，页17上—18下。
② 孙应时：《烛湖集》，卷5，《与石检详书（二）》，页19下。

阴晴乍变的政治环境与人际关系

在孙应时的仕进上，人际关系扮演了相当重要的角色。余姚孙氏经历二、三代的努力，到孙应时才得以脱农转儒，成功考上进士，如愿起家，跻身地方名族之列。然而，在争取仕进的道路上，影响因素相当多元，家世资产、个人资质、学术资源、社会资望各有重要性。孙应时的父祖辈固然通过教育，缔造乡里人际关系，但家境与乡里人脉对于孙应时日后仕进助益有限，因此孙应时必须靠个人的努力，开拓人际关系，弥补家族乡里资源的不足。从太学起各阶段，孙应时都勤奋任事，兼致学识，结交道学与官场上的师长，并与同道好友相互扶持。如在太学期间与同学师从陆象山，在学习道学的路途上相互砥砺。任黄岩尉的第一份官职，他与朱熹、楼钥、王柟等众多台州辖下的官员定交；而东湖书院二年教书生涯，不仅增进学术，与史浩父子感情深厚，并在其庇荫下，结合前两个阶段积累的人脉资源，逐渐建构出一个更有利于学宦发展的人际网络。

在激烈的仕途竞争中，人际关系所张开的大网助孙应时得以克服困难，出任遂安令，乃至得以赴蜀，襄助丘崈，进而获得推荐，奠下升任京官的机运。这张协助孙应时克服仕途难关的人际网络，是他靠自身才学与尽心政务辛苦编织而成，和王瑞来笔下杨万里及罗大经之父为其子侄亲友费心经营的人际关系，有很大差异。此时，虽然道学与执政斗争不断，但道学群体互助合作，气势正盛。在这一氛围下，孙应时虽是基层官员，却勇于揭示实践道学理念，力辟批判之说。得力于多年努力积累的人际关系，结合利于道学发展的稳定政治大环境，无论学术或谋事，孙应时身为道学群体一分子，均获肯定。可以说，孙应时从遂安令到四川的四年间，虽然有家事牵绊的困扰以及学宦难兼的遗憾，但人际关系的汇集助其成就事业，应是一生最积极进取的时期。

此后宁宗继位，政治斗争促使执政转易，原有人事架构瞬间翻转。赵汝愚及其执政团队与道学群体立场相近，本因定策之功而得志一时，后却因韩侂胄掌权而顿时遭贬抑。新执政者对道学群体扣以"逆党"大帽，进行政治整肃。面对突如其来的巨大变革，一时之间孙应时虽然未受牵累，但"道学党羽"之名阴影笼罩，却是莫大压力。从孙应时在知常熟县前后谨小慎微的处事态度，即能看出端倪；等到处境更艰困时，他也只能转向新执政核心，谦词求助以保全职位。从孙应时的经历，可以观察到家无恒产、社会资源薄弱的低层官员的困境。当遭逢无法掌控的外在政治巨变，既有奥援尽失，中低阶层士人官员为求适应变迁环境，只能发展多元人际关系，乃至不得不无奈与无助地选择转向祈灵以求存。

这种现象也说明，南宋中下阶层士人官员因缺乏名宦世家的煊赫背景，也不具备硕学大儒的学术影响力，只能在求学任官际遇中，凭己身之力以学问交流与宦历政绩积累声誉、建立人际关系，作为发展仕途的社会资本；但学问、政治实践与立基其上的人际关系，既可载舟亦可覆舟。孙应时自求学入仕以来所凝聚累积的师长、学友等人际资源，至庆元党禁时期反而成为仕途发展的负担，几乎有难以保身之虞。仅仅是避谈道学，尚且不足以免祸，身处官僚体系中下阶层的孙应时甚至需要转向以求存。不过，新的关系也只能缓解于一时，仍难逃遭罢命运。此后，由于朝廷政治路线频繁转变，孙应时尔后的命运与评价也随之起伏。韩侂胄为谋开边，丘崈与张孝伯出任要职，让他得以平反，甚至任官。北伐失败、韩侂胄被杀后，史弥远崛起，在史执政期间，孙应时虽已过世但转受褒扬，其传记得以列入《会稽志》中，著作也获整理出版。这一连串的转折，揭示政治路线转变，改变士人官僚的命运甚至历史评价。

在这场风暴中，项安世、周南、王柟等人的遭遇与孙应时类似；他们也都靠人际关系调整自己的心态，来因应现实环境的转变，虽然结果各自不同，但过程相近。以项安世为例，他早期受知于张栻、吕祖谦、朱熹、陆九渊等名儒，又因叶适、周必大的推荐，参与朝政；绍熙末，更与朱熹等朝中名士来往密切；后因卷入庆元党禁的风暴遭罢，处境艰辛，遂刻意回避师友。到韩侂胄倡议恢复，他转变立场支持恢复，因而受到重用，任方面重责。随着战况失利，韩侂胄被杀，他迅即遭劾、降职，甚而骤逝。周南则在庆元党禁中受到岳丈黄度牵连，被罢外放；后因叶适之荐，并与韩侂胄亲信钱象祖、卫泾关系良好，得以重返朝廷，参与恢复大业。韩侂胄被杀后，虽再与朝政，但触及敏感时政，及与顿失权位的钱象祖、卫泾亲近而被劾，乡居终老。道学色彩不显著的王柟，其仕途发展更和人际关系密不可分，尤与宰相钱象祖地位起伏紧密相连。王柟长期沉浮州县，庆元党禁初期，被党附韩侂胄而骤得大用的钱象祖提拔，入京任官。到党禁渐弛时，他反受钱象祖之累，被指为伪党"虚伪之徒";逮钱象祖罢相之政后,王柟又再度沉浮州县,无法一展长才。

孙应时及其学友经历庆元党禁至嘉定初年激烈的政治动荡,大大影响其仕途乃至舆论声望。由此观之,人际关系与士人的际遇乃至命运的转折,密不可分;但人际关系又受政治环境左右,政治生态既变,人际关系亦随之物换星移。从宁宗继位以来的十余年间,朝廷政治路线改易牵动着政策、人事,影响不仅巨大、迅速,而且反复无常。在这种充满不确定因素的政治环境中,人际关系所发挥的效益往往短暂,士人官僚的人际关系和因应世变之道更因而趋向多元、复杂。

现实政治骤然乍变,将众多追求仕宦与道学理念兼顾的士人官僚,掷入理念与现实的矛盾挣扎之中。在承平时期,士人在学术或政治立场各有所好,即便彼此意见歧异,仍多可各自择善固执;但当政局激越动荡时,身处官僚结构中下阶层者则易遭遇挫折,甚至需要谋求新的人际奥援以保全禄位,因而有在学术或政治立场上移步或转身的现象。对众多道学追随者而言,这种妥协是招致舆论非议的逆德憾事,一方面,部分人常因此对自己政治或学术的转向感到羞赧、难以调适;另方面,也有部分道学追随者选择屈就现实,并建构出自我论述,合理化自己在学问或政治立场的转身或移步。

然而若以后见之明爬梳历史轨迹,在学术思想上,自孝宗朝以来,道学各派别不仅在致治道的理想有别,在接触道学的早期过程中,道学追随者本亦多曾转益众师。在政局发展上,宁宗朝前半先有牵涉道学阵营与执政者之间的交锋，又有和战路线的反复转换。显见追求义理诠释上的"转益"与政治路线选择上的"转易"，都是南宋中晚期既存的事实，因此看待士人面对政局动荡不同的因应之道，基于个人立场而选择随境而安，我们应从更多元的角度去理解这样的现象，而非单一的道德批判。

在这层理解上，学界也有必要重新思考对南宋中晚期士人群体的认识。以庆元党禁为例，由于当时政治氛围对立尖锐，正反立场鲜明，参与者被集体化、意识化的倾向特别明显。自宋末《庆元党禁》一书问世以来，列入党籍碑的五十九人与攻击党人的三十六人，被视为两个对立集团。当前学界也普遍接受这样的观点，并常以"集团"或"意识"概念来评论这群士人。黄俊彦、程志华与高纪春的研究均建立在这份党禁名单的基础上，视两群体为对立的集团，分析比较二者出身、地位、人际关系；但这样的观点显然并未考虑现实环境与人际关系的交织，故而忽略不断改变的政治环境对个人的冲击，以及士人官员为因应政局变化而发展出各种处世的模式、策略。

近年来，学界对此提出不少修正观点，重新检视冲击南宋中期政局甚剧的庆元党禁与相关重要议题，包括伪学党籍提出的时间，以及党籍的真实性与列入党籍者的立场变动等。如李超提出，现存五十九人的党籍名单是批判前朝政策的产物。他认为，党禁解除后，李心传在朝廷党籍之上，另增添了部分士人官员，目的是将庆元党禁与元祐党禁联系起来，委婉批判韩侂胄等党禁制造者对道学的整肃。①余英时在其《朱熹的历史世界：宋代士大夫政治文化的研究》中曾论及个别道学成员立场转变的事例；邓小南研究反道学的重要人物何澹及其家族，也在论文中指出何澹虽被批评主导文饰伪学之禁，并为韩侂胄斥逐异己，但他之所以能在史弥远执政后免于被整肃，从而保全名声，除了得力于反对北伐，更由于何氏家族与朝野人士广泛交流，何澹个人则与杨万里、尤袤、楼钥、叶适等人关系良好。②此外，许浩然在其《周必大的历史世界》书中，关注周必大的人际关系及检讨"党籍"名单提出的时间，指出周必大在庆元年间回避与道学者谈论党禁之事，且依旧受到朝廷例行封赏，并未受到党禁的牵连，直到嘉泰元年（1201）二月才因吕祖泰上书而遭弹劾降官，但也很快复职，实难划入党籍名单中。③

　　这些研究说明，在世变之中，环境变化与人际关系深刻影响士人官僚的仕途与命运，同时揭示集团意识并未如想象中那样组织化且强固，对重新梳理南宋中期政局极有帮助。其实，结合本书所举道学追随者，包括孙应时、石宗昭、项安世、周南、王柟、王遇，乃至于叶适、黄度、吴猎等人，都可以看到他们的群体意识常屈就于现实，彼此日后遭遇也大不相同，很难视为"集团"。对于了解南

---

① 李超：《南宋宁宗朝前期政治研究》，第二章《庆元党禁的"虚像"》，页50—65。

② 邓小南：《何澹与南宋龙泉何氏家族》，《北京大学学报（哲学社会科学版）》50.2（2013），页113—130。

③ 许浩然：《周必大的历史世界：南宋高、孝、光、宁四朝士人关系之研究》（南京：凤凰出版社，2016），页207—230。

宋中期道学与政治的关系，本书研究仅是初步探索，未来还有很大的发展空间；若能突破既有认知框限，通过参与者个案，进行深度挖掘，相信可以进一步厘清南宋中晚期道学与政治的复杂关系。

在宋代，人际关系对士人的发展是个重要而复杂的问题，学界已有不少相关的讨论，既有研究多侧重婚姻发挥的作用，如柏文莉（Beverly Bossler）所著《权力关系：宋代中国的家族、地位与国家》一书尤具代表性。该书主要以两宋宰相家族与婺州地区地方精英家族为研究对象，提出宋代地方精英随着财富、教育，以及社会、亲属、姻亲关系与官品的改变而不断更新和重塑，并认为姻亲所发挥的功能较父系亲属更为积极。① 邓小南以两宋苏州士人家族，如朱长文与龚明之家族为例，研究士人家族交游、婚姻与政治变迁多元而复杂的关系。她的研究强调婚姻对家族发展的重要性，也指出这些地方家族与各方势力均有联系与互动，但在长期政争的变动中，仍能独立于激烈的党争漩涡之外，致力自身的事业与追求。②

与既有研究相较，孙应时及其学友的仕途际遇，却呈现出宋代社会人际关系更多元的面向。婚姻关系对士人宦途与家族发展的作用并未在孙应时三代中显现，孙家所恃以扭转家族地位的关键是教

---

① 柏文莉著，刘云军译：《权力关系：宋代中国的家族、地位与国家》（南京：江苏人民出版社，2015）。
② 邓小南：《宋代士人家族中的妇女：以苏州为例》，收入氏著《朗润学史丛稿》，页 279—317；《北宋苏州的士人家族交游圈：以朱长文之交游为核心的考察》，收入同书，页 372—413；《龚明之与宋代苏州的龚氏家族：兼读南宋昆山士人家族的交游与沉浮》，收入同书，页 414—447。

育——一个原本不属于士人群体的家族，借由接受教育，逐步进入士人交游圈，凭借几代努力，改变了家族地位——由此可见，教育在改变个人身份与家族地位中扮演了重要角色，而在士人养成与日后学问发展的过程中建立的师友关系，更影响着他们的命运与仕途。同时，对于遭卷入政治冲突漩涡的中低阶层士人官员而言，由于缺乏名宦世家的煊赫背景或财力支持，为避凶趋吉，他们必须采取多元而弹性的因应世变之道，但即便如此，仍旧祸福难料。

从道学与政治复杂纠葛的南宋中期，我们可以看到孙应时及其学友，追求学宦的过程、在政治变动中的遭遇、转变与最后命运。这些人的故事可以让我们了解少数名官大儒之外，更多士人官僚生命历程、夹在现实与理想中的冲突与妥协，以及个人理念与外在环境之间多重而复杂的关系，动态观察个人与群体之间的互动，相信可以丰富扩展现有对南宋士人与政治关系认知的理解。

后 记

选择孙应时为书题，超乎我的预定计划。关注到孙应时是源于对史弥远的兴趣；早在 1972 年着手写硕士论文时，我就觉得史弥远与济王案都是影响晚宋政治的主要课题，值得进一步探究。但对于这么具有争议性的问题，要梳理材料做好研究，在一定时间内是有困难的；关键的因素是题目大、资料零散、片段、难以统整。因此对这两个课题均仅涉猎而未深究。后来老友戴仁柱（Richard L. Davis）教授以四明史氏家族撰写博士论文，既对史弥远在宁、理两朝的政治角色有清楚的探讨，论点新颖且客观，自叹不如，遂不敢触及与史弥远有关的议题。此后，我像四海游侠般不断转换研究议题；但蹉跎了大半生之后，还是忘怀不了南宋中晚期，也忘不了史弥远。2006 年以来，陆续发表了若干环绕南宋中晚期历史的议题；2010 年撰写一篇名为"嘉定现象"的论文，呼吁学界重视南宋中晚期历史的研究；文中提出重新探讨与评价史弥远的作为与历史地位；却因缘际会地选择与史家关系密切但身家背景、宦途差距极大的孙应时为研究对象。我对孙应时的兴趣，源于《四库全书提要》。《提要》在介绍孙应时的著作《烛湖集》中说孙应时在仕途遭遇极大困难时，与他的学生柄国重臣史弥远似乎保持着距离；为了解开这一个谜，七年来我花了极多精力，探索、理解名不见经传的孙应时。

　　我企盼解开孙、史师生情缘之谜。初步探究资料之后，我发现要了解像孙应时这样低阶的士人官员，不论资料利用与讨论方式，都与以前不大相同；我必须先建构孙应时生平事迹的基本资料。存世的孙应时传记虽然有两篇，但篇幅不长，事迹简略，对了解孙应时无大助益；因此我采取最费时费心的做法，反复熟读《烛湖集》中的书文，并按年编辑，先厘清他各阶段的事迹及乡里、同僚、师友，作为研究基础。接着再请童永男兄协助查找相关人物的资料文献，建构这些人的经历、遭遇及与孙应时的关系，试图在变动的政治环境中去理解变化的因果关系，以呈现他们的生命世界。

　　《烛湖集》是研究孙应时的第一手史料。孙应时的事迹除《烛湖集》外均很零碎，因此研究的主要凭借就是《烛湖集》。我除了细读之外，又寻找不同版本，进行比较与补遗的工作；在读过"文渊阁四库全书"本及四川大学出版《全宋文》后，又从《永乐大典》中找到部分资料，就以为足够。2012年暑假，我去哈佛进行短期研究，好友包弼德教授（Peter K. Bol）让出他的研究室供我午休；我从他的书架上，看到陈荣捷院士巨著《朱子新探索》，书中收录史语所前辈，也是我博士论文口试老师黄彰健院士《象山思想临终同于朱子：孙应时与朱子及陆象山往来书信系年》的文章，文中引用部分孙应时与朱熹来往书信，辩论朱陆异同问题；这一说法与我先从陈来、束景南教授书中查找所得一致，让我十分惊讶。身为学生竟不知他撰写过此文，实在惭愧。其后与哈佛图书馆马小鹤先生闲聊，知道哈佛图书馆有一种清嘉庆八年静远轩刊本，但不在本馆。

一天后看到原书，惊见这个本子竟与文渊阁本内容有相当差异。请他代印其中若干部分，他说本书已数字化，将请傅斯年图书馆的同仁代转电子档；真是喜出望外。

返台后，急与傅斯年图书馆同仁联络。同仁提供拷贝电子档，并告知傅图就有静远轩藏本；这个事实让我心惊又心虚，惊的是辗转万里外，书原在自家里，自己托大，竟未将家当先行理清。若没利用这本书就发表文章，部分内容必与黄老师雷同，则学术伦理问题绝无法说清。这一惊让我觉得需要再细工慢耐，不必急就章。于是重新比勘文渊阁本与静远轩藏本，发现两个本子既有差异也有渊源；又通过在杭州的魏峰博士安排到浙江图书馆，借阅文澜阁本。知道文澜阁本的《烛湖集》系由丁丙补辑，内容与静远轩藏本并无差异；此外魏博士也提供文津阁本图版，让我有充裕的时间比较不同版本。

整理《烛湖集》之余，我在浙江省考古所郑嘉励研究员大力协助下，拜访上虞、慈溪、会稽、余姚、绍兴等地的博物、文管、文献机构，考察孙应时家乡的地理环境与家族祠堂等，向专家耆老请教；得到慈溪市志办童银舫与王孙荣二位先生的帮助，看到胡沂与孙应时两家的族谱，从中抄录到不少宝贵的资料。

搜集整理《烛湖集》与实地探访，有了较踏实的基础后，我依孙应时一生，择订若干与学术、时局、社会紧扣的议题，进行专题研究。由于孙应时在学习成长过程中与师友互动密切，而这些人后来也不同程度卷入政治漩涡中，因此，决定将际遇与孙应时相近的师友，一齐探究，希望能了解他们在南宋政治与道学纠葛中的处境、遭遇的应对方式，期有助于更全面地了解政治环境变化对士人官僚的冲击，特别这是一群学界较为陌生的道学追随者。因此把研究的范围延伸到同一世代学友，而非仅刻画一个锐志难伸的孙应时。

孙应时和他的学友，回应政治冲击的举措，各自不同，结果亦有别。其中部分人的抉择未必契合其师长的期待，评价也有出入；我对这些士人抱持着同情与谅解的心情，所以希望如实地反映史料的记录，以呈现真实世界里的现实人生，而不是悬着高的道德标准，揭露他们人生的阴暗面。

我曾因健康欠佳有过一段阴暗的人生。要写孙应时这本书时，曾自问会是最后一本著作吗？这七年来，我在教书、写作、服务的同时，更勤于锻炼身体；慢跑已是每天的功课，身心较以往更为舒畅、健朗，因此，可以很自信地说，我还有能力继续深耕、播种南宋历史的根苗。其中影响南宋中晚期学术与政治发展甚为密切却相当复杂的"庆元党禁"，很值得进一步利用丰富的文集资料进行较长期的探讨；近年来许浩然、李超也相继提出增补、修正旧说的新见，但这个议题涉及广泛，非一人之力于短期内能完成。因此，目前打算将研究焦点聚集于长期乡居、人脉宽广，能凝聚社会力量，从事大规模赈饥的大慈善家刘宰。相信未来在健康许可，增加与家人互动、含饴弄孙之余，仍能耕耘一直倾心恋恋的南宋历史，期能谱出满室花香。

在这个年近古稀之龄，尚能坚持写书的动力，若不是有浓厚的兴趣支撑、家人的支持和师友的鼓励，是很难完成的。因此，我为自己毅力高兴之余，更要感谢家人、师友无限的支持，特别是童永昌、郑嘉励、王孙荣、魏峰、马小鹤等诸友，在资料搜集、整理及编辑都具体协助；而一年来，从文稿改写成专书的过程中，邱逸凡与熊慧岚二人，为呈现更有系统的论述内容，耐心地协助我汇整、梳理与修订文稿，尽心费力地沟通、调整，才有如今的样貌。书稿送审期间又先后得到方震华、陈雯怡、张谷铭诸友的修订建议，以及二位匿名审查人巨细靡遗的指教，让我在最后阶段，重新检视、梳理、调整内容与文字，才有如今更为完整的样貌；单篇论文发表时，也得到许多匿名审查人赐教，得以稍减失误；师友的支持都使我满心感谢。科技事务主管部门多年来资助我的专书写作及相关研究计划，使我有能力请研究生担任助理；我服务的长庚大学及医院给予支持，以及台大出版中心游紫玲小姐的热忱鼎助，才得以完成本书的出版，谨致谢忱。最后，特别要将本书献给启迪、鼓励我学史的老师陶晋生院士、王德毅教授和已故的宜兰慧灯中学林忠胜董事长，表达衷心的感谢和感念。

　　当然，文章的成败得由我自己负责；为了让我仍有进步空间及提升南宋史研究的境界，真诚期待宋史学界的师友不吝批评指教。

 于台北南港

附录一： 文渊阁本与静远轩藏本《烛湖集》简介

一、《烛湖集》的流传与版本

如前所述，孙应时作为一位中年早逝的基层官员，因为与丘崈、史弥远的特殊机缘，以及南宋中晚期特殊的政局发展，使其事迹得以纳入地方志之人物志，其诗文也得以在理宗朝整理出版为《烛湖集》。孙应时侄孙祖祐先集十卷，后其门生司马述任浙西常平提举时，与孙应时另一侄子孙祖诒，将孙应时在东湖书院所编讲义，孙应时与父孙介圹记、小传，以及孙祖开补官省札，编成附录，共十二卷出版。^① 此后两《烛湖集》版本流传状况不明，至元代晚期编纂《宋史》，其《艺文志》著录《烛湖集》则是十卷本；^② 明初编纂《永乐大典》，《烛湖集》内容则被依韵分别抄入大典中。

《烛湖集》析入《永乐大典》以后，似未见刊本流传。《四库全书总目提要》云，《烛湖集》"年远散佚，久无传本。厉鹗作《宋诗纪事》仅于《吴礼部诗话》、王应麟《困学纪闻》、黄宗羲《姚江逸诗》内采掇数篇"。因此，四库馆臣只得从《永乐大典》中辑纂，重分成二十卷、《附编》二卷的《烛湖集》，大约为旧篇十之

---

① 孙祖祐：《原跋》，收入《烛湖集》，页 18；及司马述：《原序》，收入《烛湖集》，页 1 上—2 上。
② 脱脱总纂：《宋史》，卷 208，页 5376。

八九。①"文渊阁四库全书"本《烛湖集》系抄录自《永乐大典》，并无祖本，因此被视为现存唯一流通版本。四川大学古籍所编纂《全宋文》，即以"文渊阁四库全书"本为底本，参用栾贵明自《永乐大典》辑录四库馆臣失收的五条，并在栾文之外增收三条，排除诗词，编成十三卷孙应时文集。②

　　事实上，除了文渊阁本，目前尚有另一版本《烛湖集》可见于各大图书馆：嘉庆八年（1803）重刊之静远轩藏本《姚江烛湖先生集》。此本与文渊阁本同为正集二十卷、附编二卷，另有跋文五篇，分别由姚江学橡吴安世、邑人黄征肃、孙应时宗裔孙熙载、二十五世孙孙景洛及二十六世孙孙元杏撰文。依跋文内容得知，余姚人张羲年以国子监助教任四库全书纂修官时，抄录《烛湖集》寄孙氏族人珍藏，可惜遭窃。孙景洛、孙元杏叔侄得知文澜阁藏有此集，亟谋刊刻，乃以黄征肃转借邵晋涵抄录寄藏于张罗山宝墨斋的文集与文澜阁藏本相校正，而于嘉庆八年秋依阁本体例刊刻出版。③根据四川大学古籍整理研究所的调查，中国大陆与日本共有十三个机构收藏此刻本，共十六部；④加上笔者所见的哈佛大学燕京图书馆与台湾"中央研究院"历史语言研究所傅斯年图书馆馆藏，则目前至少有十五个机构收藏，十八部传世。

---

① 参见"文渊阁四库全书"本《烛湖集》，卷首《提要》，页 2。
② 曾枣庄、刘琳主编：《全宋文》第 289 册，页 368。
③ 见孙应时：《姚江烛湖先生集》（嘉庆八年重刊静远轩藏本），页 1 上—6 上。
④ 四川大学古籍整理研究所编：《现存宋人别集版本目录》（四川：巴蜀书社，1990），页 266。

二、文渊阁本与静远轩藏本的比勘

尽管静远轩藏本并非罕见，可惜四川大学古籍整理研究所编纂《全宋文》时，未持此本对勘其所采之文渊阁本《烛湖集》，因此学界尚不清楚二者差异，以及静远轩藏本的特点、价值。经逐一分别比勘史语所傅斯年图书馆与哈佛燕京图书馆之静远轩藏本与文渊阁本后，可知颇有值得进一步梳理、探究之处。本文谨先归纳出两版本间之六点重要异同：

（一）两个版本篇名错置，有五例。

1. 孙应时侄孙祖祐宝庆三年（1227）所撰跋文，文渊阁本置于卷20之末（页18），而静远轩藏本则附于司马述同年所撰原序之后（页2）。

2. 文渊阁本卷16《挽李资政》一文（页12下），静远轩藏本置于卷17，作《挽李致政》（页13上）。

3. 文渊阁本卷17六首五言长律，包括《上皇八十庆寿赦书至海陵，敬成三十二韵》（页16上—17上）、《送朱仲征使君赴阙》（页17上—18上）、《挽汪充之给事母程夫人》（页18）、《赵仲礼示达菴唱酬次韵》（页18下—19上）、《陪戎州范守阁倅饮涪翁溪纪事》（页19）、《祐侄赴乡举，吾家读书三世，至此侄才七人，作十八韵诲之》（页19下—20上），静远轩藏本均改置于卷20，页1上至4上（次序同）。

4. 文渊阁本卷19《制司诸都大会食》（页3上—4上），静远轩藏本目录注"缺"，但卷13《制司诸都大会食乐语》（页28）实即文渊阁本卷 19 之《制司诸都大会食》。

5. 二本《附编》卷上均附孙介诗二十首，孙应求诗十一首，孙应符诗十一首，但排列次序并不一致。

（二）静远轩藏本漏抄或失收，有八例。

1. 卷 10《余姚乡饮酒仪序》，文渊阁本"仪亦稍不同如六十、五十者坐立之别党"（页 1），此十六字，静远轩藏本内文中缺刻，而补于书眉（页 1 上）。

2. 卷 11《承议郎淮南西路转运判官方公行状》（方有开），文渊阁本有"亦所以厚廉耻之俗。上喜曰此可以戴"（页 16 下）十五字，不见于静远轩藏本（卷 11，页 13 下）。

3. 卷 14《用前韵感事》，文渊阁本（页 8 下—9 上）有二首五言诗，静远轩藏本目录有此目，但卷 14 缺收（页 6 上）。

4. 文渊阁本卷 15 五言诗《碧云即事》（页 9 下—10 上），静远轩藏本目录注"原缺"，卷 15 亦未见。

5. 文渊阁本同卷五言诗《沌中即事》（页 13 下—14 上），静远轩藏本目录注明"原缺"，卷 15 亦未收。

6. 文渊阁本卷 16《挽吴给事芾》四首（页 8 下），静远轩藏本只录一首，缺三首（页 7）。

7. 文渊阁本同卷《挽石应之提刑》四首（页 9），静远轩藏本录三首，缺一首（页 7）。

8. 文渊阁本卷 17 五言诗《武担山感事》四首（页 8 下—9 上），静远轩藏本内文只录三首，所缺补刻于书眉，并说"感事诗本用武担山韵作四首，书手脱落第一，至校对时削板已就，兹附存高眉，以便观览"（页7上）。

（三）文渊阁本漏抄或失收，而见于静远轩藏本者。

漏抄部分见于司马述原序。文渊阁本"今丞相鲁国公昆弟实从之游"之后接"述获在执行之列"（页1下）；但静远轩藏本"实从之游"之后，则有"诵集中诗文，可以想见当日传习之要指，期待之盛心……"等八十字（页1）。

文渊阁本缺收部分散见于卷13、19与《附编》卷上，而特别集中在卷13。见下：

1. 长侄祖祐为母设醮青词（卷13，页16下—17上）

2. 黄岩县祈雨青词（卷13，页17）

3. 启建道场疏（卷13，页17下—18上）

4. 送观音疏（卷13，页18上）

5. 龙母龙王祈晴疏（卷13，页18）

6. 祈晴迎龙王（卷13，页18下）

7. 诸庙祈晴疏（卷13，页18下—19上）

8. 慈福太后违豫祷诸庙疏（卷13，页19上）

9. 天申节开启疏（卷13，页19）

10. 满散疏（卷13，页19下）

11. 放生疏（卷13，页19下—20上）

12. 孝宗皇帝祥除启建疏（卷13，页20上）

13. 满散疏（卷13，页20）

14. 常熟县上方观音祈晴疏（卷 13，页 20 下）

15. 祈晴迎观音疏（卷 13，页 20 下—21 上）

16. 成都府祈晴疏（卷 13，页 21）

17. 谢晴送龙疏（卷 13，页 21 下）

18. 启建疏（卷 13，页 21 下—22 上）

19. 又（卷 13，页 22 上）

20. 又（卷 13，页 22）

21. 放生疏（卷 13，页 22 下）

22. 又（卷 13，页 22 下—23 上）

23. 启建疏（卷 13，页 23 上）

24. 满散疏（卷 13，页 23）

25. 又（卷 13，页 23 上）

26. 端庆节放生疏（卷 13，页 23 下—24 上）

27. 满散疏（卷 13，页 24 上）

28. 又（卷 13，页 24）

29. 黄岩县谢雨道场满散疏（卷 13，页 24 下）

30. 成都府祈雨疏（卷 13，页 24 下—25 上）

31. 又（卷 13，页 25 上）

32. 祝圣乐语（卷 13，页 25）

33. 王母祝圣乐语（卷 13，页 25 下—26 上）

34. 面厅乐语（卷 13，页 26）

35. 祝圣乐语（卷 13，页 27）

36. 王母队致语（卷13，页27下—28上）

37. 制司请都大会食乐语（卷13，页28）

38. 寄吴县主簿刘全之（卷19，页17）

39. 颜主簿觅书字次韵（卷19九，页17下）

40. 边头侦者言中原至幽蓟闻上皇遗弓多恸哭小臣不胜感愤成二十四韵（卷20，页4上—5下）

41. 司马令尹俨次韵（《附编》，卷上，页3上）

42. 司马道次韵（《附编》，卷上，页3下）

43. 司马县尉述次韵二首（《附编》，卷上，页3下）

（四）静远轩藏本增附朱熹答孙应时书八篇。

文渊阁本卷5收孙应时致朱熹书共十一篇，[①]不过没有收录散见于朱熹文集的八篇朱熹回书。静远轩藏本则将之汇集，附于孙应时致书之后，成为考订朱熹与孙应时乃至当时道学学侣互动关系的便捷史料。黄彰健教授因见静远轩藏本，得以撰写晚年朱陆关系之论文。[②]

（五）静远轩藏本于书眉指文渊阁本误录《永乐大典》之他人文章，共有六例，皆见于卷1。

一是《太守入境与文太师先状》（页12上），静远轩藏本书眉称"案《宋史·宰辅表》，淳熙以后，庆元以前，无文姓居宰执官

---

① 孙应时：《烛湖集》，卷5，《上晦翁朱先生书》，页1上—16下。

② 黄彰健：《象山思想临终同于朱子：孙应时与朱子及陆象山往来书信系年》。

太师，与应时时代前后不相及，篇中有洛土云云，疑为北宋人文字，《永乐大典》误编入此，今无别本可校，姑存之"（页 9 下）。

二是《迎韩相自洛西由阙判北京状》（页 21），静远轩藏本于书眉称"案《宋史》，崇宁元年韩忠彦自左仆射兼门下侍郎出知大名府兼北京留守。考《宋史·地理志》，庆历二年改大名府为北京。南渡后没于金，安得有判北京者？此状当必有误，今姑仍原本附考于此"（页 17 上）。

三是《迎蔡相自裕陵还阙状》（页 21 下—22 上），静远轩藏本书眉称"案《宋史》，元丰元年神宗葬永裕陵，以蔡确为尚书仆射兼门下侍郎，为山陵使，此篇云'祗奉祠于虞幄'，当指此事。应时生于南渡后。此状当必有误，今姑仍原本"（页 17 下）。

依上三项考证，则静远轩藏本未再说明之《迎文太师到阙状》（页 20 上—21 下）、《迎文太师入觐状》（页 21 上）、《迎韩相入阙召以南郊陪位状》（页 22 上），当均属抄录《永乐大典》时误收所致。

（六）静远轩藏本考订文集相关内容，或叙明其史料价值，共有四十二条。兹举十二例加以说明。

其一是卷 1《代请龙图阁学士左通议大夫致仕胡沂谥状》（页 7 下—9 上），静远轩藏本考订有四点：一，指出"案此状代胡沂之子搏所作。搏上此状后赐谥献简。考《宋史》沂本传作献肃，而施宿《会稽志》作献简，《余姚志》沂初谥章简，又以搏易谥献简，并附考于此"。二，"案此状当入奏疏类，集中无奏疏，故此篇不别为门类，列入状首"。三，"案《宋史》及《会稽志》，沂本传不载余姚县开国子食邑六百户云云，可以补其阙"（以上页 7 下—8 上）。四，针对"宣和诸生"则说"案《会稽志》，沂宣和末补太学，诸生围城之难，独闭户肆业如故。篇中宣和诸生云云即指此事"（页 8 下）。

其二，卷 1《答新成州宇文知郡子震状》（页 11 下—12 上），静远轩藏本称："案《宋史·地理志》，成州本属秦凤路。绍兴初，陕西地入于金，成州改隶利州路。篇中云关外偏州、国西要地，皆指成州而言。以宇文子震新有除命，故称新成州。"

其三，卷 4《上知平江府郑寺丞简》（页 7 下—9 上），静远轩藏本针对四封书简的第四简所提"此邑恶声，实亦特甚。二三十年，自今户部侍郎刘公著绩之后，无一令美去者"（页 8 下），称"案《宋史·刘颖传》，绍兴二十七年进士，知常熟县。陈峒反，取擒贼多颖计策，帅上其功，召监进奏院，光宗时权户部侍郎。应时时为常熟令，所指刘公即颖也"。

其四，卷 4《回杨总领简》（页 13 下—15 上）及《回京制帅贺交割简》（页 15 上—16 上），静远轩藏本均指出是孙应时代丘崈之笔，对"杨总领"即杨辅的考订称"考《宋史》辅本传，辅遂宁人，登进士甲科，召试馆职，由校书郎出知眉州，故此篇引相如、子云及下篇择西州之望云云，以辅本蜀人也"；又"案《宋史》辅本传，辅知眉州，累迁四川总领财赋，升太守少卿，仍为总领，故云'颛领西州，既四易节'"（页 14 上）。于"京制帅"即京镗，考订则称"案《宋史·京镗传》，四川阙帅，以镗为安抚使兼知成都府。铠到官，蜀以大治，召为刑部尚书。今案此数简代为之者即丘崈也，而《宋史》未详，附识于此"（页15上）。

其五，卷6《上史越王书》之十封孙应时致史浩信简（页1上—7下），静远轩藏本考订五条：第一条为孙应时第一信所提"书传"，考订称"《宋史·艺文志》云：史浩有《尚书讲义》二十卷，此所云书传当即此书"（页1上）；第二条系针对第三封信所记"以授遂安令三年次"，称"三年次句，谓需次须三年始授阙也，详见《上象山陆先生书》"（页2下）；第三条系针对第四信所记光宗复召的考订，称"案《宋史·史浩传》，除太保致仕，封魏国公。光宗即位进太师，不言有复召之命，据此可补《宋史》之阙"（页2下）；第四条即针对同信中"或只太社实当之否"指出"案浩子弥远，绍兴（案：绍兴当为绍熙之误）二年为太社令"（页3下）；第五条则是针对第五封信"道学"二字"自乙未岁流入太学"的考订，说"案《宋史》，朱子提举浙东常平，劾唐仲友，陈贾、郑丙相与协力攻之，道学、伪学之禁始，此事在淳熙九年，据此云自乙未岁流入太学；乙未为淳熙二年，当必有所据，而《宋史》失载，附识于此"（页4上）。

其六，卷7《上丘文定公书》之十三封孙应时致丘崈信简（页1上—10上），静远轩藏本考订四条：第一条针对丘崈"文定"谥号，说"案《宋史》，丘崈谥忠定，应时为崈幕职，当得其实。集中称文定，盖与史互异"（页1上）；第二、三条系针对第十二封信内容"大学"与"一卧十年"的考订，说"大学二字未详，考《宋史》，丘崈知成都进焕章阁直学士，故前书称阁学，大学或即阁学之讹，今姑仍原本，下仿此"（页8下），"案《宋史·丘崈传》，崈以谢深甫论罢，居数年复职知庆元府，庆元即今宁波府；故书中有一卧十年，及来镇东海等语"（页9下）；第四条针对十三封信"案《宋史·丘崈传》，宁宗时进敷文阁学士改知建康府，书中留都大府云云，当即指此"（页9下）。

其七，卷7《与项大卿书》（页15上—17上），是孙应时致同年进士项安世的三封信，静远轩藏本有二条考订：一是针对项安世"教授"之称，说"案《宋史》，项安世字平父，与孙应时同登淳熙二年进士，初召试除秘书省正字，迁校书郎。此称教授，当是初以教授召试除正字，而史失载之也"（页15上）；第二条针对第三信"得兄池阳之报"的考订，称"案《宋史》，平父为言者劾去通判重庆府，未拜，坐学禁久废，此篇词意当在此时，但池阳之报，寻复蹭蹬云云，池阳即池州，考平父初判重庆，不得云知府，后一知鄂州，未尝知池州，或未拜而罢，《宋史》遂失书之也"（页16下）。

其八，卷8《上少保吴都统书》（页4下—5上），静远轩藏本针对吴挺"少保""太尉"的官衔，说"案《宋史·吴挺传》，淳熙元年改兴州都统，十年加检校少保，绍熙四年以疾乞致仕，诏加太尉。此题称少保而书中称太尉相公，或应时视挺疾途中上此书已闻加授太尉之命，故书中称太尉，而编集时仍系少保旧衔，则后人之误也"（页5上）。

其九，卷8《与施监丞宿书》（页12下—14上），是孙应时致余姚县令施宿的二信，静远轩藏本有二条考订：其一称"施宿时为余姚县令，此二书皆为余姚事，集中有《义役记》，自载其始末，徐宗广《余姚志》亦未详，此可补地志之阙"（页 13 上）；另一条系针对第二信内容"光祐复土，越民方瘵，而有此役，能无骚动"的考订，称"案光祐即高宗宪圣慈烈吴皇后也，庆元元年加号光祐，三年十月崩，攒于永思陵"（页 13 下—14 上）。

其十，卷 9《福昌院藏殿记》（页 14 上—15 下），关于福昌院沿革，静远轩藏本称"案《余姚志》，福昌教寺，唐长庆四年建，宋祥符元年赐今额。以是记考之，福昌当为院，其始名永寿院，及绍兴后重建，俱失载。此可补地理志之缺"（页 14 上）。

其十一，卷 9《余姚县义役记》（页 19 上—20 下），静远轩藏本考订称"案《宋史·食货志》，义役始于乾道五年处州松阳县，自是在处推行，而此淳熙六年，台臣之奏以行之，未久即废，故有此奏，此可以补《宋史》之缺"（页 19 上）。

其十二，卷 9《南驿记》（页 20 下—21 上），关于南驿重建始末，静远轩藏本称"案《余姚志》，圆智寺齐永明元年建，宋建炎初毁，绍兴末重建。其改为南驿始末并南驿之名，《会稽续志》及《余姚志》俱失载，此可补地志之缺"（页 21 上）。

三、小结

以上是笔者比勘义渊阁本与静远轩藏本所提出之观察，虽然尚不涉及两种版本文字校对，不过从中已可理出若干具体的版本差异，以及静远轩藏本的特色。一是两种版本标题与内容错置的有五例，有同一卷内但次序不同者，亦有置于不同卷内者。二是静远轩藏本部分内容漏抄有八处，其中在目录中注明原缺有两处，六处是部分漏刻，唯其中两处内文漏刻但在书眉上补刻。三是文渊阁本漏收达四十三条，其中有三十六条内容属于"疏""乐语"等民间宗教，有六条是诗文；另，司马述序文亦漏抄八十字。以上仅比对两版本标题与内容，显示两个版本互有优劣，但静远轩藏本显然较为丰富。

在增补资料及校订上，静远轩藏本更能彰显《烛湖集》的学术价值。首先，朱熹回复孙应时书信八封，原分置不同卷内，此版本将其尽数汇集附刊于孙应时致朱熹书信后。借着二人书信往来，可以了解二人以及当时朱、陆与其他学派之间的互动，乃至学术与政治等多方面议题，是认识朱陆异同的重要文献；同时，对讨论宋代士人借书信传递讯息与双向意见沟通，也是相当珍贵的史料。其次，静远轩藏本虽抄录文渊阁本亦收的六篇文章，却指出均非孙应时之作，而是北宋人作品，为《永乐大典》误收。更重要的是，静远轩藏本考订人物、时间，并说明可以补《宋史》或《余姚志》记录之缺失，显现乡人与其后裔用心比勘，并彰显本书的史料价值，尤是静远轩藏本可贵之处。

尽管静远轩藏本《烛湖集》较之文渊阁本颇多善处，可惜迄今尚未出版，利用者少，而《全宋文》亦未以此书为点校底本或持之参校。经由本文讨论，希望能凸显静远轩藏本版本价值，使其更广为学界所知。

附录二： 孙应时书文编年与整理

一、孙应时生平与书文年表

公历	旧历	事迹		书文内容释略
		应时经历	重要事件	
1154	绍兴廿四年	出生		
1172	乾道八年	入太学，成为陆九渊门人	陆九渊中进士第	
1174	淳熙元年	与陆门学友伴吕祖谦游会稽		
1175	淳熙二年	三月，中进士第		《烛湖集》，卷16，页13，《挽曾原伯大卿》。哀悼曾逢。曾逢字原伯，曾几之子，李孟传之岳父。淳熙二年逝世。
1176	淳熙三年			《烛湖集》，卷20，页15，《挽邢邦用》。哀悼邢世材。邢世材，字邦用，会稽人，淳熙三年逝世。
1177	淳熙四年			
1178	淳熙五年	冬，获任黄岩县尉		

续表

公历	旧历	事迹		书文内容释略
		应时经历	重要事件	
1179	淳熙六年			《烛湖集》，卷3，页6下—7下，《上黄岩吕知县启》。当是到任前后所作。此吕知县不见于《嘉定赤城县志》与传世黄岩、台州方志。据《万历黄岩县志》卷4之县令名录，此吕知县当在范直与之前。又，此吕知县当为吕祖谦族人。
				《烛湖集》，卷11，页1上—5上，《宣义郎赵公行状》。赵伯淮行状。赵伯淮卒于淳熙四年九月四日，淳熙六年三月归葬黄岩。其子赵师渊请孙应时作行状，孙应时自云在黄岩任内。
1180	淳熙七年			《烛湖集》，卷19，页21下—22上，《挽徐季节先生》。应作于淳熙七年年初。徐庭筠，字季节，台州临海人，死于淳熙六年十一月六日，享年85岁。孙应时曾撰徐庭筠行状，然未传世。
			二月二日，张栻逝世	《烛湖集》，卷19，页14下，《闻南轩张先生下世感惋有作玉山建业谓汪公刘公也》。当作于张栻逝世后不久。

续表

公历	旧历	事迹		书文内容释略
		应时经历	重要事件	
1180	淳熙七年			《烛湖集》，卷 3，页 12 上—13 下，《上台守唐大著启》。致函新知台州唐仲友，似作于其到任之初。据《嘉定赤城县志》卷 9，唐仲友在淳熙七年十二月廿四日到任。大著，著作郎之雅称。
				《烛湖集》，卷 3，页 7 下—8 下，《上黄岩范知县启》。致函新任知县范直与，当作于其到任之初。据《嘉定赤城县志》卷 11，范直与在淳熙七年到任。
1181	淳熙八年		七月廿九日，吕祖谦逝世	《烛湖集》，卷 16，页 9 下—10 下，《哭东莱吕先生》。孙应时以门人身份作哀诗数首，当作于吕祖谦逝世后不久。
1182	淳熙九年			《烛湖集》，卷 13，页 2 下—4 下，《祭石南康文》。石墩（1128—1182），字子重，台州人，六月逝世家中，祭文应作于其后不久。
			七月，朱熹至台州赈灾	

公历	旧历	事迹		书文内容释略
		应时经历	重要事件	
1182	淳熙九年			《黄岩县尉题名记》，收入林表民：《赤城集》，卷4，页2。将离任所作。
				《烛湖集》，卷1，页16下—19上，《谢浙东张提刑诏关升状》《谢越帅王尚书希吕关升状》。函谢张诏与王希吕关升。当作于离任后不久。
				《烛湖集》，卷10，页23上—24上，《李生名字说》。似作于淳熙九年黄岩离任后不久。
				《烛湖集》，卷19，页9上—10上，《祭胡达材文》。胡拱，字达材，余姚人，本年八月逝世，祭文约作于冬季。
1183	淳熙十年	居乡教书		
1184	淳熙十一年	应史浩之请，讲学东湖	孙介因太上皇后庆寿恩，以承务郎致仕	
1185	淳熙十二年	十月，赴任泰州海陵县丞，40天后到任		《烛湖集》，卷13，页18下，《海陵县到任谒庙文》。初到任时所作。

续表

公历	旧历	事迹		书文内容释略
		应时经历	重要事件	
1186	淳熙十三年		孙介因上皇再庆，进承奉郎	
1187	淳熙十四年		七月前，司马俨到任海陵县令	《烛湖集》，卷3，页8下—9下，《通海陵司马知县俨启》。司马俨之子司马述为孙应时学生。
				《烛湖集》，卷10，页26，《海陵县斋不欺堂说》。作于淳熙十四年七月一日。
				《烛湖集》，卷3，页17下—18上，《答泰州顾教授启》。当作于海陵任上。据《崇祯泰州志》卷4、卷8，淳熙十五年有教授顾简，当即此人。又，《嘉庆扬州府志》与《道光泰州志》皆称顾简于淳熙十四年上任，姑系于此。
				《烛湖集》，卷9，页20上—22上，《泰州石庄明僖禅院记》。应作于海陵任上。
				《烛湖集》，卷8，页3下—4上，《与史同叔书（一）》。本信称史浩为太傅，可知在淳熙十三年正月后；信中又提到孙应时父尚在，则在十五年正月前。

公历	旧历	事迹		书文内容释略
		应时经历	重要事件	
1188	淳熙十五年	正月廿八日起，丁父忧	正月廿八日，孙介逝世	《烛湖集》，卷10，页6下—13上，《余安世斩蛊传》。作于孙介死后。
				《烛湖集》，卷6，页1上—2上，《上史越王书（一）》《上史越王书（二）》。史浩请应时补正《尚书讲义》。当在淳熙十六年正月以前。
1189	淳熙十六年		二月，光宗受禅即位	《烛湖集》，卷1，页5上—6上，《贺光宗皇帝登极代司马通判俨进文正公奏札表》。当作于淳熙十六年二月光宗受禅后，代司马俨写进表。时司马俨新任婺州通判。
				《烛湖集》，卷1，页9上—11上，《代请龙图阁学士左通议大夫致仕胡沂谥状》。于光宗即位而请。
				《代请陈詹事良翰谥状》，收入《宋会要辑稿·礼》58之113。代台州人陈良翰之子所作。乘光宗即位而请。
			四月，石斗文逝世	《烛湖集》，卷11，页5上—13下，《编修石公行状》。代石宗昭作从兄石斗文行状。

续表

公历	旧历	事迹		书文内容释略
		应时经历	重要事件	
1189	淳熙十六年			《烛湖集》，卷5，页2上—3上，《上晦翁朱先生书（二）》。信中提及石斗文过世，当作于本年四月后。
				《烛湖集》，卷16，页14上—15上，《挽潘德夫左司》。哀悼潘時。潘時，字德鄜（《烛湖集》皆作"德夫"），上虞人，淳熙十六年七月逝世。
				《烛湖集》，卷10，页24下—26上，《司马氏七子字说》。在司马伋新任婺州通判以后。
1190	绍熙元年	四月一日服除，即至临安探询新职		《烛湖集》，卷10，页4下—5下，《赠日者黄朴序》。作于绍熙元年四月以后。
		六月，获任遂安县令，待次三年		《烛湖集》，卷5，页3上—4下，《上晦翁朱先生书（三）》。信中已系绍熙元年六月廿二日。
				《烛湖集》，卷6，页2下—3上，《上史越王书（三）》。应作于绍熙元年秋后。

续表

公历	旧历	事迹		书文内容释略
		应时经历	重要事件	
1191	绍熙二年	正月月底，至四明拜见史浩		《烛湖集》，卷11，页13下—26下，《承议郎淮南西路转运判官方公行状》。方有开行状。此文当为代作。《宋人传记资料索引》称方有开逝世于淳熙十三年，然据《宋会要辑稿》，淳熙十六年二月廿四日方有开始罢，行状又称有开卒之明年，王蔺罢官，而蔺罢枢密使在绍熙元年十二月六日，则方当薨于十六年。
				《烛湖集》，卷9，页14下—15下，《慈溪定香复教院记》。作于绍熙二年正月三日。文中所述，发生于淳熙十六年至绍熙元年间。所谓"宗家固请"，或指孙叔豹。
				《烛湖集》，卷5，页21上—22上，《答潘太博书》。回信潘友端。内中有"灯夕""行日已迫"之语，因此当作于绍熙二年正月十五后。
				《烛湖集》，卷5，页22，《答潘宣干书》。回信潘友恭。作于《答潘太博书》之后。

续表

公历	旧历	事迹		书文内容释略
		应时经历	重要事件	
1191	绍熙二年			《烛湖集》，卷6，页3上—4上，《上史越王书（四）》。信中提及，将出发前往遂安，因此当作于绍熙二年二月十一日后。信中委请史浩，如有新任知严州，可事先通知。信中所云"太社"，指史弥远。
				《烛湖集》，卷5，页22下—23下，《与叶著作书》。致函叶澄。当作于绍熙二年二月十一日后，与上史浩第四书同时。据此信可知孙应时在本年正月月底至四明，造访史浩，因而获得史浩作于二月一日的赠序。接着孙应时即归余姚，准备启程。
				《烛湖集》，卷5，页18上—19上，《与石检详书（一）》。致函石宗昭。首书称"已而拜守滁之命"，石宗昭在绍熙元年十二月出知滁州；又称"某遂安偶成见次"，因此当作于绍熙二年二月间（春且暮）前后。

续表

公历	旧历	事迹		书文内容释略
		应时经历	重要事件	
1191	绍熙二年			《烛湖集》，卷6，页21下—22下，《与黄献之书》。致函黄献之。黄献之，未审何人。信中提到，去年取得遂安资格，待次三年，但突然必须启程，因此当作于绍熙二年春，即将前往遂安之前。信中提及，将此书给"良仲"过目，良仲即杜燁，黄岩人，嘉定元年进士，终东阳县主簿。初从石墪游，继师事朱熹十余年。学者称南湖先生，有《南湖文集》。
				《烛湖集》，卷7，页25下—26下，《答杜良仲》。回信杜燁。应作于绍熙二年春，可能与《与黄献之书》同时。
				《烛湖集》，卷5，页16下—17上，《与王子知书（一）》。致函王澡。王澡，字子知，宁海人，绍熙元年进士，待次山阴主簿。信中提到，"中夏抵临安"与将携母就道，系指赴任遂安事，因此当作于绍熙二年春。

续表

公历	旧历	事迹		书文内容释略
		应时经历	重要事件	
1191	绍熙二年	二月月底出发前往遂安		《烛湖集》，卷6，页4上—5下，《上史越王书（五）》《上史越王书（六）》。应作于绍熙二年三月、四月史浩造朝时。据《宋会要辑稿·礼》59之9，绍熙二年二月廿一日，有旨趣史浩入朝，而康熙年间所作《史浩年谱》则记载，史浩在三月、四月四度觐见光宗与孝宗。
		三月十八日，正式上任遂安县令		《烛湖集》，卷16，页18上，《到任谒庙文》。到任遂安时所作。
				《烛湖集》，卷6，页5下—6下，《上史越王书（七）》。初到遂安，当作于绍熙二年三月十八日以后。似乎史浩也为他事前打点。信中提到的敷文郎中指史弥正，千五三哥太社指史弥远。
				《烛湖集》，卷5，页4下—5上，《上晦翁朱先生书（四）》。绍熙二年三月十八日后。提及朱熹"既牧一州，又方奉行地政"，当指绍熙二年二月十八日朱熹与陈亮措置漳、泉、汀经界法。

公历	旧历	事迹		书文内容释略
		应时经历	重要事件	
1191	绍熙二年			《烛湖集》，卷7，页12下—13下，《答吕寺丞书（一）》。致函吕祖俭。当作于绍熙二年三月就任以后，春夏之际，此时吕祖俭方授籍田令。信中提到的江必东即江注，吕祖谦学生，有《祭吕祖谦文》。
				《烛湖集》，卷4，页4上—6上，《上沈运使简（一）》《上沈运使简（二）》《上沈运使简（三）》《上沈运使简（四）》《上沈运使简（五）》。到任遂安后，致意两浙转运副使沈诜。由第一简"正阳之月""为隶方新"，与第二简"梅溽"，可知前二简俱作于绍熙二年四月。
				《烛湖集》，卷2，页5下—7上，《上叶知郡启》。应是到任后致意知严州叶筹。
				《烛湖集》，卷6，页20，《与詹提干炎书》。致函詹炎，其为遂安人。信中自谦冒昧任令，可能作于遂安任上之初，乃结交地方士人之作。

公历	旧历	事迹		书文内容释略
		应时经历	重要事件	
1191	绍熙二年			《烛湖集》，卷6，页21，《与王孝廉书》。王孝廉，未知其人。此信在遂安任内。信中提到到任之初政务繁忙，又说"麦秋雨润"，当作于绍熙二年四月、五月夏中。
				《烛湖集》，卷6，页9上—10下，《上象山陆先生书（一）》。应作于绍熙二年七月、八月，陆九渊尚未任荆门军时。
				《烛湖集》，卷4，页6，《迎知严州冷殿院简（一）》。致函新知严州府冷世光。据《淳熙严州图经》卷一，绍熙二年十二月四日，冷世光到任。信中提及"孟冬"，当作于十月，可能系冷未上任前，先行通书。
				《烛湖集》，卷6，页6下—7下，《上史越王书（八）》。提及叶筹去官，而冷世光尚未确定来任。称冷为"副端"，即殿中侍御史。冷世光在绍熙二年十二月四日到任，因此当作于十月至十二月之间。

续表

公历	旧历	事迹		书文内容释略
		应时经历	重要事件	
1191	绍熙二年			《烛湖集》，卷5，页5上—7下，《上晦翁朱先生书（五）》。作于绍熙二年十一月之后，时已罢经界。朱熹回信，见《朱子文集·正集》卷54之《答孙季和（二）》。
				《烛湖集》，卷2，页11上—12上，《迎知严州冷殿院启》；《烛湖集》，卷4，页6下—7上，《迎知严州冷殿院简（二）》。应作于冷世光上任不久。
				《烛湖集》，卷5，页20上—21上，《与潘料院书》。致函潘友文。应作于绍熙二年冬。友文字文叔，号栎庵，金华人，時从子。
				《烛湖集》，卷12，页3上—4下，《宋秉彝墓志铭》。宋天则墓志铭。宋天则，字秉彝，应是遂安人。吕祖俭在孙应时到遂安时，来信提醒，可以结识天则。宋天则于绍熙二年十月廿五日卒，"明年某月日葬母所"。当作于绍熙二年年底。

公历	旧历	事迹		书文内容释略
		应时经历	重要事件	
1191	绍熙二年			《烛湖集》，卷13，页7下，《祭宋秉彝文》。
				《烛湖集》，卷7，页1上—2下，《上丘文定公书（一）》。回信丘崈。应作于绍熙二年。丘崈显有延揽之意。
				《烛湖集》，卷8，页8下—9下，《与莫侍郎叔光书》。谢莫氏荐书，莫叔光为莫之纯叔父，约于绍熙二年任吏部侍郎。提到去年调官、今春来兹，应是指任令遂安。因此，当作于绍熙二年，然月份难定。
1192	绍熙三年	元旦，于遂安县学设周程、张吕之祠		《烛湖集》，卷13，页17下，《县学告立周程三先生祠文》《告立张吕二先生祠文》。作于绍熙三年元旦。
				《烛湖集》，卷9，页10卜—12下，《遂安县学两祠记》。应作于绍熙三年元旦。文中提到曾经修学的前令赵君，未知其人。

公历	旧历	事迹		书文内容释略
		应时经历	重要事件	
1192	绍熙三年			《烛湖集》，卷5，页17上—18上，《与王子知书（二）》。信中提及春寒，又说自弱冠以来二十年、"置身尘埃"，显然尚在遂安县令任上。当作于绍熙三年春。
				《烛湖集》，卷8，页24，《与李郎中孟传书（一）》。回信李孟传，孟传为李光幼子。作于绍熙三年二月后不久。
				《烛湖集》，卷9，页12下—14上，《桐庐县重作政惠桥记》。作于绍熙三年闰二月一日。文中提到的孙叔豹为知桐庐县，沈诜为两浙运副。郑公即郑益，时为严州通判。
				《烛湖集》，卷10，页13下—14下，《跋淳安县学昌黎先生像》。作于绍熙三年闰二月十一日。
				《烛湖集》，卷6，页19，《答杜子真书》。信中提及"作邑一年"，当作于绍熙三年三月左右。杜子真，不详其人。

续表

公历	旧历	事迹		书文内容释略
		应时经历	重要事件	
1192	绍熙三年			《烛湖集》，卷6，页22下—24上，《与王君保书》。致函王定。信中提及"到官行亦一年"，当作于绍熙三年三月。
				《烛湖集》，卷10，页5下—6下，《送陈济叔序》。应作于绍熙三年三月。陈济叔，黄岩人，善相命。
				《烛湖集》，卷8，页4下—5上，《与史同叔书（二）》。信中提到任令遂安"已逾一考"，当作于绍熙三年四月左右。
			四月十四日，丘崈获任四川安抚制置使	《烛湖集》，卷9，页15下—17上，《遂安县三亭记》。自注作于绍熙三年四月廿四日。
				《烛湖集》，卷4，页7上—8上，《迎知严州冷殿院简（三）》《迎知严州冷殿院简（四）》《迎知严州冷殿院简（五）》。四简并非皆迎冷世光所作，且内容有异。第三、第四简请州暂缓催收赋税，应作于绍熙三年夏，即征收夏税之时。

续表

公历	旧历	事迹		书文内容释略
		应时经历	重要事件	
1192	绍熙三年			《烛湖集》，卷8，页19上—20上，《与丘机宜书》。应为丘崈之子，或即丘寿隽。当作于绍熙三年五月左右。
				《烛湖集》，卷7，页2下—3上，《上丘文定公书（二）》。回信答应入丘崈幕。当作于绍熙三年五月五日或六月九日后。
				《烛湖集》，卷5，页8上—9上，《上晦翁朱先生书（六）》。信中自述到官"十五阅月"，当作于绍熙三年六月左右。此信提到已答应丘崈所辟，将侍母西行，并询问朱熹意见。
				《烛湖集》，卷6，页7下—8下，《上史越王书（九）》。应与《上晦翁朱先生书（六）》同时，内容相似，只是并未询问史浩意见。
				《烛湖集》，卷8，页11下—12上，《与史开叔书（一）》。致函史弥坚。由于信中称其为抚干，当作于绍熙三年中。

续表

公历	旧历	事迹		书文内容释略
		应时经历	重要事件	
1192	绍熙三年	约在六月，离开遂安，前往临安		《烛湖集》，卷13，页19下—20上，《去任辞庙文（一）》。辞遂安令。当作于绍熙三年六月离任时。
			七月，泸州兵变	《烛湖集》，卷6，页18下—19上，《与池子文书》。致函池从周。本信提及林伯和（林鼐）已逝，可知此信不早于绍熙三年七月。（叶适载林鼐卒于绍熙三年七月庚午，但当月并无此日。）
				《烛湖集》，卷7，页3下—4上，《上丘文定公书（三）》。无法确知此信在何月，但孙应时应尚在临安。
				《烛湖集》，卷3，页5，《代胡崇礼通交代徐提干启》。胡搏，字崇礼。据《烛湖集》卷12之《胡提干圹记》，绍熙三年，胡搏任浙西提举茶盐司干办公事，后卒于任上，则徐提干当为胡之前任。此启当作于绍熙三年前往四川之前。

续表

公历	旧历	事迹		书文内容释略
		应时经历	重要事件	
1192	绍熙三年			《烛湖集》，卷6，页8下—9上，《上史越王书（十）》。信中提到，离开遂安后，孙应时曾至临安与史弥远见面，从而获得史浩鼓励书信。他本欲带母亲至四川，两兄不可，遂由妻子侍母东归，孤身前往四川。应作于绍熙三年七月后。
			秋，长兄逝世	《烛湖集》，卷7，页18下—19上，《与项大卿书（一）》。致函项安世。信中提及"荆门去年尝相聚否"，或者系问项安世有无会见陆九渊。陆九渊知荆门军在绍熙二年底至三年底，而本信写于秋天，或即绍熙三年秋。此处所谓过武昌，是入川路径。
		约在九月，与丘崈至成都		《烛湖集》，卷6，页10下—12上，《上象山陆先生书（二）》。已至四川，约在绍熙三年九月，经京口、荆州而至。
			十二月十四日，陆九渊逝世	《烛湖集》，卷13，页1下—2下，《祭象山陆先生文》。

续表

公历	旧历	事迹		书文内容释略
		应时经历	重要事件	
1192	绍熙三年			《烛湖集》，卷2，页7上—8下，《与李制干启》《通成都陈钤干启》《回卢钤干启》。应作于抵达四川之初。
1193	绍熙四年			《烛湖集》，卷7，页13下—14下，《答吕寺丞书（二）》。提及长兄与陆九渊已过世，应作于绍熙四年年初。
				《烛湖集》，卷8，页5下—6上，《上少保吴都统书》。致函吴挺，应是拜见吴挺前所作。吴挺于绍熙四年五月逝世，必作于此前。
				《烛湖集》，卷7，页22下—23下，《与赵太丞书》。致函赵师渊。当作于绍熙四年春夏之间。
			五月，吴挺逝世	《烛湖集》，卷13，页12，《祭兴元吴侯文》。当作于绍熙四年五月。
				《烛湖集》，卷7，页14下—15上，《答吕寺丞书（三）》。提及将在秋天离开四川与陈亮"得一第"，当作于绍熙四年五月、六月。

公历	旧历	事迹		书文内容释略
		应时经历	重要事件	
1193	绍熙四年			《烛湖集》，卷7，页19下—20上，《与项大卿书（二）》。当作于绍熙四年六月。信中提及项安世"登瀛洲"，指绍熙四年三月，项安世为秘书省正字。"边头虽失大将"，应指吴挺在五月过世。"宗臣"独任其忧，则指留正自六月一日出城待罪，朝政仅由赵汝愚主持。
				《烛湖集》，卷8，页9下—11上，《上杨侍郎王休书》。致函杨王休，乃是感谢给予荐书。信中提到"秋序犹浅，凉意未专"，当作于绍熙四年秋初七月左右。
1194	绍熙五年	三月左右，离开四川		《烛湖集》，卷7，页4上—5上，《上丘文定公书（四）》。辞任后启程东归，至嘉阳等待丘崈委托的家书。嘉阳，即嘉定府，距成都尚近，应作于三月。
				《烛湖集》，卷7，页5，《上丘文定公书（五）》。归途所寄，应刚过江陵。

公历	旧历	事迹		书文内容释略
		应时经历	重要事件	
1194	绍熙五年		四月五日，史浩逝世	《烛湖集》，卷5，页9上—10下，《上晦翁朱先生书（七）》。东归途中，在岳州巴陵（即巴邱），信中提到预计四月底可到家。朱熹此前曾有一信给他，即《朱子文集·别集》卷3之《孙季和（五）》。在信中，朱熹请孙应时转交信件给知夔州刘光祖，并希望孙应时调护丘崈与刘光祖的关系。孙应时回复已送达，也论及丘崈在四川政绩卓著。
				《烛湖集》，卷5，页10下—12上，《上晦翁朱先生书（八）》。提及"首夏已微暑"，当作于绍熙五年四月。信中提到，因逆风而行程延误。从《上晦翁朱先生书（九）》所谓"巴邱、金陵两拜状"，可知此信是在建康时寄出，尚未到家。
		六月，抵家		
			七月五日，光宗内禅，宁宗即位	

续表

公历	旧历	事迹		书文内容释略
		应时经历	重要事件	
1194	绍熙五年			《烛湖集》，卷7，页5下—6上，《上丘文定公书（六）》。提及光宗内禅，当作于绍熙五年七月后。此时已归家五旬。
				《烛湖集》，卷7，页15下—16下，《答吕寺丞书（四）》。提及光宗内禅与长兄未葬，以及"须往哭史魏公"，当作于绍熙五年七月、八月。
		九月，安葬长兄	九月廿八日，丘崈被罢	《烛湖集》，卷13，页5下—7上，《祭史太师文》。史浩于绍熙五年四月五日逝世。祭文当作于孙应时返家以后。
				《烛湖集》，卷5，页12上—13上，《上晦翁朱先生书（九）》。当作于绍熙五年十月、十一月。
		闰十月十九日，朱熹被罢		
				《谢庙堂启》，收入《永乐大典》，卷10539，页4上。孙应时为脱离选阶、晋通直郎所作，但时间不确定。

续表

公历	旧历	事迹		书文内容释略
		应时经历	重要事件	
1194	绍熙五年			《烛湖集》，卷18，页5下—6上，《和答吴尉俞灏商卿见赠因用韵送行》。约作于绍熙五年、庆元元年之际。
1195	庆元元年	春，至江阴拜见丘崇、至临安与吕祖俭见面		
		春，获任常熟县令，待次一年	二月廿二日，赵汝愚被罢	
			四月二日，吕祖俭被罢，韶州安置	
				《烛湖集》，卷7，页16下—17下，《答吕寺丞书（五）》。信中提到"常熟阙在明年春杪"，并称冬寒，又逢吕祖俭被安置，可知作于庆元元年冬。
				《烛湖集》，卷10，页26下—27上，《书赵清献公手记嘉祐六年廷试后》。作于庆元元年。赵清献公，即赵抃。

续表

公历	旧历	事迹		书文内容释略
		应时经历	重要事件	
1196	庆元二年			《烛湖集》，卷9，页17上—18下，《福昌院藏殿记》。作于庆元二年二月廿四日。
				《烛湖集》，卷8，页15下—16下，《与施监丞宿书（一）》。作于庆元二年将要赴任常熟之前。
				《烛湖集》，卷3，页10下—12上，《上提举李郎中启》；《烛湖集》，卷4，页12下—13下，《上李提举简（一）》《上李提举简（二）》。致函浙西常平使李唐卿。据《绍定吴郡志》卷11，李唐卿在庆元元年十月到任，二年三月致仕，以上当是赴任前所递。
				《烛湖集》，卷3，页13下—15下，《上平江守郑寺丞启》。致函知平江府郑若容。当是赴任前所递。
				《烛湖集》，卷4，页9上—11上，《上知平江府郑寺丞简（一）》《上知平江府郑寺丞简（二）》《上知平江府郑寺丞简（三）》《上知平江府郑寺丞简（四）》。应作于到任之初。

续表

公历	旧历	事迹		书文内容释略
		应时经历	重要事件	
1196	庆元二年			《烛湖集》，卷4，页12，《上何提刑简（一）》《上何提刑简（二）》。致函浙西提刑使何异。应作于到任之初。
				《烛湖集》，卷4，页11，《上韩提举简（一）》。致函浙西提举常平茶盐使韩邈，应作于到任之初。据《绍定吴郡志》卷11，韩邈在庆元二年三月到任。
				《烛湖集》，卷3，页9下—10下，《回常熟交代叶知县启》。致函前任知县儒林郎叶知几，应作于到任之初。
				《烛湖集》，卷3，页1下—2下，《回常熟傅知丞良启》。回信县丞傅良。应作于到任之初。据《琴川志》卷3，傅良于庆元元年三月到任。
				《烛湖集》，卷7，页6下—7上，《上丘文定公书（七）》。应作于庆元二年四月三日后。当时孙应时已至常熟，将视事。

公历	旧历	事迹		书文内容释略
		应时经历	重要事件	
1196	庆元二年			《烛湖集》，卷8，页20上—21上，《与丘少卿书（一）》。此丘少卿当系丘崈子。此信有"戍期既及"之语，似乎又要任官，且已是"明日当遂交事"，当作于庆元二年四月五日。
			正式上任常熟县令	《烛湖集》，卷13，页18下—19上，《常熟到任谒庙文》。当作于庆元二年四月六日正式上任后。
				《烛湖集》，卷7，页7上—8下，《上丘文定公书（八）》《上丘文定公书（九）》。上任数月间所作。
				《烛湖集》，卷2，页9下—11上，《上平江守虞殿院倅启》。致函知平江府虞俦，似在其到任之初所作。据《吴郡志》卷11，虞俦在庆元二年十二月到任。虞俦曾任监察御史，当为察院，不知何以称殿院。
				《烛湖集》，卷8，页16下—17上，《与施监丞宿书（二）》。内中提及将为海堤写记事，可能是庆元二年冬所作。

公历	旧历	事迹		书文内容释略
		应时经历	重要事件	
1196	庆元二年			《烛湖集》，卷12，页20上—21下，《胡提干圹记》。胡搏墓铭，作于庆元二年十二月。胡搏于庆元元年五月十九日卒，庆元二年十二月十五日葬。
				《烛湖集》，卷13，页10上—12上，《祭胡崇礼提干文》。
				《烛湖集》，卷8，页17下—18下，《与王郎中遇书》。致函王遇。应作于庆元二年前后。
		本年，修订常熟方志		《烛湖集》，卷5，页19上—20上，《与石检详书（二）》。称宗昭"都运提刑华文检详"。据涂小马《渭南文集校注》（卷39，页425），庆元二年，石宗昭以直华文阁出为淮南东路转运副使。又，信中称莫子纯为"莫签魁"。子纯亦于庆元二年任签书平江节度判官，当作于同年。
1197	庆元三年			《烛湖集》，卷7，页20上—21上，《与项大卿书（三）》。信中提到"去年初夏到官，今正一年"，可知当作于庆元三年四月。

续表

公历	旧历	事迹		书文内容释略
		应时经历	重要事件	
1197	庆元三年			《烛湖集》，卷3，页1，《回常熟姚知丞汝龙启》。回信新任常熟县丞姚汝龙。据《琴川志》卷3，姚汝龙在庆元三年四月到任。因此，当作于该时前后。
				《烛湖集》，卷2，页14，《回常熟曾县尉揆启》。回信新任常熟县尉曾逮。据《琴川志》卷3，曾逮在庆元三年六月到任，当作于该时前后。
				《烛湖集》，卷8，页6下—7下，《复赵观文书（一）》。回信赵彦逾。信中提到"去夏到官"已经上任一年又三个月，则知作于庆元三年七月左右。此信提及庆元元年春改秩、知常熟，待次一年。
		七月，于常熟县学设子游祠		《烛湖集》，卷2，页9，《回常熟赵主簿启》。回信新任常熟主簿赵彦侯。据《琴川志》卷3，赵彦侯在庆元三年七月到任，当作于该时前后。
				《烛湖集》，卷4，页11下—12上，《上韩提举简（二）》。祝贺韩逊在八月改任浙西提刑使。

续表

公历	旧历	事迹		书文内容释略
		应时经历	重要事件	
1197	庆元三年			《烛湖集》，卷8，页12上—13上，《与史开叔书（二）》。信中提到史弥坚为"府判直阁"，应作于庆元三年秋。
				《烛湖集》，卷8，页23上—24上，《与提举俞郎中丰书》。致函浙西提举茶盐常平使俞丰。据《绍定吴郡志》卷11，俞丰在庆元三年九月到任，四年五月除浙东提刑。又，信中提到"霜风始肃"。因此，当作于俞丰到任之初，秋冬之际。
				《烛湖集》，卷7，页17下—18下，《答吕寺丞书（六）》。信中自云"强勉试剧，行亦两年"，又说"郊霈后须取旨"，可知作于常熟令之后、郊祀礼之前，约莫庆元三年十一月以前。又，《宋史》云吕祖俭死于庆元二年，误，实则吕祖俭死于庆元四年。
				《烛湖集》，卷5，页13上—14下，《上晦翁朱先生书（十）》。应作于庆元三年冬。

续表

公历	旧历	事迹		书文内容释略
		应时经历	重要事件	
1197	庆元三年			《烛湖集》,卷8,页1,《上张参政书(一)》。致函张孝伯。书中称,常熟"二十年来积弊愈甚",而张孝伯在淳熙元年至淳熙四年任常熟县丞,以二十年计,当在庆元三年。
1198	庆元四年			《烛湖集》,卷7,页24,《上孙知府叔豹书》。据《宋会要辑稿·职官》74之4,孙叔豹在庆元四年新知荆门军。因此,当作于庆元四年春。孙应时即将面临再考。
				《烛湖集》,卷12,页21下—22下,《莫府君圹记》。莫及于庆元三年十二月十三日卒,庆元四年二月十六日葬,当作于庆元四年二月。
				《烛湖集》,卷8,页22下—23上,《与张提刑李曾书》。"李"字误,当为张孝曾。据《宝庆会稽续志》卷2,张孝曾于庆元四年正月五日除浙东提刑,四月廿七日除福建运使,当作于其间。

续表

公历	旧历	事迹		书文内容释略
		应时经历	重要事件	
1198	庆元四年			《烛湖集》，卷10，页18上—19上，《跋汪立义教童子诀》。作于庆元四年四月四日。
				《烛湖集》，卷8，页7下—8下，《复赵观文书（二）》。信中提到赵彦逾"决去为期"，而据《景定建康志》卷14，赵彦逾在庆元四年三月卅日乞宫观。因此，应作于庆元四年三月以后不久。
				《烛湖集》，卷2，页14下—16上，《上平江守刘宗丞启》。致函新任知平江府刘诚之，似在其到任之初所作。据《绍定吴郡志》卷11，刘诚之在庆元四年六月到任，五年六月除直敷文阁知夔州。似因平江府任内贪污被罢。
				《烛湖集》，卷9，页26下—28上，《客星桥记》。作于庆元四年八月廿七日。

续表

公历	旧历	事迹		书文内容释略
		应时经历	重要事件	
1198	庆元四年			《烛湖集》，卷12，页14下—16下，《宜人史氏墓志铭》。史浩之女墓铭，夫李友直为孙应时同乡、同年。史氏于庆元三年八月十二日逝世，四年九月廿六日葬，当作于庆元四年九月以前。
				《烛湖集》，卷13，页5，《祭吕子约寺丞文》。当作于庆元四年九月以后。
				《烛湖集》，卷8，页13上—14上，《答王郎中闻礼书（一）》。王闻礼，王十朋子，同为丘崈幕僚。王闻礼在庆元四年十月知常州。因此，当作于庆元四年底。信中已述及来自州府的压力。
		本年，子祖开出生		《烛湖集》，卷8，页1下—3下，《上张参政书（二）》《上张参政书（三）》。时知平江府为刘诚之。
1199	庆元五年			《烛湖集》，卷8，页5，《与史同叔书（三）》。作于庆元五年二月左右。

续表

公历	旧历	事迹		书文内容释略
		应时经历	重要事件	
1199	庆元五年			《烛湖集》，卷8，页24下—25下，《与李郎中孟传书（二）》。作于庆元五年二月左右。
				《烛湖集》，卷7，页24下—25下，《寄周正字书》。致函周南。作于庆元五年三月左右。
				《烛湖集》，卷8，页14，《答王郎中闻礼书（二）》。应作于庆元五年春。
				《烛湖集》，卷5，页14下—16下，《上晦翁朱先生书（十一）》。应作于庆元五年三、四月间。
		四月，任满		《烛湖集》，卷1，页14下—15下，《谢刘守升陟状》。任满时函谢刘诚之，应与资历升等有关。
				《烛湖集》，卷1，页15下—16下，《谢虞提刑升陟状》。任满时函谢虞俦，应与资历升等有关。
				《烛湖集》，卷3，页6，《通交代朱宰启》。致函接任者朱焘，催促上任。应作于庆元五年四、五月间。

续表

公历	旧历	事迹		书文内容释略
		应时经历	重要事件	
1199	庆元五年			《烛湖集》，卷7，页8下—9下，《上丘文定公书（十）》。信中提到"前月初六"已满考，则此信当作于庆元五年五月十日前。信中，孙应时还提到自己必须待到六月。
				《烛湖集》，卷7，页21上—22上，《与王秘监书（一）》。致函王楠。王楠，字木叔，时监进奏院。当作于庆元五年六月左右。信中提及"为代者所掯，新使君非素知，以此留，未得去"。由此可知，新任常熟县令朱焘与之纠缠，以致不能立刻离任。据《绍定吴郡志》卷11，新使君或指知平江府赵不艰，或提刑朱致知（四月到任），提举任洙（六月到任）。
		六月，离任		《烛湖集》，卷13，页20，《去任辞庙文（二）》。当作于庆元五年六月离任时。

续表

公历	旧历	事迹		书文内容释略
		应时经历	重要事件	
1199	庆元五年			《烛湖集》，卷7，页9下—10下，《上丘文定公书（十一）》。作于庆元五年"秋冬之交"。信中再度提及王定，此时王定在丘崈门下。称丘崈为"观使"，系因丘崈已重领祠禄。孙应时在此信自云"坐窃祠廪"，显亦已得官观。
				《烛湖集》，卷2，页13上—14上，《谢执政启》。当是取得祠禄官而函谢时宰。应与《上丘文定公书（十一）》相去不远。
				《烛湖集》，卷8，页18下—19上，《答常郎中褚书》。常褚，字叔度，临邛人。据《万历绍兴府志》卷28，常褚在庆元五年上任余姚县令，本文当作于孙应时卸任常熟返家之后。
				《烛湖集》，卷9，页23上—25下，《余姚县义役记》。作于庆元五年，当在孙应时返家之后。

续表

公历	旧历	事迹		书文内容释略
		应时经历	重要事件	
1199	庆元五年			《烛湖集》，卷17，页18，《挽汪充之给事母程夫人》。汪义端，字充之，庆元五年八月知绍兴府，是月丁母忧。因此，当作于此后不久。
1200	庆元六年		三月九日，朱熹逝世	《烛湖集》，卷13，页1，《祭晦翁朱先生文》。朱熹逝世于庆元六年三月九日。当作于其后不久。
				《长洲县社坛记》，收入《吴都文粹续集》，卷12，页11上—12下。作于庆元六年八月。文中"九年四月"，应为"四年九月"之误。
				《烛湖集》，卷20，页1下，《送赵简叔满秩归闽》。赵彦侯，字简叔。据《琴川志》卷3，其于庆元六年八月卸任常熟主簿。当作于此时左右。
1201	嘉泰元年			《烛湖集》，卷7，页22，《与王秘监书（二）》。信中提到"前年冬杪，自吴得归"，又说"六月极暑，未秋已凉"，可知作于嘉泰元年六月。

公历	旧历	事迹		书文内容释略
		应时经历	重要事件	
1201	嘉泰元年			《烛湖集》，卷12，页18下—20上，《莫府君夫人墓志铭》。莫友（当为莫叔光族人）之妻叶氏墓铭。叶氏于嘉泰元年八月十日卒，同年十一月十三日葬。当作于嘉泰元年十一月之前。
				《烛湖集》，卷12，页4下—6上，《孙承事墓志铭》。孙洋墓铭。其于庆元四年九月廿六日卒，嘉泰元年十二月八日葬。当作于嘉泰元年十二月之前。
				《烛湖集》，卷12，页22下—23下，《宜人闻人氏圹记》。赵师龙之妻闻人氏墓铭。闻人氏于嘉泰元年九月六日卒，十二月八日葬。当作于嘉泰元年十二月之前。
				《烛湖集》，卷13，页14上—16下，《祭表侄莫幼明秀才文》。应作于嘉泰元年。
				《烛湖集》，卷20，页1下，《简叔自临安之官鄂渚专书问讯多寄近作以诗谢之用前岁赠别韵》。赵彦侯赴任鄂州法曹。应作于嘉泰元年。

续表

公历	旧历	事迹		书文内容释略
		应时经历	重要事件	
1202	嘉泰二年			《烛湖集》，卷10，页15下—16上，《跋司马家藏薛绍彭临宝章帖》。作于嘉泰二年九月；此时司马伋已死。
				《烛湖集》，卷10，页15，《跋王献之保母帖》。文中云，嘉泰二年发掘此帖，姑系于本年。
				《烛湖集》，卷10，页3下—4下，《卢申之蒲江诗稿序》。卢祖皋，庆元五年五月曾从龙榜进士。文中依序提到卢祖皋中第、至常熟拜见孙应时、"居三年"而卢祖皋寄诗稿。当作于嘉泰二年。
1203	嘉泰三年			《烛湖集》，卷12，页24下—25下，《太安人方氏圹记》。赵伯拜之妻。方氏于嘉泰元年九月廿三日卒，三年正月十二日葬。当作于嘉泰三年年初。
				《烛湖集》，卷12，页1上—3上，《方巡检墓志铭》。方宗升墓铭。其于庆元六年十二月七日卒，嘉泰三年九月十九日葬。当作于九月之前。

续表

公历	旧历	事迹		书文内容释略
		应时经历	重要事件	
1203	嘉泰三年			《烛湖集》，卷12，页10上—12上，《茅唐佐府君墓志铭》。茅宗愈墓铭。其于嘉泰三年正月十七日卒，"十月乙酉葬"。然当月无乙酉，或为己酉（十四日）之误。当作于十月之前。
			十月，张孝伯同知枢密院事	《烛湖集》，卷12，页6上—8上，《王迪功墓志铭》。王永富墓铭。其于嘉泰二年十二月九日卒，嘉泰三年十月十四日葬。因此，当作于十月之前。
				《烛湖集》，卷12，页23下—24下，《宜人宣氏圹记》。赵彦绳之妻。宣氏于嘉泰二年五月廿一日卒，三年十二月八日葬。因此，当作于十二月之前。
				《烛湖集》，卷7，页10下—11下，《上丘文定公书（十二）》。当作于嘉泰三年年底。
				《烛湖集》，卷8，页21上—22上，《与丘少卿书（二）》。提及丘崈起复，应紧接在《上丘文定公书（十二）》之后。

续表

公历	旧历	事迹		书文内容释略
		应时经历	重要事件	
1203	嘉泰三年			《烛湖集》，卷9，页18下—20上，《法性寺记》。应作于嘉泰三年。
				《烛湖集》，卷16，页21，《挽王知复书监》。王知复为王远之子，字中行，原注嘉定三年，当为嘉泰之误。
1204	嘉泰四年			《烛湖集》，卷18，页8下，《送明守黄子由尚书赴召》。黄由，字子由，嘉泰四年二月一日赴召。因此，当作于一、二月之际。
				《烛湖集》，卷10，页17上—18上，《跋赵叔近遗事》。作于嘉泰四年二月五日。
			四月，张孝伯兼参知政事；丘崈起复，知建康府	《烛湖集》，卷8，页15，《答王郎中闻礼书（三）》。王闻礼嘉泰四年六月九日就任江东转运，此信或作于嘉泰四年三、四月。
		六月一日，祠官已满		《烛湖集》，卷7，页11下—12下，《上丘文定公书（十三）》。信中提到，丘崈已任留都二月，又自云"六月旦祠官已满"，可知作于嘉泰四年六月。

续表

公历	旧历	事迹		书文内容释略
		应时经历	重要事件	
1204	嘉泰四年		八月，张孝伯罢	
				《烛湖集》，卷12，页8上—10上，《李叔文墓志铭》。李友仁墓铭，李友直之从弟。其于嘉泰四年八月卒，十二月十八日葬，当作于十二月之前。
				《烛湖集》，卷9，页25下—26下，《南驿记》。文中提到赵善湘任令之第三年，当作于嘉泰四年。
1205	开禧元年			《烛湖集》，卷12，页12下—14下，《茅从义墓志铭》。茅宗明墓铭。其于嘉泰三年十月二日卒，开禧元年正月廿七日葬，当作于正月之前。《烛湖集》卷8有《茅季德回李氏定侄女书》，即此人。
				《烛湖集》，卷12，页16下—18下，《戴夫人墓志铭》。高公亮之妻，丰谊之外甥女。戴氏于开禧元年九月八日卒，文中称将于开禧二年正月葬，当作于开禧元年下半年。高公亮，字和叔，余姚人，材子。师事诸葛千能，从淳熙间诸长者游，咸嘉其志业。

续表

公历	旧历	事迹		书文内容释略
		应时经历	重要事件	
1205	开禧元年			《烛湖集》，卷12，页25下—26上，《戴夫人圹记》。即高公亮之妻。孙应时受胡卫（即前闻人氏之婿）所托而作。
				《烛湖集》，卷10，页1上—2下，《余姚乡饮酒仪序》。赵善湘嘉泰二年知余姚县，开禧元年通判婺州，本文称四年前常裓离任，可知赵善湘至多在余姚四年。以嘉泰二年计，此文宜在开禧元年春。查《万历绍兴府志》，余姚知县依序为施宿（庆元二年至）、常裓（庆元五年至）、赵善湘（嘉泰二年至）。
				《烛湖集》，卷13，页4下—5上，《祭张参政文》。祭张孝伯。张孝伯当卒于开禧二年二月孙应时逝世以前。祭文有云，张孝伯自西还家，孙应时曾与之会面，事隔三年而孝伯卒。据《嘉定镇江府志》卷15与《嘉靖萧山县志》卷5，张孝伯于嘉泰二年自隆兴府东徙镇江府，或即此时。若然，则张孝伯当卒于开禧元年。据祭文，此时孙应时案件已了。

续表

公历	旧历	事迹		书文内容释略
		应时经历	重要事件	
1205	开禧元年			《烛湖集》，卷 9，页 22 上—23 上，《兰风酒库厅壁记》。文中提到汀州使君曾乐道即曾槃，《八闽通志》载开禧初知汀州。因此，当作于开禧初。
				《烛湖集》，卷 6，页 16 上—18 下，《与俞惠叔书》。似作于开禧年间。
1206	开禧二年			《烛湖集》，卷 10，页 16 上—17 上，《跋傅给事谏吴应诚使三韩书》。作于开禧二年正月。
		二月廿三日，逝世		
1207	开禧三年	十月廿五日，母张氏薨		
1209	嘉定二年	二月廿一日，子祖开补"下州文学"		

二、代作

《烛湖集》所收录贺节表，均是代替守臣所作，且地点都在四川，或即代丘崈所作。

《烛湖集》，卷 1，页 12，《贺范提刑交驰状》。

《烛湖集》，卷 1，页 13，《与夔路赵安抚交驰状》。

《烛湖集》，卷 1，页 13 下—14 上，《贺泸南郭安抚到任状》。

《烛湖集》，卷 1，页 14，《答新成州宇文知郡子震状》。

《烛湖集》，卷 1，页 19，《单侍郎到状》。

《烛湖集》，卷 1，页 19 下—20 上，《答汉州张大卿到状》。

《烛湖集》，卷 1，页 20 上，《回东路王提刑先状》。

《烛湖集》，卷 1，页 20 下，《回朱都大到状》。或为朱致知。

《烛湖集》，卷 1，页 21 下，《迎范户部状》。

《烛湖集》，卷 1，页 22 下，《迎李户部状》。

《烛湖集》，卷 1，页 22 下—23 上，《迎张宣猷状》。

《烛湖集》，卷 1，页 23 上，《迎周漕使状》。

《烛湖集》，卷 1，页 23，《迎吕龙图知太平州》。

《烛湖集》，卷 1，页 23 下，《迎程参谋状》。

《烛湖集》，卷 1，页 24 上，《迎吕秦州状》。此数篇或为错入。

《烛湖集》，卷 1，页 24，《回杨总领贺冬至状》。可能为杨辅，作于绍熙四年冬至。

《谢留丞相到任状》，收入《永乐大典》，卷 18402，页 20 上。应系丘崈到任后谢留正状。

《谢执政状》，收入《永乐大典》，卷 18402，页 20。

《烛湖集》，卷 2，页 1 上—2 下，《发举谢乡帅启（一）》。文中有"宣献以来""春明之望"，当为代宋氏所作。

《烛湖集》，卷 2，页 3 下—5，《发举谢乡帅启（三）》。应系代司马氏所作。依此，或许《发举谢乡帅启（二）》也是代他人作。

《烛湖集》，卷 2，页 5，《回京制帅贺交割启》。代丘崈贺前任。可能是胡元质。

《烛湖集》，卷 2，页 16 下—17 上，《回汉州张少卿启》。疑代作。

《烛湖集》，卷 2，页 17 上—18 上，《贺杨总领启》。杨辅。代作。

《烛湖集》，卷 2，页 18 上—19 上，《回杨总领交驰状》。代作。

《烛湖集》，卷 2，页 19，《贺张运使》。代作。

《烛湖集》，卷 2，页 19 下—20 下，《贺王运使再任启》。代作。

《烛湖集》，卷 2，页 20 下—21 下，《回利路范运使启》。代作。

《烛湖集》，卷 2，页 21 下—22 上，《回成都王运使交驰启》。代作。

三、年份未详

《烛湖集》，卷 6，页 13，《与汪岠秀才书》。

《烛湖集》，卷 6，页 13 下—15 上，《与陈教授书（一）》《与陈教授书（二）》。杜镇，贡士，尝从叶适游。孙应时称其寒苦而耿洁，意气岿然不群，真能有所不为者也。诸葛兴，登嘉定元年进士第。冯景中，庆元三年进士。余人未见。

《烛湖集》，卷6，页15，《答黄县丞书》。

《烛湖集》，卷2，页16，《通支使启》。

《烛湖集》，卷6，页12，《与胡晋远书》。胡衍，应时女婿。

《烛湖集》，卷7，页26下—27下，《与杜仁仲书》。或为杜知仁。不易定年。知仁未做官，不知何以称秘校。

《烛湖集》，卷8，页11，《上杨侍郎辅书》。杨辅。在四川时。

《烛湖集》，卷10，页2下—3上，《胡文卿樵隐诗稿序》。无法定年，胡文卿不知何人。

《烛湖集》，卷10，页19，《跋胡元迈集句》。胡伟。无法定年。

《烛湖集》，卷10，页19下—20下，《跋吴氏戒杀文》。吴应龙。无法定年。

《烛湖集》，卷9，页1上—10下，《策问》。

《烛湖集》，卷4，页3下—4上、6上，《上某官简》。未详。

《烛湖集》，卷13，页7上，《祭魏子明先生文》。应时童子师。

《烛湖集》，卷13，页7下—8下，《祭诸葛诚之文》。诸葛千能过世应在淳熙十五年至绍熙二年间。

《烛湖集》，卷13，页12下—13上，《祭同班楼大声文》。殆为楼锡。

《烛湖集》，卷13，页13下—14上，《祭沈元授主簿文》。未详。

《烛湖集》，卷13，页16下—17下，《祭外姑文》。

《祭范致政文》，收入《永乐大典》，卷 14049，页 10。不确定为何人，或为范仲艺。

四、疑错入

《烛湖集》，卷 1，页 11 下，《到阙与侍从先状（一）》《到阙与侍从先状（二）》。

《烛湖集》，卷 1，页 12 上，《太守入境与文太师先状》。

《烛湖集》，卷 1，页 20 下—21 上，《迎文太师到阙状》。

《烛湖集》，卷 1，页 21 上，《迎文太师入觐状》。

《烛湖集》，卷 1，页 21，《迎韩相自洛西游阙判北京状》。

《烛湖集》，卷 1，页 21 下—22 上，《迎蔡相自裕陵还阙状》。

《烛湖集》，卷 1，页 22 上，《迎韩相入阙诏以南郊陪位状》。

《烛湖集》，卷 1，页 22，《迎郑资政状》。似为郑闻。

《商相巫公墓庙碑》，收入《吴都文粹续集》，卷 15，页 21 下—23 下。文中有王爚之名，又有嘉定年号，当非应时所作。

《烛湖集》，卷 19，页 22 下，《闽宪克庄以故旧托文公五世孙明仲远征鄙文老退遗弃散逸荷伯宗用昭止善浩渊子勖至善及余表侄孙陈谊予兄子丰仲弟之婿贾熙用昭之从子大年等十余人寒冬连旬日夜录之得五十卷亦已劳矣赋此为谢》。应是虞集所作。此克庄为元人斡克庄，非刘克庄。

参考书目

一、传统文献

不著撰人：《南宋馆阁续录》，收入《文渊阁四库全书》，台北：台湾商务印书馆，1983，第595册，据台北故宫博物院藏本影印。

不著撰人，汝企和点校：《续编两朝纲目备要》，北京：中华书局，1995。

不著撰人，李之亮校点：《宋史全文》，哈尔滨：黑龙江人民出版社，2005。

蔡戡：《定斋集》，收入《文渊阁四库全书》，台北：台湾商务印书馆，1983，第1157册，据台北故宫博物院藏本影印。

蔡幼学：《育德堂外制》，收入《续修四库全书》，上海：上海古籍出版社，1997，第1319册，据宋钞本影印。

蔡幼学：《育德堂奏议》，收入《古逸丛书·三编》，北京：中华书局，1987，第28册，据北京图书馆藏宋刊原大影印。

曹彦约：《昌谷集》，收入《文渊阁四库全书》，台北：台湾商务印书馆，1983，第1167册，据台北故宫博物院藏本影印。

陈淳：《北溪大全集》，收入《文渊阁四库全书》，台北：台湾商务印书馆，1983，第1168册，据台北故宫博物院藏本影印。

陈道修，黄仲昭纂：《弘治八闽通志》，收入《北京图书馆古籍珍本丛刊》，北京：书目文献出版社，1988，第33—34册，据弘治刻本缩印。

陈傅良原著，周梦江点校：《陈傅良文集》，杭州：浙江大学出版社，1999。

陈亮：《陈亮集》，北京：中华书局，1974。

陈宓：《复斋先生龙图陈公文集》，收入《宋集珍本丛刊》，北京：线装书局，2004，第73册，据清钞本影印。

陈振孙原著，徐小蛮、顾美华点校：《直斋书录解题》，上海：上海古籍出版社，1987。

戴表元：《剡源文集》，收入《文渊阁四库全书》，台北：台湾商务印书馆，1983，第1194册，据台北故宫博物院藏本影印。

范成大纂修，陆振岳校点：《吴郡志》，南京：江苏古籍出版社，1999。

方大琮：《铁菴集》，收入《文渊阁四库全书》，台北：台湾商务印书馆，1983，第1178册，据台北故宫博物院藏本影印。

冯可镛、叶意深编，李春梅校点：《慈湖先生年谱》，收入吴洪泽、尹波主编：《宋人年谱丛刊》，成都：四川大学出版社，2003，第10册。

韩淲：《涧泉集》，收入《宋集珍本丛刊》，北京：线装书局，2004，第70册，据乾隆翰林院钞本影印。

何东序修，汪尚宁等纂：《嘉靖徽州府志》，收入《北京图书馆古籍珍本丛刊》，北京：书目文献出版社，1988，第29册，据嘉靖四十五年（1566）刊本影印。

何乔远:《闽书》,收入《四库全书存目丛书·史部》,台南:庄严文化事业有限公司,1996,第 205—207 册,据福建省图书馆藏崇祯刻本影印。

洪迈原撰,何卓点校:《夷坚志》,北京:中华书局,2006。

胡洪军校注:《胡氏家训》,慈溪:上林书社,2013。

胡榘修,方万里、罗濬纂:《宝庆四明志》,收入《宋元方志丛刊》,北京:中华书局,1990,第 5 册,据咸丰四年(1854)《宋元四明六志》本影印。

胡临川编:《余姚柏山胡氏宗谱》,惇裕堂木活字本,1914。

黄榦:《勉斋集》,收入《文渊阁四库全书》,台北:台湾商务印书馆,1983,第 1168 册,据台北故宫博物院藏本影印。

黄淮、杨士奇编:《历代名臣奏议》,台北:台湾学生书局,1964,据永乐十四年(1416)内府刻本影印。

黄溍:《金华黄先生文集》,收入《四部丛刊·初编》,上海:上海书店,1989,第 239—240 册,据上海涵芬楼借景常熟瞿氏上元宗氏日本岩崎氏藏元刊本重印。

黄𪩘、齐硕修,陈耆卿纂:《嘉定赤城志》,收入《宋元方志丛刊》,北京:中华书局,1990,第 7 册,据嘉庆二十三年(1818)临海宋氏刊《台州丛书》本影印。

黄宗羲原著,全祖望补修,陈金生、梁运华点校:《宋元学案》,北京:中华书局,1986。

纪昀总纂:《四库全书总目提要》,石家庄:河北人民出版社,

2000。

姜夔：《白石道人诗集》，收入《四部丛刊·初编》，上海：上海书店，1989，第 210 册，据江都陆氏刊本影印。

黎靖德编，王星贤点校：《朱子语类》，北京：中华书局，1986。

李绂：《陆子学谱》，收入《续修四库全书》，上海：上海古籍出版社，1997，第 950 册，据中国科学院图书馆藏雍正无怒轩刻本影印。

李楫修，莫旦纂：《成化新昌县志》，收入《上海图书馆藏稀见方志丛刊》，北京：国家图书馆出版社，2011，第 106 册，据正德十六年（1521）刻本影印。

李心传原著，徐规点校：《建炎以来朝野杂记》，北京：中华书局，2000。

李心传原著，程荣秀增补，杨世文校点：《道命录》，收入《儒藏·史部》，成都：四川大学出版社，2008，第 46 册。

李心传编撰，胡坤点校：《建炎以来系年要录》，北京：中华书局，2013。

李曾伯：《可斋续稿后》，收入《文渊阁四库全书》，台北：台湾商务印书馆，1983，第 1179 册，据台北故宫博物院藏本影印。

林駉：《古今源流至论》，收入《文渊阁四库全书》，台北：台湾商务印书馆，1983，第 942 册，据台北故宫博物院藏本影印。

刘克庄原著，辛更儒校注：《刘克庄集笺校》，北京：中华书局，2011。

刘时举:《续宋编年资治通鉴》,收入《文渊阁四库全书》,台北:台湾商务印书馆,1983,第328册,据台北故宫博物院藏本影印。

刘天授修,林魁、李恺等纂:《嘉靖龙溪县志》,收入《天一阁藏明代方志选刊》,上海:古籍书店,1982,第32册,据上海古籍书店影印浙江宁波天一阁藏嘉靖十四年(1535)刻本重印。

刘宰:《京口耆旧传》,收入《守山阁丛书·史部》,民国十一年(1922)上海博古斋景印本,据道光二十四年(1844)金山钱氏本影印。

刘宰:《漫塘文集》,收入《宋集珍本丛刊》,北京:线装书局,2004,第72册,据万历三十二年(1604)刻本影印。

柳贯原著,柳遵杰点校:《柳贯诗文集》,杭州:浙江古籍出版社,2004。

楼钥原著,顾大朋点校:《楼钥集》,杭州:浙江古籍出版社,2010。

陆九渊原著,钟哲点校:《陆九渊集》,北京:中华书局,1980。

陆游原著,钱仲联、马亚中主编:《陆游全集校注》,杭州:浙江教育出版社,2011。

罗大经原撰,王瑞来点校:《鹤林玉露》,北京:中华书局,1983。

吕祖谦原著,黄灵庚、吴战垒主编:《吕祖谦全集》,杭州:浙江古籍出版社,2008。

马光祖修，周应合纂：《景定建康志》，收入《宋元方志丛刊》，北京：中华书局，1990，第 2 册，据嘉庆六年（1801）金陵孙忠愍祠刻本影印。

马泽修，袁桷纂：《延祐四明志》，收入《宋元方志丛刊》，北京：中华书局，1990，第 6 册，据咸丰四年（1854）《宋元四明六志》本影印。

彭龟年：《止堂集》，收入《文渊阁四库全书》，台北：台湾商务印书馆，1983，第 1155 册，据台北故宫博物院藏本影印。

潜说友纂修：《咸淳临安志》，收入《宋元方志丛刊》，北京：中华书局，1990，第 4 册，据道光十年（1830）钱塘汪氏振绮堂刊本影印。

钱大昕著，杨勇军整理：《十驾斋养新录》，上海：上海书店出版社，2011。

钱可则修，郑瑶、方仁荣纂：《景定严州续志》，收入《宋元方志丛刊》，北京：中华书局，1990，第 5 册，据光绪二十二年（1896）渐西村舍汇刊本影印。

樵川樵叟：《庆元党禁》，收入《文渊阁四库全书》，台北：台湾商务印书馆，1983，第 451 册，据台北故宫博物院藏本影印。

瞿镛：《铁琴铜剑楼藏书目录》，光绪三、四年（1877、1878）间常熟瞿镛罟里家塾刊本。

全祖望：《鲒埼亭集·外编》，收入《四部丛刊·初编》，上海：上海书店，1989，第 293—295 册，据上海涵芬楼景印姚江借树山房刊本重印。

　　沈作宾修，施宿纂：《嘉泰会稽志》，收入《宋元方志丛刊》，北京：中华书局，1990，第7册，据嘉庆十三年（1808）刻本影印。

　　史浩：《鄮峰真隐漫录》，收入《文渊阁四库全书》，台北：台湾商务印书馆，1983，第1141册，据台北故宫博物院藏本影印。

　　史浩：《鄮峰真隐漫录》，收入《宋集珍本丛刊》，北京：线装书局，2004，第42—43册，据乾隆年间刻本影印。

　　史能之纂修：《咸淳毗陵志》，收入《宋元方志丛刊》，北京：中华书局，1990，第3册，据嘉庆二十五年（1820）赵怀玉刻李兆洛校本影印。

　　史在矿：《史浩年谱》，收入《史氏谱录合编》，天津：天津古籍出版社，2011。

　　宋濂原著，罗月霞主编：《宋濂全集》，杭州：浙江古籍出版社，1999。

　　孙铿鸣原著，吴洪泽校点：《陈文节公年谱》，收入吴洪泽、尹波主编：《宋人年谱丛刊》，成都：四川大学出版社，2003，第10册。

　　孙仰唐：《余姚孙境宗谱》，燕翼堂木活字本，1899。

　　孙应时：《烛湖集》，收入《文渊阁四库全书》，台北：台湾商务印书馆，1983，第1166册，据台北故宫博物院藏本影印。

　　孙应时纂修，鲍廉等续修，卢镇增修：《（重修）琴川志》，收入《续修四库全书》，上海：上海古籍出版社，1997，第698册，据北京图书馆藏道光三年（1823）瞿氏恬裕斋影元抄本影印。

天津图书馆编：《史氏谱录合编》，天津：天津古籍出版社，2011，据康熙间八行堂藏版影印。

脱脱总纂：《宋史》，北京：中华书局，1977。

王柏：《鲁斋集》，收入《文渊阁四库全书》，台北：台湾商务印书馆，第 1186 册，据台北故宫博物院藏本影印。

王懋竑：《朱熹年谱》，北京：中华书局，1998。

王明清：《挥麈录》，北京：中华书局，1961。

王太岳：《钦定四库全书考证》，收入《文渊阁四库全书》，台北：台湾商务印书馆，1983，第 1497—1500 册，据台北故宫博物院藏本影印。

王祎：《王忠文公文集》，收入《北京图书馆古籍珍本丛刊》，北京：书目文献出版社，1988，第 98 册，据嘉靖元年（1522）张齐刻本影印。

卫泾：《后乐集》，收入《文渊阁四库全书》，台北：台湾商务印书馆，1983，第 1169 册，据台北故宫博物院藏本影印。

魏了翁：《重校鹤山先生大全文集》，收入《四部丛刊·初编》，上海：上海书店，1989，第 204—206 册，据上海涵芬楼景印乌程刘氏嘉业堂藏宋刊本重印。

吴澄：《吴文正公集》，收入《元人文集珍本丛刊》，台北：新文丰出版公司，1985，第 3—4 册，据成化二十年（1484）刊本影印。

吴师道：《敬乡录》，收入《文渊阁四库全书》，台北：台湾商务印书馆，1983，第 451 册，据台北故宫博物院藏本影印。

吴师道：《敬乡录》，收入《适园丛书·第一集》，第 4—5 册，民国间乌程张氏刊本。

吴师道：《吴礼部诗话》，收入《知不足斋丛书》，第 174 册第 22 集，上海：上海古书流通处，1921。

吴廷燮原撰，张忱石点校：《南宋制抚年表》，北京：中华书局，1984。

吴子良：《荆溪林下偶谈》，收入《文渊阁四库全书》，台北：台湾商务印书馆，1983，第 1481 册，据台北故宫博物院藏本影印。

项安世：《平庵悔稿》，收入《宋集珍本丛刊》，北京：线装书局，2004，第 66 册，据清钞赵魏重编本影印。

项公泽修，凌万顷、边实纂：《淳祐玉峰志》，收入《宋元方志丛刊》，北京：中华书局，1990，第 1 册，据宣统元年（1909）《汇刻太仓旧志五种》本影印。

徐明善：《芳谷集》，收入《文渊阁四库全书》，台北：台湾商务印书馆，1983，第 1202 册，据台北故宫博物院藏本影印。

徐松辑：《宋会要辑稿》，北京：中华书局，1957，据民国二十五年（1936）前北平图书馆影印本复制重印。

徐自明原著，王瑞来校补：《宋宰辅编年录校补》，北京：中华书局，1986。

薛季宣：《浪语集》，收入《文渊阁四库全书》，台北：台湾商务印书馆，1983，第 1159 册，据台北故宫博物院藏本影印。

杨简:《慈湖遗书》,收入《文渊阁四库全书》,台北:台湾商务印书馆,1983,第1156册,据台北故宫博物院藏本影印。

杨万里原著,辛更儒笺校:《杨万里集笺校》,北京:中华书局,2007。

姚文蔚:《右编补》,收入《四库全书存目丛书·史部》,台南:庄严文化事业有限公司,1996,第75册,据万历三十九年(1611)刻本影印。

叶绍翁撰,沈锡麟、冯惠民点校:《四朝闻见录》,北京:中华书局,1989。

叶适原著,刘公纯、王孝鱼、李哲夫点校:《叶适集》,北京:中华书局,1961。

虞俦:《尊白堂集》,收入《文渊阁四库全书》,台北:台湾商务印书馆,1983,第1154册,据台北故宫博物院藏本影印。

喻良能:《香山集》,收入《文渊阁四库全书》,台北:台湾商务印书馆,1983,第1151册,据台北故宫博物院藏本影印。

袁甫:《蒙斋集》,收入《文渊阁四库全书》,台北:台湾商务印书馆,1983,第1175册,据台北故宫博物院藏本影印。

袁燮:《絜斋集》,收入《文渊阁四库全书》,台北:台湾商务印书馆,1983,第1157册,据台北故宫博物院藏本影印。

袁燮、傅子云初稿,李子愿编:《象山陆先生年谱》,收入《北京图书馆藏珍本年谱丛刊》,北京:北京图书馆出版社,1999,第31册,据嘉靖三十八年(1559)刻本影印。

岳珂：《宝真斋法书赞》，收入《武英殿聚珍版丛书·子部》，第 483—490 册，光绪二十五年（1899）广雅书局刊本。

曾枣庄、刘琳主编：《全宋文》，上海：上海辞书出版社，2006。

张端义原著，梁玉玮校点：《贵耳集》，郑州：中州古籍出版社，2005。

张淏纂修：《宝庆会稽续志》，收入《宋元方志丛刊》，北京：中华书局，1990，第 7 册，据嘉庆十三年（1808）刻本影印。

张栻原著，邓洪波校点：《张栻集》，长沙：岳麓书社，2010。

张镃：《南湖集》，收入《文渊阁四库全书》，台北：台湾商务印书馆，1983，第 1164 册，据台北故宫博物院藏本影印。

赵蕃：《淳熙稿》，收入《文渊阁四库全书》，台北：台湾商务印书馆，1983，第 1155 册，据台北故宫博物院藏本影印。

赵绍祖辑，刘世珩校刊：《安徽金石略》，收入《石刻史料新编·第一辑》，台北：新文丰出版公司，1977，第 15 册，据《聚学轩丛书》本影印。

赵升原著，王瑞来点校：《朝野类要》，北京：中华书局，2007。

真德秀：《西山先生真文忠公文集》，收入《四部丛刊·初编》，上海：上海书店，1989，第 208—210 册，据上海涵芬楼借景江南图书馆藏明正德刊本重印。

郑元肃录，陈义和编，吴洪泽校点：《勉斋先生黄文肃公年谱》，收入吴洪泽、尹波主编：《宋人年谱丛刊》，成都：四川大学出版社，2003，第 11 册。

周必大：《文忠集》，收入《文渊阁四库全书》，台北：台湾商务印书馆，1983，第1147—1149册，据台北故宫博物院藏本影印。

周必大：《周益公文集》，收入《宋集珍本丛刊》，北京：线装书局，2004，第48—51册，据明澹生堂钞本影印。

周炳麟修，邵友濂、孙德祖纂：《光绪余姚县志》，收入《中国地方志集成·浙江府县志辑》，上海：上海书店，1993，第36册，据光绪二十五年（1899）刻本影印。

周煇原著，刘永翔校注：《清波杂志》，北京：中华书局，1994。

周密原著，张茂鹏点校：《齐东野语》，北京：中华书局，1983。

周南：《山房集》，收入《文渊阁四库全书》，台北：台湾商务印书馆，1983，第1169册，据台北故宫博物院藏本影印。

朱长文纂修：《吴郡图经续记》，收入《宋元方志丛刊》，北京：中华书局，1990，第1册，据民国十三年（1924）乌程蒋氏景宋刻本影印。

朱国祯：《涌幢小品》，上海：中华书局，1959。

朱衡：《道南源委》，收入《四库全书存目丛书·史部》，台南：庄严文化事业有限公司，1996，第92册，据中央民族大学图书馆藏康熙四十八年（1709）正谊堂刻本影印。

朱熹：《晦庵先生朱文公集》，收入《四部丛刊·初编》，上海：上海书店，1989，第1058—1107册，据上海涵芬楼藏明刊本影印。

朱熹原著，陈俊民校编：《朱子文集》，台北：德富文教基金会出版，允晨文化总经销公司，2000。

二、近人论著

专书

柏文莉（Beverly Bossler）著，刘云军译：《权力关系：宋代中国的家族、地位与国家》，南京：江苏人民出版社，2015。

陈来：《朱子书信编年考证（增订本）》，北京：生活·读书·新知三联书店，2007。

陈来：《朱熹哲学研究》，北京：中国社会科学出版社，1988。

陈明星：《宋代宗室宰相赵汝愚研究》，北京：北京大学历史系硕士论文，2006。

陈荣捷：《朱子门人》，台北：台湾学生书局，1982。

陈荣捷：《朱子新探索》，台北：台湾学生书局，1988。

陈晓兰：《南宋四明地区教育和学术研究》，南京：凤凰出版社，2008。

程志华：《学术与政治：南宋"庆元党禁"之研究》，新竹：清华大学历史研究所硕士论文，1996。

邓小南：《宋代文官选任制度诸层面》，石家庄：河北教育出版社，1993。

邓小南：《朗润学史丛稿》，北京：中华书局，2010。

杜海军：《吕祖谦年谱》，北京：中华书局，2007。

方如金：《陈亮与南宋浙东学派研究》，北京：人民出版社，1996。

高纪春：《道学与南宋中期政治》，保定：河北大学博士论文，2001。

龚延明、祖慧编著：《宋代登科总录》，桂林：广西师范大学出版社，2014。

龚延明：《宋代官制辞典》，北京：中华书局，1997。

关长龙：《两宋道学命运的历史考察》，上海：学林出版社，2001。

何俊：《南宋儒学建构》，上海：上海人民出版社，2004。

何玉红：《南宋川陕边防行政运行体制研究》，上海：上海古籍出版社，2012。

胡坤：《制度运行与文书流转：宋代荐举改官研究》，北京：北京大学博士后研究工作报告稿，2011。

胡宗楙编，李春梅校点：《张宣公年谱》，收入吴洪泽、尹波主编：《宋人年谱丛刊》，成都：四川大学出版社，2003，第 10 册。

黄俊彦：《韩侂胄与南宋中期的政局变动》，台北：台湾师范大学历史研究所硕士论文，1976。

黄宽重：《宋代的家族与社会》，台北：东大图书公司，2006。

黄宽重：《政策·对策：宋代政治史探索》，台北："中央研究院"、联经出版公司，2012。

黄启江：《南宋六文学僧纪年录》，台北：台湾学生书局，2014。

蒋义斌：《史浩研究：兼论南宋孝宗朝政局及学术》，台北：花木兰文化事业有限公司，2009。

李超：《南宋宁宗朝前期政治研究》，广州：中山大学历史系博士论文，2017。

李弘祺：《宋代官学教育与科举》，台北：联经出版公司，1994。

钱穆：《朱子新学案》，台北：三民书局，1989。

市来津由彦：《朱熹門人集団形成の研究》，东京：创文社，2002。

史美珩：《是奸相还是能臣：史弥远历史真相研究》，太原：山西人民出版社，2010。

束景南：《朱子大传：多维文化视野中的朱熹》，福州：福建教育出版社，1992。

束景南：《朱熹年谱长编》，上海：华东师范大学出版社，2001。

四川大学古籍整理研究所编：《现存宋人别集版本目录》，四川：巴蜀书社，1990。

陶晋生：《北宋士族：家族、婚姻、生活》，台北："中央研究院"历史语言研究所出版，乐学书局经销，2001。

田浩（Hoyt C. Tillman）：《朱熹的思维世界（增订版）》，台北：允晨文化公司，2008。

童银舫：《慈溪家谱》，北京：中国文史出版社，2013。

童振福：《陈亮年谱》，上海：商务印书馆，1936。

土田健次郎著，朱刚译：《道学之形成》，上海：上海古籍出版社，2010。

王瑞来：《近世中国：从唐宋变革到宋元变革》，太原：山西教育出版社，2015。

王智勇：《南宋吴氏家族的兴亡：宋代武将家族个案研究》，成都：巴蜀书社，1995。

魏希德（Hilde de Weerdt）著，胡永光译：《义旨之争：南宋科举规范之折冲》，杭州：浙江大学出版社，2015。

许浩然：《周必大的历史世界：南宋高、孝、光、宁四朝士人关系之研究》，南京：凤凰出版社，2016。

徐纪芳：《陆象山弟子研究》，台北：文津出版社，1990。

杨世文编：《薛季宣年谱》，收入吴洪泽、尹波主编：《宋人年谱丛刊》，成都：四川大学出版社，2003，第10册。

杨武泉：《四库全书总目辨误》，上海：上海古籍出版社，2001。

余英时：《朱熹的历史世界：宋代士大夫政治文化的研究》，台北：允晨文化公司，2003。

虞云国：《宋光宗·宋宁宗》，长春：吉林文史出版社，1997。

袁征：《宋代教育：中国古代教育的历史性转折》，广州：广东高等教育出版社，1991。

曾维刚：《张镃年谱》，北京：人民出版社，2010。

张寿镛辑，吴洪泽校点：《定川言行汇考》，收入吴洪泽、尹波主编：《宋人年谱丛刊》，成都：四川大学出版社，2003，第10册。

赵伟：《陆九渊门人》，北京：中国社会科学出版社，2009。

周学武编：《叶水心先生年谱》，收入吴洪泽、尹波主编：《宋人年谱丛刊》，成都：四川大学出版社，2003，第 11 册。

Hilde de Weerdt, *Competition over Content: Negotiating Standards for the Civil Service Examinations in Imperial China (1127–1279)*. Cambridge, Mass.: Harvard University Asia Center, 2007.

论文

包弼德（Peter K. Bol）著，吴松弟译：《地方史的兴起：宋元婺州的历史、地理与文化》，《历史地理》21（2006），页 432—452。

蔡涵墨（Charles Hartman）：《〈道命录〉复原与李心传的道学观》，收入氏著《历史的严妆：解读道学阴影下的南宋史学》，北京：中华书局，2016，页 344—448。

陈雯怡：《"承道"论述与"求道"传记：宋代"师友渊源"概念的发展与表现》，收入柳立言主编：《第四届国际汉学会议论文集：近世中国之变与不变》，台北："中央研究院"历史语言研究所，2013，页 221—286。

陈智超：《一二五八年前后宋、蒙、陈三朝间的关系》，收入邓广铭、程应镠主编：《宋史研究论文集》，上海：上海古籍出版社，1982，页 410—452。

邓小南：《何澹年表资料简编》，未刊稿。

邓小南：《何澹与南宋龙泉何氏家族》，《北京大学学报（哲学社会科学版）》50.2（2013），页 113—130。

邓小南：《宋代历史再认识》，《河北学刊》2006 年第 5 期，页 98—100。

邓小南：《走向"活"的制度史：以宋代官僚政治制度史研究为例的点滴思考》，《浙江学刊》2003 年第 3 期，页 99—105。

东英寿著，陈翀译：《新见九十六篇欧阳修散佚书简辑存稿》，《中华文史论丛》2012 年第 1 期，页 1—28。

董金裕：《杨简的心学及其评价》，《政治大学学报》61（1990），页 31—43。

高柯立：《宋代的地方官、士人和社会舆论：对苏州地方事务的考察》，《中国社会历史评论》10（2009），页 188—204。

何玉红：《武将知州与"以文驭武"：以南宋吴氏武将知兴州为中心》，《中国史研究》2011 年第 4 期，页 101—119。

黄宽重：《"嘉定现象"的研究议题与资料》，《中国史研究》2013 年第 2 期，页 191—205。

黄宽重著，山口智哉译：《劉宰の人間関係と社会への関心》，收入《宋代史研究会研究報告（10）：中国伝統社会への視角》，东京：汲古书院，2015，页 151—189。

黄彰健：《象山思想临终同于朱子：孙应时与朱子及陆象山往来书信系年》，《大陆杂志》69.1（1984），页 32—42。

李卓颖：《地方性与跨地方性：从"子游传统"之论述与实践看苏州在地文化与理学之竞合》，《"中央研究院"历史语言研究所集刊》80.2（2011），页 325—398。

梁庚尧：《南宋的社仓》，收入氏著《宋代社会经济史论集》，下册，台北：允晨文化公司，1997，页 424—473。

梁庚尧:《家族合作、社会声望与地方公益:宋元四明乡曲义田的源起与演变》,收入柳立言等编:《中国近世家族与社会学术研讨会论文集》,台北:"中央研究院"历史语言研究所,1998,页213—237。

林煌达:《南宋两淮宣抚使制置司文臣幕僚之探讨》,未刊稿。

林岩:《南宋学校取士诸问题考论》,待刊稿。

刘冬青、胡坤:《宋代应辟者的价值取向》,《河北学刊》28. 4(2008 年 7 月),页 100—103。

刘子健:《刘宰与赈饥》,收入氏著《两宋史研究汇编》,台北:联经出版公司,1987,页 307—359。

平田茂树:《宋代における手紙の政治的効用:魏了翁〈鶴山先生大全文集〉を手がかりとして》,収入宋代史研究会編:《宋代史研究会研究報告(10):中国伝統社会への視角》,東京:汲古書院,2015,页 302—330。

平田茂树:《南宋士大夫のネットワークとコミュニケーション:魏了翁の"靖州居住"時代を手がかりとして》,《東北大学東洋史論集》12(2016),页 215—249。

平田茂树:《南宋边缘社会士大夫的交流与"知"的建构:以魏了翁和吴泳的事例为线索》,"十至十三世纪中国史国际学术研讨会"暨"中国宋史研究会第十七届年会"会议论文,2016 年 8 月20 日至 21 日。

山口智哉:《宋代郷飲酒礼考:儀礼空間としてみた人的結合

の"場"》，《史学研究》241（2003），页 66—96。

孙齐鲁：《陆象山与杨慈湖师弟关系辨证》，《现代哲学》2010
年第 2 期，页 116—122。

王德毅：《南宋义役考》，收入氏著《宋史研究论集》，台北：
台湾商务印书馆，1993，页 233—262。

王瑞来：《小官僚大投射：罗大经的故事——宋元变革论实地
研究举隅之三》，收入氏著《近世中国：从唐宋变革到宋元变革》，
太原：山西教育出版社，2015，页 260—276。

王瑞来：《内举不避亲：以杨万里为个案的宋元变革论实证研
究》，《北京大学学报（哲学社会科学版）》49. 2（2012 年 3 月），
页 117—129。

王孙荣：《孙应时》，收入余姚市历史文化名城研究会编：《姚
江名人（古代编）》，杭州：浙江古籍出版社，2008，页 202—207。

王晓发：《中国古代学术传播途径探析：以宋代理学传播为中
心的探讨》，收入《中华文明的历史与未来国际学术研讨会论文
集》，保定：河北大学出版社，2010，页 227—228。

魏希德（Hilde de Weerdt）著，傅阳译：《重塑中国政治史》，
《汉学研究通讯》34. 2（2015），页 1—9。

小林晃：《史弥堅墓誌銘と史弥遠神道碑：南宋四明史氏の伝
記史料二種》，《史朋》43（2010 年 12 月），页 1—17。

郑丞良：《百年中论定：试论黄榦〈朱子行状〉的书写对朱熹历
史形象的形塑》，《汉学研究》30. 2（2012 年 6 月），页 131—164。

郑嘉励：《明招山出土的南宋吕祖谦家族墓志》，《唐宋历史评论》1（2015），页 186—215。

钟彩钧：《杨慈湖心学概述》，《中国文哲研究集刊》17（2000），页 289—338。

朱东润：《开禧北伐前后陆游的政治立场和他在作品中的表现》，《学术月刊》1957 年 9 月，页 82—91。

祝平次：《朱子门人与道学的发展：孙应时、曹彦约与度正》，收入《鹅湖之会：第一届宋代学术国际研讨会论文集》，台北：文津出版社，2007，页 119—152。